Rüdiger Voigt (Hg.)

Der Hobbes-Kristall

Staatsdiskurse

Herausgegeben
von Rüdiger Voigt

Band 7

Rüdiger Voigt (Hg.)

Der Hobbes-Kristall

Carl Schmitts Hobbes-Interpretation in der Diskussion

Franz Steiner Verlag Stuttgart 2009

Bibliographische Information der Deutschen Bibliothek
Die Deutsche Bibliothek verzeichnet diese Publikation in der Deutschen Nationalbibliographie; detaillierte bibliographische Daten sind im Internet über <http://dnb.ddb.de> abrufbar.

ISBN 978-3-515-09398-9

Gedruckt auf säurefreiem, alterungsbeständigem Papier.
Druck: AZ Druck und Datentechnik, Kempten
Printed in Germany

INHALT

3. TEIL: ORDNUNGS- UND ENTSCHEIDUNGSDENKEN

EDITORIAL

Der Staat des 21. Jahrhunderts steht in einem Spannungsfeld zwischen Sicherheit und Freiheit, zwischen Ordnung und Veränderung, zwischen Herrschaft und Demokratie. Er befindet sich zudem in einem Dilemma. Internationale Transaktionen reduzieren seine Souveränität nach außen, gesellschaftliche Partikularinteressen schränken seine Handlungsfähigkeit im Innern ein. Anliegen der Reihe ***Staatsdiskurse*** ist es, die Entwicklung des Staates zu beobachten und sein Verhältnis zu Recht, Macht und Politik zu analysieren.

Hat der Staat angesichts der mit „Globalisierung" bezeichneten Phänomene, im Hinblick auf die angestrebte europäische Integration und vor dem Hintergrund einer Parteipolitisierung des Staatsapparates ausgedient? Der Staat ist einerseits „arbeitender Staat" (Lorenz von Stein), andererseits verkörpert er als „Idee" (Hegel) die Gemeinschaft eines Staatsvolkes. Ohne ein Mindestmaß an kollektiver Identität lassen sich die Herausforderungen einer entgrenzten Welt nicht bewältigen.

Hierzu bedarf es eines Staates, der als „organisierte Entscheidungs- und Wirkeinheit" (Heller) Freiheit, Solidarität und Demokratie durch seine Rechtsordnung gewährleistet. Gefragt ist darüber hinaus die Republik, bestehend aus selbstbewussten Republikanern, die den Staat zu ihrer eigenen Angelegenheit machen. Der Staat seinerseits ist aufgefordert, seinen Bürgerinnen und Bürgern eine politische Partizipation zu ermöglichen, die den Namen verdient. Dies kann – idealtypisch – in der Form der „deliberativen Politik" (Habermas), als Einbeziehung der Zivilgesellschaft in den Staat (Gramsci) oder als Gründung der Gemeinschaft auf die Gleichheit zwischen ihren Mitgliedern (Rancière) geschehen.

Leitidee der Reihe ***Staatsdiskurse*** ist eine integrative Staatswissenschaft, die einem interdisziplinären Selbstverständnis folgt; sie verbindet politikwissenschaftliche, rechtswissenschaftliche, soziologische und philosophische Perspektiven. Dabei geht es um eine Analyse des Staates in allen seinen Facetten und Emanationen. Wissenschaftlerinnen und Wissenschaftler des In- und Auslands sind zu einem offenen Diskurs aufgefordert und zur Veröffentlichung ihrer Ergebnisse in dieser Reihe eingeladen. Das *Forum Staat* (www.staatswissenschaft.de) dient vor allem der Diskussion bereits erschienener Bände der Reihe.

Rüdiger Voigt

VORWORT

Seit der Jahrtausendwende ist der Staat zweifellos stärker geworden, in manchen Bereichen, wie etwa der Überwachung seiner Bürger, sogar zu stark. Der oft genug bereits totgesagte *Leviathan* des Thomas Hobbes ist so lebendig, aber auch so umstritten wie bei seiner Geburt. Carl Schmitt sah sich selbst gern als Nachfolger und Erben dieses englischen Philosophen des 17. Jahrhunderts. In seinem Buch *Der Leviathan in der Staatslehre des Thomas Hobbes. Sinn und Fehlschlag eines politischen Symbols* hat er im Jahre 1938 Hobbes auf eine Weise interpretiert, die immer wieder Anlass zu kontroversen Diskussionen gegeben hat. Am prägnantesten kommt Schmitts eigenwillige Interpretation im „Hobbes-Kristall" zum Ausdruck, den er in seiner Abhandlung *Der Begriff des Politischen* zwar an versteckter Stelle, nämlich in einer Fußnote, vorstellt, der aber seine staatsrechtlichen Anschauungen wie durch ein Brennglas sichtbar werden lässt. Dieses Diagramm, das fünf Achsen enthält, deren oberste die Wahrheit und deren unterste Gehorsam und Schutz des Einzelnen sind, kann sowohl von oben nach unten wie von unten nach oben gelesen werden. Sein Kernsatz lautet: „Auctoritas, non veritas facit legem!"

In drei Teilen setzen sich Philosophen und Politikwissenschaftler mit der Interpretation des Hobbesschen *Leviathan* im Allgemeinen und der Schmittschen Hobbes-Interpretation im Besonderen auseinander: (1) Thomas Hobbes' Leviathan, (2) Carl Schmitts Hobbes-Interpretation, (3) Ordnungs- und Entscheidungsdenken. Dabei werden in den verschiedenen Beiträgen unterschiedliche Staatsdenker als „Referenzen" herangezogen, Kant und Hegel (Kersting), Leo Strauss (Schönherr-Mann), Talcott Parsons (Anter) und Juan Maria Donoso Cortés (Maschke). Eine Fülle weiterer Hobbes-Interpreten wird von Fall zu Fall zu Rate gezogen, wie der Anmerkungsapparat der einzelnen Beiträge ausweist. Die Antwort auf die Frage nach der „richtigen" Hobbes-Interpretation, insbesondere seines *Leviathan*, wird erwartungsgemäß nicht einheitlich beantwortet. Die Diskussion ist allerdings spannend und – wie ich finde – weiterführend. Hobbes-Forscher und Schmitt-Forscher werden gleichermaßen das vorliegende Buch zur Hand nehmen müssen, wenn sie sich über den Stand der Diskussion informieren wollen.

Netphen, im Juni 2009 Rüdiger Voigt

EINLEITUNG

THOMAS HOBBES UND CARL SCHMITT

Ausgangspositionen konservativen Staatsdenkens

Rüdiger Voigt

Zur Aufrechterhaltung des inneren Friedens, d.h. zur Sicherung gegen die Gefahr eines Rückfalls in den vorstaatlichen Naturzustand von Bürgerkrieg und Anarchie, ist ein Kernbestand staatlicher Ordnungsmacht unverzichtbar.[1] Die Frage ist allerdings, wie umfangreich dieser Kernbestand sein darf und wie dieser legitimiert werden kann. Dies ist das große Thema von Thomas Hobbes (1588–1679) und seinem *Leviathan* aus dem Jahre 1651.[2] Die Bürger geben ihre Rechte zu Gunsten des „sterblichen Gottes" auf, damit dieser ihnen Sicherheit, Schutz und Frieden gibt. Bis vor kurzem beschäftigten sich nur wenige Experten mit dem englischen Staatsdenker Hobbes und seinem umfangreichen Werk. Für die meisten Anderen galt er als Repräsentant des Absolutismus, sein *Leviathan* stand unter dem Verdacht, der Inbegriff des kalten Machtstaates zu sein. Tatsächlich markiert dieses Buch aber den Beginn der neuzeitlichen Staatsphilosophie.

Dreihundert Jahre später geboren als Hobbes hat Carl Schmitt (1888–1985) mit seinem Buch *Der Leviathan in der Staatslehre des Thomas Hobbes* (1938) großen Einfluss zumindest auf die deutsche Hobbes-Interpretation genommen.[3] Wirkmächtig war vor allem seine junktimartige Verknüpfung eines wirksamen Schutzes des Staates für seine Staatsbürger mit Legitimität und Loyalität der Staatsbürger gegenüber dem Staat. Schmitt, dessen Buch den Untertitel „Sinn und Fehlschlag eines politischen Symbols" trägt, hat ein Bild von dem Seeungeheuer Leviathan[4] – und damit auch von seinem Gegenspieler, dem Landungeheuer Behemoth,[5] – entworfen, das zumindest in Deutschland eine ganze Generation von Staatsrechtslehrern und Philosophen in ihrem Denken bestimmt hat. Der Leviathan symbolisiert für ihn den Kampf der Idee von der staatlichen Einheit und Ordnung gegen die Kräfte der Zerstörung dieser Einheit, symbolisiert im Behemoth. Schmitt schreibt dazu im Jahre 1938:

1 Vgl. *Voigt* 2009a, S. 185ff.

2 *Hobbes* 1992.

3 *Skinner* (2008) führt dieses Buch hingegen nicht in seinem Literaturverzeichnis auf.

4 Altes Testament, Buch Hiob, Kap. 40 und 41; zu Hobbes' visuellen Strategien: *Bredekamp* 2003.

5 *Hobbes* 1991; siehe dazu auch: *Salzborn* in diesem Band.

> In der langen, an bunten Bildern und Symbolen [...] reichen Geschichte der politischen Theorien ist dieser Leviathan das stärkste und mächtigste Bild. Es sprengt den Rahmen jeder nur gedanklichen Theorie oder Konstruktion.[6]

Carl Schmitt wollte nicht in erster Linie die Lehre von Thomas Hobbes darstellen, vielmehr war sie für ihn lediglich der Anlass, staatstheoretische Fragen seiner Zeit „aus dem Geist und der Erfahrung" von Hobbes zu beantworten.[7] Helmut Schelsky hat Schmitt einmal den „deutschen Hobbes des 20. Jahrhunderts" genannt.[8] Und auch Leo Strauss, einer der einflussreichsten Vertreter des Konservatismus im 20. Jahrhundert, hat Schmitt mit Hobbes in die Reihe klassischer Staatstheoretiker gestellt.[9]

Im Folgenden soll gezeigt werden, dass Hobbes' Gedanken nicht nur ein halbes Jahrtausend lang die Staatsdiskussion bestimmt, sondern auch am Beginn des 21. Jahrhunderts nichts von ihrer Anziehungskraft verloren haben. Befreit man sie von ihrem historisch bedingten Beiwerk, scheinen sich diese Gedanken durchaus als Anknüpfungspunkte für einen modernen Konservatismus zu eignen. Carl Schmitt hat dazu seine eigene Interpretation geliefert, die freilich höchst umstritten und daher diskussionswürdig ist.[10]

1. THOMAS HOBBES UND CARL SCHMITT: GEISTESVERWANDTE?

Worin besteht die innere Verbindung zwischen Thomas Hobbes und Carl Schmitt? Das geradezu biblische Alter – beide sind über 90 Jahre alt geworden – kann es kaum sein. Beide haben in Zeiten der Krise, ja des Bürgerkriegs, gelebt und geschrieben, sind sie deshalb womöglich Geistesverwandte? Beide haben den Ruf, Theoretiker der Macht zu sein. Aber was verbindet sie darüber hinaus mit dem Konservatismus, noch dazu mit einem modernen Konservatismus? Immerhin ist Thomas Hobbes ein englischer Philosoph des 17. Jahrhunderts und Carl Schmitt ein deutscher Staatsrechtslehrer des 20. Jahrhunderts. War Hobbes ein Konservativer oder ein „Liberaler".[11] Leo Strauss hat Thomas Hobbes in einer Rezension von Schmitts *Begriff des Politischen* als „Begründer des Liberalismus" apostrophiert.[12] Die Verbindung zwischen beiden einerseits und zum Konservatismus andererseits liegt also nicht offen zutage.

6 *Schmitt* Leviathan, S. 9.

7 *Rumpf* 1972, S. 62.

8 *Schelsky* 1981, S. 5; so auch *Schwab* 1985, S. XXVI (Einleitung).

9 Leo Strauss: Anmerkungen zu Carl Schmitts ‚Begriff des Politischen', in: *Meier* 1998, S. 129ff., siehe auch *Schönherr-Mann* in diesem Band.

10 Zu Carl Schmitts Verhältnis zur „Konservativen Revolution": *Mohler* 1988, S. 129–151.

11 Siehe dazu: *Maschke* in diesem Band.

12 *Strauss* 1988, S. 108, Fußnote 3.

1.1 Der Hobbes-Kristall

Carl Schmitt selbst hat sich anlässlich seines 50. Geburtstags (1938) in die unmittelbare Wahlverwandtschaft zu diesem herausragenden Philosophen gestellt.[13] Er sah sich selbst gern als Nachfolger und Erben, ja als Bruder von Hobbes.[14] Man mag dies als gekonnte Selbst-Inszenierung abtun.[15] Dahinter steckt aber zweifellos mehr als nur eine stilisierte Wertschätzung der Politischen Theorie des Thomas Hobbes. Schmitt hat sich immer wieder mit Hobbes auseinander gesetzt, zuerst in seinem Aufsatz *Der Staat als Mechanismus bei Hobbes und Descartes* im *Archiv für Rechts- und Sozialphilosophie*[16]. In zwei Vorträgen hat er sich sodann ausführlich mit Hobbes' *Leviathan* beschäftigt, am 21. Januar 1938 vor der Philosophischen Gesellschaft in Leipzig, die von Arnold Gehlen geleitet wurde, und am 29. April 1938 vor der Hobbes-Gesellschaft in Kiel. Diese beiden Vorträge bilden schließlich die Grundlage für Schmitts Leviathan-Buch.[17] Zum 350. Geburtstag von Hobbes veröffentlicht Schmitt am 5. April 1938 einen Brief an die Hobbes-Gesellschaft, in dem er dem „großen politischen Denker" – gewissermaßen über die Jahrhunderte hinweg – zuruft: „Non iam frustra doces, Thomas Hobbes!"[18] Seine Verbundenheit mit dem „großen Lehrer im Kampf gegen alle Arten indirekter Gewalten" wird in folgendem Ausspruch deutlich:

> So ist er der echte Lehrer einer großen politischen Erfahrung; einsam wie jeder Wegbereiter; verkannt wie jeder, dessen politischer Gedanke sich nicht im eigenen Volk verwirklicht [...].[19]

Mit dem berühmten „Hobbes-Kristall",[20] den er als „die Frucht einer lebenslangen Arbeit an dem großen Thema im ganzen und dem Werk des Thomas Hobbes im besonderen" bezeichnet,[21] hat Carl Schmitt seine fundamentalen staatsphilosophischen Überzeugungen unmittelbar auf Hobbes bezogen.[22] Die fünf Achsen des Kristalls ergeben eine Reihe „von oben nach unten, von der Wahrheit des öffentlichen Kultes bis zu Gehorsam und Schutz des einzelnen".[23] Sie enthalten die folgenden politischen Lehrsätze Carl Schmitts:[24] Einheit von Staat und Kirche, oberster Entscheider, direkte und ungeteilte Befehlsgewalt, Schutz und Gehorsam. Dazu gehört auch sein berühmt gewordenes Credo, das auf Hobbes bezogen ist:

13 Vgl. *Schmitt* Leviathan, S. 5f.
14 Er sah sich als „Bruder" und „Freund" des großen Hobbes, vgl. *Schmitt* ECS, S. 63f.
15 Vgl. *Neumann* 1980; dezidierter hingegen: *Rumpf* 1972, S. 56ff.
16 *Schmitt* Mechanismus, S. 622–632.
17 Vgl. *Rottleuthner* 1983, S. 237–265 [250].
18 *Schmitt* Grußbotschaft, S. 15.
19 *Schmitt* Leviathan, S. 131f.
20 Siehe *Mehring* 2003, S. 188–204 [197ff.].
21 *Schmitt* BdP, S. 122 (Hinweise).
22 Siehe *Kersting* in diesem Band.
23 *Schmitt* BdP, S. 122 (im Original in lateinischer Sprache).
24 *Rumpf* 1972, S. 74.

Auctoritas non veritas facit legem.

Die Wahrheit vollzieht sich also nicht selbst, dazu bedarf es vielmehr vollziehbarer Befehle. Ernst Forsthoff hat diesen Gedanken in seiner Rezension des Schmitt-Buches weitergeführt:

> Im Chaos verliert die veritas jeden Sinn. Darum kann die auctoritas, welche das Chaos verhindert, den Vorrang vor der veritas beanspruchen. [...] Ja, man könnte von diesen Prämissen her weiterdenkend sagen, die auctoritas sei die einzige Möglichkeit der veritas, die dem Menschen unter diesen Umständen verbleibe.[25]

Thomas Hobbes zielt auf eine Rechtsordnung, die wirklich effektiv, verbindlich und gültig ist. Ihr Inhalt ist dabei von nachrangiger Bedeutung.[26] In Hobbes' Staatsbegriff ist bereits der Prototyp des Gesetzgebungspositivismus angelegt, der sich dann im 19. Jahrhundert voll entfaltet.[27] Schmitt hat daraus das konkrete Ordnungs- und Gestaltungsdenken entwickelt.[28] „Die im Gesetz liegende Entscheidung ist, normativ betrachtet, aus einem Nichts geboren."[29]

> Die Norm oder Regel schafft nicht die Ordnung; sie hat vielmehr nur auf dem Boden und im Rahmen einer gegebenen Ordnung eine gewisse regulierende Funktion mit einem relativ kleinen Maß in sich selbständigen, von der Sache unabhängigen Geltens[30].

Mit diesem Konzept lässt sich nunmehr der Wandel der sozialen Sachverhalte berücksichtigen, einerseits in stetigen Änderungen des Gesetzesinhalts, andererseits in der Lockerung der Gesetzesbindung des Richters.

1.2 Weiße und schwarze Hobbes-Interpretaion

Bei Hobbes wie bei Schmitt steht der Sicherheitsgesichtspunkt im Vordergrund. Frieden und Sicherheit sind für Hobbes Sinn und Zweck des Staates überhaupt.[31] Dazu schreibt Ferdinand Tönnies in seinem Buch *Thomas Hobbes. Leben und Lehre* (1926):

> Hobbes meinte ohne Zweifel schon damals, die Konsequenz aus seiner später mit Nachdruck vertretenen Maxime zu ziehen, daß im Augenblicke, wo die persönliche Sicherheit aufhörte, jedes Band der Verpflichtung gelöst sei.[32]

25 *Forsthoff* 1941, S. 206–214 [210].
26 *Maier* 1972, S. 351–375 [364].
27 *Rumpf* 1972, S, 66.
28 *Rüthers* 1988, S. 278, vgl. *Voigt* 2009, S. 31ff.
29 *Schmitt* Diktatur, S. 23.
30 *Schmitt* Drei Arten, S. 13.
31 *Rumpf* 1972, S. 78.
32 *Tönnies* 1971, S. 22.

Fast wortgleich äußert sich in seinem Leviathan-Buch auch Carl Schmitt, dessen Werk, insbesondere sein Beitrag zur politischen Theorie, erst auf dem Hintergrund von Hobbes' Gedankenwelt voll verständlich wird.[33]

Wolfgang Kersting trifft in seiner Hobbes-Einführung eine für uns besonders interessante Unterscheidung. Er differenziert nämlich zwischen einer „weißen" Hobbes-Interpretation, die kontraktualistisch und anti-etatistisch ist und einer „schwarzen" Hobbes-Interpretation, die auf dem Souveränitäts- und Letztinstanzlichkeitsargument beruht.[34] Zur ersteren Richtung, die in der Tradition von John Locke und Immanuel Kant steht, zählt er etwa heute John Rawls und Robert Nozick. Für uns noch interessanter ist hingegen, dass Kersting als herausragende Gestalt der „schwarzen" Hobbes-Rezeption Carl Schmitt benennt, den er für einen Hobbesianer reinsten Wassers hält.[35] Kersting schreibt dazu:

> Die theoretischen Ingredienzien seiner staatsrechtlichen Anschauungen entstammen alle der Hobbesschen Souveränitätstheorie.[36]

Und er geht noch einen Schritt weiter, wenn er konstatiert, dass hinter der Angst der Hobbesianer wie der Schmittianer vor Unregierbarkeit, vor Demokratisierung und der damit verbundenen Erosion des Staatlich-Politischen die Hobbessche Furcht vor dem Rückfall in den Naturzustand eines „Krieges aller gegen alle" steht.

1.3 Trennung von Werk und Autor?

Dabei kommt ein Bewertungsproblem zum Vorschein, das sich aus dem Verhalten Schmitts in der Zeit des Nationalsozialismus ergibt. Als renommierter Weimarer Staatsrechtslehrer hat Carl Schmitt – zur Bestürzung seiner Freunde – den Nationalsozialismus „freudig" begrüßt, als dieser mit Hilfe des Ermächtigungsgesetzes seine Macht zu entfalten begann. Aber damit nicht genug hat Schmitt auch dem großen Hans Kelsen die Unterstützung versagt, als dieser 1933 von der Universität Köln verjagt wurde. Und später hat Schmitt in der *Deutschen Juristen-Zeitung*, deren Chefredakteur er war, die Erschießung Ernst Röhms und seines Gefolges im Zusammenhang mit dem sog. Röhm-Putsch mit seinem Beitrag *Der Führer schützt das Recht* zu rechtfertigen gesucht. Und auch als er 1936 aufgrund von Angriffen der SS-Zeitschrift „Das Schwarze Korps" bei den Machthabern in Ungnade fiel, hat er sich immer noch nicht eindeutig vom Nationalsozialismus distanziert. Das alles und noch Vieles mehr kann man gegen den Menschen Schmitt einwenden.[37] Aber gilt das auch für sein staatsrechtliches, sein völker-

33 *Rumpf* 1972, S. 56; dabei ist durchaus auch Schmitts eigene politische Lage im Jahre 1938 zu berücksichtigen, er selbst fühlte sich nicht mehr sicher.
34 *Kersting* 1992, S. 12, 187ff.
35 Vgl. hierzu kritisch: *Mehring* 2008, S. 514–542.
36 *Kersting* 1992, S. 190, vgl. *Kersting* in diesem Band.
37 Vgl. die nüchtern-distanzierte Darstellung bei *Rottleuthner* 1983, S. 253ff.

rechtliches oder sein geschichtsphilosophisches Werk? Anders herum gefragt: Kann man überhaupt Autor und Werk von einander trennen, oder bilden sie nicht vielmehr stets eine untrennbare Einheit? Ohne Carl Schmitt etwa zum Vorläufer des stabilitätsorientierten Verfassungsdenkens der Bundesrepublik stilisieren zu wollen,[38] warnt Karl-Heinz Ladeur davor, den Theoretiker des Staates als schlichten politischen Ideologen zu missdeuten:

> Eine retrospektive Lektüre, die den Zugang zu diesem Autor von vornherein vom Nationalsozialismus her sucht, verstellt sich jeden Zugang zu einer genauen Interpretation durch die Festlegung auf die alle Differenzierungen einebnende moralische Verurteilung.[39]

Hermann Lübbe, ein weit über Deutschland hinaus bekannter Konservativer, hat vorgeschlagen, sich Carl Schmitt nach der *Paulinischen Regel* zu nähern, d.h. dass alles zu prüfen und das Gute zu behalten sei.[40] Noch deutlicher wird die belgische Politikwissenschaftlerin Chantal Mouffe in ihrem Buch *Über das Politische* (2007), wenn sie schreibt,

> es sollte die intellektuelle Kraft eines Theoretikers und nicht seine moralische Qualität das Entscheidungskriterium sein, ob wir mit seinem Werk in Dialog eintreten müssen oder nicht.[41]

Hermann Lübbe fährt dann fort:

> Klassiker ist, wer Einsichten mitzuteilen hat, die unbeschadet ihres zunehmenden Alters nicht veralten, und wer überdies, der Fülle seiner Einsichten wegen, in theoretisch wie praktisch höchst disparaten Orientierungszusammenhängen zitationsfähig ist.[42]

Lässt man die Fülle der Schmitt-Literatur in deutscher Sprache wie in anderen Sprachen Revue passieren, dann drängt sich der Eindruck auf: Genau das, was Lübbe sagt, trifft auf Carl Schmitt zu. Er ist mit seinen Werken auch heute noch fast in der ganzen Welt präsent.[43] Die Zahl der Übersetzungen und der Sekundärliteratur in fast allen Sprachen der Erde ist kaum noch überschaubar.[44] Nicht zufällig hat Bernard Willms in ihm den „letzten Klassiker" gesehen.[45] Ob man Schmitt deshalb jedoch auch als Konservativen bezeichnen kann, ist allerdings durchaus fraglich.

38 Allerdings hält Ladeur diese von Reinhard Mußgnug (*Mußgnug* 1988, S. 17–35) vertretene These lediglich für „differenzierungsbedürftig", nicht jedoch für falsch, siehe *Ladeur* 1996, S. 665–686 [683].

39 *Ladeur* 1996, S. 665–686.

40 *Lübbe* 1988, S. 427–440 [430].

41 *Mouffe* 2007, S. 11.

42 *Lübbe* 1988, S. 430.

43 Vgl. *Voigt* (Hg.) 2007.

44 *Benoist* 2003.

45 *Willms* 1988, S. 577–597.

2. WAS BEDEUTET ES, KONSERVATIV ZU SEIN?

Lassen wir Carl Schmitt und Thomas Hobbes für einen Moment beiseite, und befassen wir uns mit der anderen wichtigen Frage: Was bedeutet es heute überhaupt, konservativ zu sein?[46] Ist das nicht altmodisch, altbacken, ja geradezu unmodern? Müsste man heute nicht eigentlich progressiv, ökologisch und/oder kosmopolitisch sein? Und haben uns nicht die sog. Neocons, die amerikanischen Neokonservativen in der Ära des George W. Bush, gezeigt, welche fatalen Folgen dieses Denken und Handeln haben kann? Allerdings vermischten sich bei Neokonservativen wie Richard Perle, Robert Kagan, Paul Wolfowitz oder Donald Rumsfeld ganz unterschiedliche Denkrichtungen zu einer Melange, die wenig mit Konservatismus, dafür aber viel mit imperialem Sendungsbewusstsein, evangelikalem Fundamentalismus („Achse des Bösen") und zumindest partieller Taubheit und Blindheit gegenüber den Bedürfnissen und Wünschen anderer Länder zu tun hat.[47] Diese US-amerikanische Version von Neokonservatismus können wir bei unseren Überlegungen also getrost außer Betracht lassen. Sie passt weder für die deutsche, noch überhaupt für die europäische Situation.

Richten wir den Blick zunächst auf die Bedeutungsgeschichte des Wortes „konservativ". Karl Mannheim unterscheidet zwischen Traditionalismus, wobei er sich auf Max Weber bezieht, und Konservatismus.[48] Während Traditionalismus als allgemein menschliche Eigenschaft angesehen werden kann, aus der ein „fast rein reaktives Handeln" hervorgeht, ist Konservatismus ein spezifisch historisches und modernes Phänomen, sein Handeln ist kontinuitätsbezogen und sinnorientiert.[49] Die Traditionalisten halten bedingungslos am Althergebrachten fest und versuchen, die alten Zustände zu restaurieren, wenn sie verloren zu gegen drohen oder aber bereits verloren gegangen sind. Charles-Louis de Montesquieu (1689–1755) gehört zu den Traditionalisten in Frankreich so wie auch Justus Möser (1720–1794) in Deutschland. Eine weitere Unterscheidung ist die zwischen progressivem und konservativem Denken. Während das Sein aus progressiver Sicht nur aus der Zukunftsutopie seinen Sinn erhält, wird die Bedeutsamkeit des Besonderen im konservativen Denken aus der Vergangenheit abgeleitet.

> Der Progressive erlebt die jeweilige Gegenwart als den Anfang der Zukunft, während der Konservative die Gegenwart als die letzte Etappe der Vergangenheit erlebt.[50]

François René Chateaubriand war es, der zum ersten Mal dem Wort konservativ seine spezifische Bedeutung verlieh, als er in seiner Zeitschrift, die den Ideen der

46 Vgl. *Kondylis* 1986.

47 Es ist gewiss kein Zufall, dass viele dieser Neocons zuvor Mitglieder der Demokratischen Partei waren. Vielmehr lässt sich daraus schließen, dass sie lediglich nach einem geeigneten Instrumentarium zur Durchsetzung ihrer Ziele suchten, das sie dann in der Regierung von George W. Bush gefunden hatten.

48 *Mannheim* 1984, S. 92f.

49 *Mannheim* 1984, S. 97.

50 *Mannheim* 1984, S. 120f.

politisch-kirchlichen Restauration dienen sollte, den Titel *Le Conservateur* (1818–1820) gab. In Deutschland wurde das Wort in den 1830er Jahren heimisch, in England wurde es erst 1835 offiziell rezipiert. Eine besondere Schwierigkeit liegt in einer stets trennscharfen Unterscheidung von Konservatismus und Liberalismus. Beide haben im Laufe der letzten 150 Jahre von einander „gelernt", zu einer „völligen Verschmelzung" ist es allerdings nie gekommen.[51] Vielmehr hat sich der moderne Konservatismus im Laufe der Zeit zu einer „kompakten Gegenströmung" gegen das liberal-aufklärerische Denken konstituiert.[52]

2.1 Stammvater des europäischen Konservatismus

Als Stammvater des europäischen Konservatismus und als Ahnherr der konservativen Theorie kann der englische Philosoph und Parlamentarier[53] Edmund Burke (1729–1797) gelten. Seine *Reflections on the Revolution in France*, die am 1. November 1790 in Form eines langen Briefes an einen französischen Freund bei J. Dodsley in London publiziert wurden, geben uns Auskunft über sein konservatives Verständnis von Politik und Staat. Indem er den britischen Konstitutionalismus verteidigt, trennt er sich von den „New Whigs", die als Anhänger der Revolution später zu den Liberalen des 19. Jahrhunderts werden, während zur selben Zeit die „Old Whigs" um Burke mit den Tories zu den Vorläufern der modernen Konservativen verschmelzen.[54]

Damit sind bereits zwei Gegenpositionen des konservativen Denkens dieser Zeit benannt: die Französische Revolution einerseits[55] und die liberal-individualistischen Vertragslehren der Aufklärung andererseits. Das Spannungsverhältnis zwischen Freiheit und Bindung versucht Burke dadurch aufzuheben, dass der Einzelne und der Staat sich nicht als Gegensatz, sondern als „vorgegebene soziale Einheit" betrachten sollen.[56] Die Französische Revolution stellt nämlich eine symbolische Wendung im historischen Werden dar und genießt deshalb eine Vorzugsstellung in der Entwicklung der politischen Ideen, weil sie zu einer Spaltung der Gedankenwelt führt.[57] Was Burke an diesem Umsturz so entsetzt, ist das Künstliche, Konstruierte, Ungeschichtliche. Erinnert sei hier nur an die neue Zeitrechnung, beginnend mit dem Jahr 1 der Französischen Republik (1792) oder symbolisiert durch neue Monatsnamen wie Brumaire,[58] Thermidor[59] etc. Es wur-

51 *Mannheim* 1984, S. 74.

52 *Mannheim* 1984, S. 126.

53 Burke saß zunächst für den Wahlkreis Wendover, später von Bristol und Malton, als Abgeordneter der Whigs im Unterhaus, als deren bedeutendster Kopf er galt.

54 *Zimmer* 1997 S. 82–88 [87].

55 Dies gilt insbesondere auch für die „Theokraten": de Bonald, de Maistre und Donoso Cortés, die in Revolutionen „satanische Ausgeburten" (de Maistre) sehen, vgl. *Maschke* 1988, S. 193-221 [200], zu Donoso Cortés siehe *Maschke* in diesem Band.

56 *Frank-Planitz* 1987, S. 9–32 [12].

57 *Mannheim* 1984, S. 100.

58 Brumaire (von französisch brume=Nebel) ist die Zeit vom 22. Oktober bis 20. November.

den neue Uhren konstruiert, um die „neue“, nach dem metrischen System berechnete Zeit ablesen zu können. Der Staat ist für Burke die „Gemeinschaft der Lebenden, der Verstorbenen und der Kommenden“, er ist ein „historisches Wesen“. Damit begründet Burke die organische Staatslehre[60] und wird zum Vorläufer der deutschen Geschichtsphilosophie, die ihren Höhepunkt mit den Werken Georg Wilhelm Friedrich Hegels erreicht.[61]

Jenseits der fatalen Alternative Revolution oder Reaktion zeigt Burke einen dritten Weg auf, die *reformerische Dialektik*. Dabei geht es ihm um Bewahrung durch verbessernde Veränderung. Dazu sagt er:

> Ein Staat, der sich nicht verändert, ist nicht fähig, sich zu erhalten.

Dabei ist das konservative Staatsbild aber von Ehrfurcht vor den Kräften der Natur und der Geschichte geprägt. Karl Marx hingegen beschimpft Burke als „Sykophant“[62] im Sold der englischen Oligarchie.[63]

Drei Stichworte charakterisieren also dieses konservative Denken: Natur, Geschichte und Reform. Es ist, als ob wir es hier bereits mit einem frühen Verfechter der Nachhaltigkeit zu tun hätten, der mahnend seinen Zeigefinger hebt:

> Leute, die nie hinter sich auf ihre Vorfahren blickten, werden auch nie vor sich auf ihre Nachkommen sehen.[64]

Der besondere Respekt vor der Natur und die Erkenntnis, dass die Welt einem ständigen Wandel unterliegt, so dass sich auch der Staat beständig reformieren muss, sind nicht ganz neu. Für Burke und die Konservativen seiner Zeit ist aber gerade der Angriff der Jakobiner auf die Geschichte ein fluchwürdiges Verbrechen. Denn mit dem Verlust der Geschichte ihres Landes sehen sie ihre eigene kollektive Identität in Gefahr. Aus dem Weltbild des Konservatismus ist die Geschichte nicht wegzudenken. Es liegt also nahe, dass auch dem modernen Konservativen die Eindimensionalität heutigen Geschichtsbewusstseins Kopfzerbrechen bereitet. Anders als Gretchen ihren Faust nach seinem Verhältnis zur Religion fragte, ist der Konservative von heute daher zu fragen: Sag, wie hältst Du es mit der Geschichte?

59 Themidor (von französisch thermós=warm) ist die Zeit vom 19. Juli bis zum 17. August.

60 „Unser politisches System steht im richtigen Verhältnis und vollkommenen Ebenmaß mit der richtigen Ordnung der Welt […] Eben diese glückliche Übereinstimmung unserer künstlichen Schöpfung mit dem einfachen Gange der Natur […] hat uns in der Idee, unsere Freiheit als ein Erbrecht zu betrachten, noch verschiedene andere, nicht geringe Vorteile finden lassen“ (*Burke* 1987, S. 87).

61 Siehe: *Pauly* (Hg.) 2008.

62 Ein Begriff, der aus dem alten Athen stammt und später als Denunziant übersetzt wurde.

63 *Marx*, Das Kapital, 1. Band, VII. Abschnitt, 24. Kap., 6. Abs., Fußnote 248.

64 *Burke* 1987, S. 85.

2.2 Radikale und gemäßigte Konservative

Die deutsche und die europäische Geschichte enthält ein buntes Kaleidoskop der unterschiedlichsten Formen von Konservatismus. Nicht erst im Zeitalter der Mediengesellschaft dient die reale Geschichte als „Steinbruch" zur Entnahme von Versatzstücken zur Begründung einer virtuellen Geschichte, die den Herrschenden als nützlich erscheint. Friedrich Nietzsche hat diesen Vorgang in seinen Unzeitgemäßen Betrachtungen beschrieben:

> [...], daß die Kenntnis der Vergangenheit zu allen Zeiten nur im Dienste der Zukunft und der Gegenwart begehrt ist, nicht zur Schwächung der Gegenwart, nicht zur Entwurzelung einer lebenskräftigen Zukunft: das alles ist einfach, wie die Wahrheit einfach ist [...].[65]

Diesen Zusammenhang hatte übrigens bereits Hobbes erkannt. Wagen wir also zunächst den – zugegebenermaßen schwierigen – Schritt vom 18. zum 19. Jahrhundert. Hier stoßen wir sogleich auf Radikal-Konservative wie Juan Maria Donoso Cortés (1809–1853), Louis Jacques Maurice de Bonald (1787–1870) oder Joseph Marie de Maistre (1753–1831). Sie vertreten eine katholische Staatsphilosophie der Gegenrevolution. Ihnen stehen freilich gemäßigt Konservative wie Friedrich Julius Stahl (1802–1861) gegenüber.[66] In seinem Buch *Die gegenwärtigen Parteien in Staat und Kirche* hat Stahl das Verhältnis von Staat und Freiheit auf eine für ihn typische Weise definiert:[67]

> Eben diese inhaltvolle Freiheit ist auch das Ziel auf politischem Gebiete. Sie darf den Menschen nicht lösen von der Naturmacht des Staates und der sittlichen Substanz und der geschichtlichen Tradition des Staates, um den Staat auf seinen Willen zu gründen.

Carl Schmitt, dessen akademische Wurzeln bis ins Kaiserreich reichen – er promovierte 1910 in Straßburg –, verabscheute Stahl, hatte aber eine besondere Vorliebe für Donoso Cortés, über den er ein viel beachtetes Buch veröffentlicht hat.[68] Schmitt schreibt dazu:

> Denn was die gegenrevolutionäre Staatsphilosophie auszeichnet, ist das Bewusstsein, dass die Zeit eine Entscheidung verlangt, [...].[69]

Donoso Cortés, der ebenso sehr ein Verfechter der Einheit von Staat und Kirche war, wie ein wortgewaltiger Gegner von Liberalismus und Sozialismus, brachte seine Überzeugung in einer Rede des Jahres 1849 zum Ausdruck, die auch Carl Schmitt beeindruckt hat. Mit den folgenden Worten rechtfertigte er nämlich die Verhängung des Ausnahmezustands:

65 *Nietzsche* 1955, S. 126.
66 Stahl war selbst Gründer der konservativen Partei.
67 *Stahl* 1863, S. 5ff. [10].
68 *Schmitt* Donoso Cortés, siehe *Maschke* in diesem Band.
69 *Schmitt* Donoso Cortés, S. 20.

> Wenn die Legalität genügt, die Gesellschaft zu retten, dann die Legalität; wenn sie nicht genügt, bleibt nur die Diktatur![70]

Diese Frage nach Natur und Rechtfertigung des Ausnahmezustands hat Carl Schmitt Zeit seines Lebens umgetrieben. Vor allem in seinen Büchern *Die Diktatur* (1921), *Hüter der Verfassung* (1931) sowie *Legalität und Legitimität* (1932) hat er dazu bereits in der Weimarer Republik eindeutig Stellung bezogen. Und seine Aussage, „Souverän ist, wer über den Ausnahmezustand entscheidet", ist geradezu zum geflügelten Wort geworden. Hieraus wird deutlich, dass Schmitt vor allem anderen ein Dezisionist ist.[71]

Zwar ist die Frage nach dem Ausnahmezustand auch in einem demokratischen Staat keineswegs vom Tisch, wie der italienische Philosoph Giorgio Agamben in seinen Büchern vom „Homo sacer" immer wieder deutlich macht.[72] Agamben geht sogar davon aus, dass wir uns heute in einem „permanenten Ausnahmezustand" befinden. Dabei diskutiert er – in Anlehnung an Schmitt – vor allem die Frage, ob sich der Ausnahmezustand in der Verfassung regeln lässt, oder ob er außerhalb der Verfassung steht. An dieser Stelle lässt sich aber bereits festhalten, dass eine radikal-konservative Richtung, die hinter die Ergebnisse der Französischen Revolution zurückgehen will, überholt ist. „Liberté – Égalité – Fraternité" sind die Errungenschaften, die auch für jeden modernen Konservativen gelten müssen. Und Agambens Kritik an der real existierenden Demokratie scheint zumindest überzogen zu sein. Zukunftsfähig ist vielmehr heute nur noch ein Konservatismus, der staatliches Gewaltmonopol und Gewaltenteilung, Volkssouveränität und Demokratie, Rechts- und Sozialstaat sowie die Trennung von Staat und Kirche auf seine Fahnen geschrieben hat.

2.3 Genese des Konservatismus

In Deutschland formierte sich im 20. Jahrhundert in Lebensphilosophie, Neuromantik und Jugendbewegung eine konservative Erneuerungsbewegung. Besonders wirkungsvoll – und weit über die deutsche Philosophie hinausgreifend – hat Friedrich Nietzsche bereits Ende des 19. Jahrhunderts die Dekadenz des bürgerlichen Materialismus angeprangert.[73] Auf ihn bezieht sich ein großer Teil der neueren französischen Philosophie. Große geistige Wirkung entfalteten darüber hinaus Bücher wie Oswald Spenglers *Untergang des Abendlandes* (1918/1922), der später Francis Fukuyamas *The End of History and the Last Man* (1992) und Samuel Huntington *Clash of Civilizations* (1996) inspiriert hat, oder Autoren wie Ernst Jünger, dessen stählernde Kriegsromantik vor allem die Franzosen angezogen

70 *Donoso Cortés* 1996, S. 27–51, siehe ausführlich hierzu: *Maschke* in diesem Band, insbesondere FN 50.

71 Vgl. *Voigt* (Hg.) 2007.

72 Vgl. *Agamben* 2002, *Agamben* 2004.

73 *Nietzsche* 1955.

hat.[74] Politisch blieb der Einfluss dieser Strömung in Deutschland allerdings weitgehend bedeutungslos. Weder gelang es ihr, Adolf Hitler zu verhindern, noch – wie es Alfred Hugenberg formuliert hatte – Hitler etwa durch Eintritt in die Regierung zu „zähmen“. Es ist dennoch kein Zufall, dass sich Hitlers Säuberungen vom 30. Juli 1934 vor allem gegen die alt- und neukonservativen Führungsgruppen in Armee, Beamtenschaft und Kirchen richteten. Und ebenso ist es kein Zufall, dass auch der deutsche Widerstand gegen Hitler eine starke konservative Komponente hatte.

In der Nachkriegszeit war der Konservatismus aber zunächst durch die tatsächliche oder vermeintliche Mitverantwortung am Nationalsozialismus diskreditiert.[75] Er litt besonders darunter, dass die traditionelle Kontinuität des historischen Lebens zerstört war, aus der er seine „geistige und seelische Nahrung“ hätte schöpfen können.[76] Nicht zuletzt aus diesem Grund blieb der Konservatismus bis in die 1960er Jahre politisch chancenlos, obgleich die alte Bundesrepublik ihre offensichtliche geistig-kulturelle Identitätsschwäche durch die Konzentration auf Sozialstaatlichkeit und Konsumgesellschaft zu kompensieren bzw. zu kaschieren versuchte. Konservative Politiker suchten ihre neue politische Heimat vor allem in den Unionsparteien, aber auch in der FDP und besonders in der DP,[77] solange diese noch existierte. Rechte Splittergruppen nahmen – weitgehend zu Unrecht – das Etikett „konservativ“ zu sein, für sich in Anspruch. Erst die durch die Studentenbewegung ausgelöste Kulturrevolution der 1968er Jahre wirkte – verstärkt durch die ökonomische Krise – als Katalysator für Fragestellungen jenseits der bis dahin üblichen Schemata. Es blieb der Wissenschaft überlassen, Antworten auf diese Fragen zu finden. So stand etwa bei Wilhelm Hennis, Peter Graf Kielmansegg und Ulrich Matz die Problematik der Regierbarkeit wohlfahrtsstaatlicher Demokratien im Vordergrund.[78] Den Mainstream der Politikwissenschaft oder gar der praktischen Politik konnten sie damit freilich nicht in eine andere Bahn lenken. Die später durch Thomas Ellwein und Hans-Hermann Hartwich neu begründete Regierungslehre ging ganz andere Wege.[79]

Eine historische Zäsur von besonderer Bedeutung ist der Zusammenbruch des Ostblocks und die Wiedervereinigung Deutschlands. Nichts ist mehr so wie bisher, die Gewichte in Europa haben sich verändert, den Deutschen ist in dieser veränderten Landschaft eine neue, eine andere Rolle zugedacht. Bei der Bewältigung dieser Herausforderung knüpfen konservative Positionen einerseits an die großen Ahnherren des Konservatismus wie Edmund Burke, andererseits aber auch – häufig vermittelt durch die französische Philosophie – an Nietzsches Dekadenzvor-

74 *Jünger* 1929.

75 *Hornung* 1983, S. 259–265 [263].

76 *Mannheim* 1984, S. 125.

77 Die Deutsche Partei (DP) war 1866 als Protest gegen die Annexion des Königreichs Hannover durch das Königreich Preußen gegründet worden; nach ihrer Neugründung 1945 war sie in den Jahren 1949 bis 1960 als Koalitionspartner an der Bundesregierung beteiligt.

78 *Hennis/Kielmansegg/Matz* 1977; *Hennis/Kielmansegg/Matz* 1979.

79 Vgl. *Hartwich/Wewer* (Hg.) 1990ff.

stellung an.[80] Dabei verteidigen sie einerseits die Errungenschaften der großen bürgerlichen Revolutionen, wie Rechtsstaat, Gewaltenteilung und Parteienpluralismus. Andererseits verstehen sie sich als kritisches Korrektiv gegenüber den pluralistischen, anspruchsgesellschaftlichen und bürokratischen Selbstgefährdungen.[81] In ihrer Fundamentalkritik an ökonomischem Liberalismus und formaler Demokratie ähneln manche der deutschen Konservativen französischen Philosophen wie etwa Alain Badiou oder Jacques Rancière, die freilich von einem ganz anderen Ausgangspunkt aus denken.[82]

2.4 Berührungspunkte

Abgesehen davon, dass der naive Fortschrittsglaube, der noch das 19. und Teile des 20. Jahrhunderts geprägt hat, längst aus der Mode gekommen ist, fragen gerade Konservative nach dem „Preis" und den Folgen von Fortschritt. Hier ergeben sich durchaus Anknüpfungspunkte zu den Ökologen. Ihre Formel von der Bewahrung durch Reform führt sie auch in die Nähe der etablierten Sozialdemokratie. Weniger Berührungspunkte haben die Konservativen hingegen mit einem kosmopolitisch inspirierten Progressismus, denn sie sind prinzipiell skeptisch gegenüber einem Umbau der Welt, der die egoistische Souveränität der Nationalstaaten durch einen vorgeblich menschenfreundlichen Kosmopolitismus zu ersetzen verspricht. Und gespannt ist auch ihr Verhältnis zu den Liberalen, deren Marktenthusiasmus sie nicht zu teilen vermögen. Die gegenwärtige Krise des Finanzkapitalismus scheint den Konservativen zumindest in diesem Punkt Recht zu geben.

Eindeutige Definitionen sind allerdings schwierig, weil der Konservatismus seine Gestalt – u.U. sogar nachhaltig – verändert, je nachdem, welcher definitorische Gegner ihm gerade gegenübersteht.[83] Der Akzent liegt vielmehr auf geistigen und materiellen Interessen, die durch den modernen Prozess der Rationalisierung Schaden genommen haben. Konservatives Denken richtet sich zwar nicht gegen die Prinzipien der modernen, rationalen Weltauffassung schlechthin, wohl aber gegen den Anspruch der subjektiven Vernunft auf das Monopol als Daseinsprinzip und als politisches Gestaltungsprinzip. Es versteht sich vielmehr als dessen notwendiges, dialektisches Korrektiv.[84] Der Konservative konstruiert das historische Leben nicht von Klassen oder Schichten aus, sondern von „organischen Kollektivverbänden", deren Urbild die Familie ist.[85]

Konservative Positionen stehen heute auf dem Boden der klassischen, konditionell-gewaltenteilenden Lehre von der Politik und vom Staat. Was bedeutet das für ihr Verhältnis zu den Liberalen und zu der Linken? Staatsfeindschaft ist Kon-

80 *Hornung* 1983, S. 259–265 [264].
81 Vgl. *Forsthoff* 1971.
82 *Hirsch* 2007, S. 83–111; *Hirsch/Voigt* (Hg.) 2009.
83 *Greiffenhagen* 1987, S. 333–338 [335].
84 *Hornung* 1983, S. 259–265 [260].
85 *Mannheim* 1984, S. 123.

servativen fremd, allerdings betrachten sie den Staat auch nicht als Götzen, dem alles Andere zu dienen hätte. Totalitarismus von Links oder Rechts ist mit konservativem Denken unvereinbar. Aber auch der Marktradikalismus passt nicht in das Bild der Konservativen von der dienenden Funktion der Wirtschaft für das Gemeinwesen.

2.5 Weltbild und Denkstil

Ganz allgemein kann man Konservatismus als ein Weltbild verstehen, in dessen Zentrum die politischen Ideen nach der Französischen Revolution stehen. Weltbilder beruhen auf Hintergrundüberzeugungen, die sich wiederum aus intuitivem Wissen speisen. Sie dienen dazu, die Komplexität der empirisch zu erfassenden Umwelt aus Fakten, Aktionen und Phänomenen soweit zu reduzieren, dass der Mensch mit ihnen umgehen kann, ohne ständig mental überfordert zu sein.[86] Aus einem in sich stimmigen Ganzen heraus werden dann die Einzelereignisse auf eine bestimmte Weise interpretiert. Konservatives Denken über den Menschen und die Gesellschaft ist ein ungemein vielschichtiges Phänomen, das oft mehr von essayistischer Diskontinuität als von Systematik und – noch mehr als andere geistig-politische Bewegungen – von der jeweiligen geschichtlichen Situation geprägt ist. Vor allem in Krisenzeiten ist es eine Möglichkeit philosophisch-politischer Betrachtungsweise und ethisch-politischen Engagements.[87]

Ist nun die Produktion von Wissen an ein gemeinsames Ordnungssystem gebunden, so kann man von einem Denkstil sprechen (nach Mannheim auch Denkrichtung[88]). Der konservative Denkstil darf weder mit einem politischen Programm noch mit einem theoretischen System verwechselt werden. Charakteristisch für diese Art zu denken ist vielmehr ein genaues Gespür für zeitliche Kontinuität. Konservatives Handeln ist sinnorientiertes Handeln und zwar orientiert an einem Sinnzusammenhang, der von Epoche zu Epoche, von einer historischen Phase zur anderen, verschiedene objektive Gehalte enthält und sich dauernd wandelt. Es ist dies die prinzipielle Erinnerung an die Voraussetzungen gesellschaftlich-politischer Ordnung[89] und „geistige Grundlage der dauernden institutionellen Voraussetzungen menschlicher Existenz“.[90]

2.6 Konservatives Denken

Karl Mannheim differenziert in seinem Buch *Konservatismus* zwischen drei Herangehensweisen, der philosophischen, der ideengeschichtlichen und der soziolo-

86 Vgl. *Voigt* 2009, S. 42ff.
87 *Hornung* 1983, S. 259–265 [260].
88 *Mannheim* 1984, S. 47.
89 Siehe *Anter* in diesem Band.
90 *Huntington* 1996.

gischen. Nur die Wissenssoziologie, so schreibt er, bezieht allerdings den historisch-sozialen Gesamtprozess mit ein, der „als historische Ursprungsstätte hinter den einzelnen theoretischen Gebilden steht".[91] Es liegt auf der Hand, dass diese drei Ansätze u.U. zu ganz unterschiedlichen Ergebnissen führen können. Für eine Untersuchung des Konservatismus bietet sich der Mannheimsche Ausgangspunkt der Wissenssoziologie hier besonders an, da gerade der deutsche Konservatismus seine Gestalt im Verlauf der Geschichte mehrmals signifikant geändert hat. Ursache hierfür waren z.T. grundlegende Strukturveränderungen im geistigen und sozialen Geschehen, nicht zuletzt gravierende politische Umbrüche (Zäsuren), die besonders Deutschland betroffen haben. Man denke nur an den Übergang vom Kaiserreich zur Weimarer Republik, von dieser zum Nationalsozialismus und schließlich – nach dem Zusammenbruch des Deutschen Reiches – der allmähliche Übergang in die parlamentarische Demokratie der Bonner Republik, schließlich die Wiedervereinigung und die Umwandlung in die selbstbewusster auftretende Berliner Republik, die sich ihrer wirtschaftlichen und militärischen Stärke durchaus bewusst ist. Vier von diesen fünf Phasen hat Carl Schmitt denkend und schreibend miterlebt.

Konservatives Denken beruht auf bestimmten, vor allem an geschichtlicher Erfahrung orientierten anthropologischen Grundeinsichten.

(1) Dazu gehört die Einsicht in die kreatürliche Schwäche und „Verfallsbereitschaft" der menschlichen Natur und daher ihre Angewiesenheit auf die großen Institutionen wie Staat, Recht, Familie, Religion usw. Hier finden sich im Übrigen Anknüpfungspunkte zu dem negativen Anthropologismus bei Hobbes und Schmitt,[92] aber auch bei Burke.[93]

(2) Das kulminiert in der Erkenntnis, dass alle soziale und politische Ordnung institutioneller wie normativ-sittlicher Voraussetzungen bedarf, da es stets sowohl um die Sicherung der Freiheit vor dem Missbrauch der Macht als auch um die Abwehr des Missbrauchs der Freiheit durch sich selbst geht. Freiheit ist also kein Selbstzweck, nicht die „Freiheit von", sondern die „Freiheit für" steht im Vordergrund.

(3) Oder um es mit den Worten von Thomas Hobbes in *De Cive* zusagen: „Wer sich unter Freiheit die Möglichkeit vorstellt, handeln zu können, wie es ihm gefällt, übersieht die Tatsache, daß keine *civitas* ohne Souveränität auskommt und ohne ein sich daraus ergebendes Recht, Zwang auszuüben und die Freiheit ihrer Untertanen dadurch zu begrenzen".[94]

91 *Mannheim* 1984, S. 48.

92 Vgl. *Voigt* 2007, S. 119ff.

93 *Zimmer* 1997 S. 85.

94 *Hobbes* 1994.

3. DIE ROLLE DES STAATES

Es ist hier nicht der Platz, alle in Betracht kommenden Institutionen zu behandeln. Im Folgenden beschränke ich mich daher auf die in meinen Augen wichtigste Institution, den Staat. Staaten sind das Ergebnis langfristiger kultureller Evolution, aus konservativer Perspektive können sie als Institutionen daher nicht einfach von Individuen zur Disposition gestellt werden. Der Staat ist aus konservativer Sicht mehr als die Summe der politischen Interessen. Er ist gerade nicht identisch mit der Regierung, wie der amerikanische Sprachgebrauch von „government" signalisiert, der auch von manchen deutschen Politikwissenschaftlern aufgenommen worden ist. Nicht zufällig hat jede Bundesregierung in der Zeit der deutschen Teilung – übrigens erfolgreich – darauf bestanden, dass die Bundesrepublik Deutschland Nachfolger des Deutschen Reiches ist. Das Bundesverfassungsgericht hat in seinem Urteil zum Grundlagenvertrag von 1972 unmissverständlich festgestellt, dass beide zumindest teilidentisch seien.[95]

3.1 Maschine oder „geronnene Vernunft"?

Der Staat ist keinesfalls eine Maschine, die man zerlegen und mit ausreichenden technischen Kenntnissen wieder zusammenbauen könnte. Diese Maschinenmetapher ist allerdings in Hobbes' *Leviathan* durchaus angelegt,[96] wie Carl Schmitt herausgearbeitet hat. Nach Schmitt ist der Hobbessche Staat ein technisch-neutraler Apparat, dessen sich die verschiedenartigsten Mächte bedienen können.[97] Damit wird einerseits die Verbindung zu Niccolò Machiavelli hergestellt, anderseits kann daran später Antonio Gramsci bei der Entwicklung seines Hegemonie-Konzepts anknüpfen.[98] Walter Benjamin, der sich zustimmend auf Carl Schmitts Souveränitätslehre bezogen hat, verkörpert eine „linke" materialistische Geschichtstheologie, die interessante Parallelen mit dem Leviathan-Buch von 1938 aufweist.[99] Hier zeigt sich allerdings eine deutliche Bruchlinie zu dem Konservatismus Burkescher Provenienz. Für Edmund Burke ist der Staat nämlich „geronnene Vernunft" von Generationen von Menschen, die bestrebt waren, eine gute Ordnung zu gestalten.[100] Staatskunst ist tatsächlich eine Kunst, sie ist praktische Klugheit im Sinne von Aristoteles. Aus dieser Perspektive ist die Verabsolutierung universaler Rechte abzulehnen, weil Rechte nicht den Menschen als Menschen verfügbar sind, sondern immer nur den Bürgern eines konkreten Staates.

Will der Staat wirkliche Gefolgschaft verlangen, z.B. die Steuerzahler mit Schulden in Milliardenhöhe belasten, dann darf er auch nicht jenes graue rationa-

95 BVerfGE 36, 1.
96 *Weiß* 1980; siehe *Nitschke* in diesem Band.
97 *Schmitt* Leviathan, S. 63.
98 *Buckel/Fischer-Lescano* (Hg.) 2007.
99 *Ladeur* 1996, S. 677.
100 Zum Ordnungsaspekt *Anter* in diesem Band.

listische Gebilde sein, das wir beispielsweise in der Weimarer Republik vorfinden. Carl Schmitt hatte auf die Folgen der Ökonomisierung des kulturellen, gesellschaftlichen und politischen Lebens bereits in seiner Schrift *Römischer Katholizismus und politische Form* hingewiesen:

> Man kann beobachten, wie mit der Ausbreitung des ökonomischen Denkens auch das Verständnis für jede Art Repräsentation schwindet.[101]

Der Staat muss nämlich nicht nur zu den Köpfen, sondern auch zu den Herzen der Menschen sprechen. Nur so ist ein Gemeinwesen über das Niveau der bloßen Legalität hinaus über eine nationale politische Kultur der Symbole und Zeichen verbunden und kann den Menschen auch in schwierigen Zeiten Orientierung geben.

3.2 Konservative Positionen

Welche Position der Konservatismus heute hat oder haben könnte und welche Impulse sich daraus für die Zukunft ergeben können, soll nun an einigen wichtigen Stichworten gezeigt werden. Diese Stichworte sind: Souveränität, Nationalstaat, Gemeinwohl, Geschichte, Repräsentation, Neutralität und Wertorientierung.

(1) *Souveränität*: Bereits Hobbes hat darauf hingewiesen, dass staatliche Souveränität unteilbar ist. Diese Sicht hat Hermann Heller in der Weimarer Republik stets betont.[102] Bis zur deutschen Wiedervereinigung schien die Souveränitätsfrage allerdings zugunsten einer möglichst vollständigen Integration in ein bundesstaatliches Europa gegenstandslos geworden zu sein. Dass diese Frage aber keineswegs endgültig von der politischen Tagesordnung verschwunden ist, zeigt das gegenwärtige Verfahren vor dem Bundesverfassungsgericht, in dem es darum geht, ob das EU-Vertragswerk auf Dauer die deutsche Souveränität aushöhlt.

(2) *Nationalstaat*: Die Verbindung von Territorialstaat und Nationalbewusstsein hat sich bislang zumindest in Europa als (relativ) dauerhaftes Erfolgsmodell erwiesen. Der Nationalstaat hat die Integration unterschiedlichster Gruppen der autochthonen wie der zugewanderten Bevölkerung in Staat und Gesellschaft ermöglicht. Der heute vielfach propagierte Kosmopolitismus hat seine Bewährungsprobe hingegen (noch) nicht bestanden. „Nation" ist freilich keineswegs eine ausschließlich ethnische Kategorie, es geht also nicht nur um ein „Vaterland der Geburt". Vielmehr ist Nation eher im Sinne Ciceros als „Vaterland des Rechts" zu verstehen.

(3) *Gemeinwohl*: Die globale Krise der Finanz- und Wirtschaftsordnung hat gezeigt, dass der Markt keinesfalls sich selbst überlassen werden kann. Es gibt eben gerade keine „invisible hand" (Adam Smith), die dafür sorgt, dass alles gut wird, wenn nur alle ihren privaten Vorteil suchen. Ernst Fraenkel hatte

101 *Schmitt* 1984, S. 43.
102 *Heller* 1992, S. 169f.

gemeint, dass sich das Gemeinwohl aus dem Parallelogramm der gesellschaftlichen Kräfte ergeben würde.[103] Tatsächlich resultiert daraus eher ein immerwährender Kampf um Macht, Einfluss und Geld. Der Kampf um eine „gerechte“ Ordnung ist daher auf nationaler, europäischer und globaler Ebene erst noch zu führen.

(4) *Geschichte*: Edmund Burkes Vorstellung, dass der Staat die „Gemeinschaft der Lebenden, der Verstorbenen und der Kommenden“ ist, erscheint erstaunlich aktuell. Jeder Mensch möchte wissen, wo seine Wurzeln liegen, um seinen Platz in der Gesellschaft definieren zu können. Geschichte lässt sich nicht restaurieren, aber z.B. als Mahnung für das eigene Handeln verstehen. Die kommenden Generationen müssen bei allen politischen Entscheidungen „zu Wort kommen“, in denen es um die Zukunft geht: Umwelt, Infrastruktur, Staatsschulden etc.

(5) *Repräsentation*: Die Bedeutung staatlicher Repräsentation und ihrer Symbole für den Zusammenhalt einer Gesellschaft sollte nicht unterschätzt werden. Dazu gehört, dass der Bundespräsident, den das Volk direkt wählen sollte, den Niederungen der Tagespolitik entzogen wird. Seine Mahnungen sollen den politisch Verantwortlichen wie den Bürgerinnen und Bürgern Anregungen geben, sie ggf. aufrütteln oder sogar zur Änderung eines unbedachten Verhaltens führen. Dabei geht es nicht zuletzt darum, auch in schwierigen Zeiten einen Stabilitätsanker zu besitzen, der notfalls die Wogen glätten kann.

(6) *Neutralität*: Die etablierten politischen Parteien neigen dazu, ihre durch Art. 21 Grundgesetz gewährten Privilegien immer weiter auszudehnen. Die „Mitwirkung bei der politischen Willensbildung des Volkes“ heißt aber nicht, sich selbst an die Stelle jenes Volkes zu setzen. Nicht jede Besetzung einer hervorgehobenen Position gehört zum Hausgut der Parteien. Gerade die Rundfunkräte der öffentlich-rechtlichen Fernsehanstalten sollten ein gesellschaftliches Gegengewicht gegen Parteien und Staat bilden. Es steht einem Rechtsstaat gut an, wenn Richterstellen, Beamtenpositionen und Programmdirektorposten nicht nach Parteienproporz besetzt werden. Dabei sollte nicht vergessen werden, dass gewählte Politiker lediglich Treuhänder des Volkes sind.

(7) *Werte*: Mit einem Wertenihilismus kann ein Gemeinwesen auf Dauer nicht bestehen. Daseinsvorsorge und Konsumfreude sind kein Ersatz für eine Wertorientierung. Werte werden hier allerdings nicht im Schmittschen Sinne als subjektive Setzungen verstanden, hinter denen bestimmte Interessen stehen.[104] In stürmischen Zeiten braucht eine Gesellschaft vielmehr gewisse Orientierungsmarken, an denen sich die Menschen entlang hangeln können. Dabei geht es um letzte Werte wie Treue, Liebe und Verantwortung, die dem Konservativen lieb und teuer sind, vielleicht gerade weil sie Störfaktoren für den ökonomischen Verwertungsprozess sind. Im Zeitalter des militanten Fundamentalismus zeigt sich zudem, dass man diesen – bei aller gebotenen Tole-

103 Vgl. *Fraenkel* 1973.
104 *Schmitt* 1967, S. 37–62.

ranz – nicht mit Beliebigkeit bekämpfen kann. Alles gleichermaßen gelten zu lassen, heißt auch, sich für nichts zu entscheiden.

LITERATUR

Agamben, Giorgio, 2002: Homo Sacer. Die souveräne Macht und das nackte Leben (ital. Torino 1995), Frankfurt a.M.

Agamben, Giorgio, 2004: Ausnahmezustand. [Homo Sacer III] (ital. Torino 2003), Frankfurt a.M.

Benoist, Alain de, 2003: Carl Schmitt. Bibliographie seiner Schriften und Korrespondenzen, Berlin.

Bredekamp, Horst, 2003: Thomas Hobbes der Leviathan. Das Urbild des modernen Staates und seine Gegenbilder. 1651–2001, 2. Aufl. Berlin.

Buckel, Sonja/Fischer-Lescano, Andreas (Hg.), 2007: Hegemonie gepanzert mit Zwang. Zivilgesellschaft und Politik im Staatsverständnis Antonio Gramscis, Baden-Baden.

Burke, Edmund, 1987: Betrachtungen über die Französische Revolution (übers. v. F. Gentz). Gedanken über die französischen Angelegenheiten (übers. v. R. Schnabel), hg. v. Ulrich Frank-Planitz, Zürich.

Donoso Cortés, Juan Maria, 1996: Rede über die Diktatur (4.1.1849), in: Ders., Über die Diktatur. Drei Reden aus den Jahren 1849/50, übers. v. Günter Maschke, Wien 1996, S. 27–51.

Forsthoff, Ernst, 1941: Besprechung von Carl Schmitt, Der Leviathan in der Staatslehre des Thomas Hobbes, in: Zeitschrift für deutsche Kulturphilosophie, 7, S. 206–214.

Forsthoff, Ernst, 1971: Der Staat der Industriegesellschaft, München.

Fraenkel, Ernst, 1973: Reformismus und Pluralismus, Hamburg.

Frank-Planitz, Ulrich, 1987: Edmund Burkes Leben und Wirkung, in: Burke 1987, S. 9–32.

Fukuyama, Francis, 1992: The End of History and the Last Man, New York.

Gablentz, Heinrich Otto von der, 1976: Konservatismus, in: Fraenkel, Ernst/Bracher, Karl-Dietrich (Hg.), Staat und Politik, Frankfurt a.M. 1976, S. 170–171.

Göbel, Andreas/Laak, Dirk van/Villinger, Ingeborg (Hg.), 1995: Metamorphosen des Politischen. Grundfragen politischer Einheitsbildung seit den 20er Jahren, Berlin.

Greiffenhagen, Martin, 1987: Konservatismus, in: Görlitz, Axel/Prätorius, Rainer (Hg.): Handbuch Politikwissenschaft. Grundlagen – Forschungsstand – Perspektiven, Reinbek 1987, S. 233–238.

Hartwich, Hans-Hermann/Wewer, Göttrik (Hg.), 1990ff.: Regieren in der Bundesrepublik (Bände I bis V), Opladen.

Heller, Hermann, 1992: Die Souveränität – Ein Beitrag zur Theorie des Staats- und Völkerrechts (1927), In: Müller, Christoph (Hg.): Hermann Heller. Gesammelte Schriften, Bd. 2 und 3, 2. Aufl. Tübingen 1992, S. 31ff.

Hennis, Wilhelm/Kielmansegg, Peter Graf/Matz, Ulrich, 1977: Regierbarkeit I. Studien zu ihrer Problematisierung, Stuttgart.

Hennis, Wilhelm/Kielmansegg, Peter Graf/Matz, Ulrich, 1979: Regierbarkeit II. Studien zu ihrer Problematisierung, Stuttgart.

Hirsch, Michael, 2007: Politische Theologie des Konflikts. Carl Schmitt im politischen Denken der Gegenwart, in: Voigt (Hg.) 2007, S. 83–111.

Hirsch, Michael/Voigt, Rüdiger (Hg.), 2009: Der Staat in der Postdemokratie. Staat, Politik und Recht im neueren französischen Denken, Stuttgart.

Hobbes, Thomas, 1976: Naturrecht und allgemeines Staatsrecht in den Anfangsgründen, mit einer Einführung von Ferdinand Tönnies, Darmstadt.

Hobbes, Thomas, 1991: Behemoth oder Das lange Parlament (Behemoth or the Long Parliament, 1679), hg. v. Herfried Münkler, Frankfurt a.M.

Hobbes, Thomas, 1992: Leviathan oder Stoff, Form und Gewalt eines bürgerlichen und kirchlichen Staates (Leviathan or the Matter, Forme and Power of Commonwealth, Ecclesiasticall and Civill, 1651), hg. v. Iring Fetscher, 5. Aufl. Frankfurt a.M.

Hobbes, Thomas, 1994: Vom Menschen – Vom Bürger (Elementorum Philosophiae sectio tertia de Cive, 1647), 3. Aufl. Hamburg.

Hofmann, Hasso, 2002: Legitimität gegen Legalität. Der Weg der politischen Philosophie Carl Schmitts, 4. Aufl. Berlin (1. Aufl. 1964).

Hornung, Klaus, 1983: Konservativismus, in: Mickel, Wolfgang W. (Hg.), Handlexikon zur Politikwissenschaft, München 1983, S. 259–265.

Huntington, Samuel, 1996: Der Kampf der Kulturen. Die Neugestaltung der Weltpolitik im 21. Jahrhundert (engl. Original New York 1996), München/Wien.

Jünger, Ernst, 1929: In Stahlgewittern. Tagebuch eines Stoßtruppführers, 9. Aufl. Berlin.

Kersting, Wolfgang, 1992: Thomas Hobbes zur Einführung, Hamburg.

Kersting, Wolfgang (Hg.), 2008: Thomas Hobbes: Leviathan, oder Stoff, Form und Gestalt eines kirchlichen und bürgerlichen Staates, 2. Aufl. Berlin.

Kondylis, Panjotis, 1986: Konservatismus. Geschichtlicher Gehalt und Untergang, Stuttgart.

Ladeur, Karl-Heinz, 1996: Carl Schmitt und die Nichthintergehbarkeit der Politischen Theologie – Die Versuchung des Totalitarismus in der liberalen Gesellschaft, in: Politische Vierteljahresschrift, 37, S. 665–686.

Lenk, Kurt, 1998: Hobbismus als politische Anthropologie, In: Greven, Michael/Münkler, Herfried/Schmalz-Bruns, Rainer (Hg.), Bürgersinn und Kritik. Festschrift für Udo Bermbach zum 60. Geburtstag, Baden-Baden 1998, S. 71–84.

Lübbe, Hermann, 1988: Carl Schmitt liberal rezipiert, in: Quaritsch (Hg.) 1988, S. 427–440.

Maier, Hans, 1972: Hobbes, in: Maier, Hans/Rausch, Heinz/Denzer, Horst (Hg.): Klassiker des politischen Denkens. Erster Band: Von Plato bis Hobbes, München 1972, S. 350–375.

Mannheim, Karl, 1984: Konservatismus, Frankfurt a.M.

Maschke, Günter, 1988: Die Zweideutigkeit der „Entscheidung" – Thomas Hobbes und Juan Donoso Cortés im Werk Carl Schmitts, In: Quaritsch (Hg.) 1988, S. 193–221.

Mehring, Reinhard, 2003: Esoterische „Hinweise"? (116–124). Marginalien zum Feindbegriff und „anthropologischen Glaubensbekenntnis", in: ders. (Hg.): Der Begriff des Politischen. Ein kooperativer Kommentar, Berlin 2003, S. 188–204.

Mehring, Reinhard, 2008: Thomas Hobbes im konfessionellen Bürgerkrieg. Carl Schmitts Hobbes-Bild und seine Wirkung im Kreis der alten Bundesrepublik, in: Leviathan, 4, S. 514–542.

Meier, Heinrich, 1998: Carl Schmitt, Leo Strauss und ‚Der Begriff des Politischen'. Zu einem Dialog unter Abwesenden, erweiterte Neuausgabe, Stuttgart.

Meuter, Günter, 1995: Die zwei Gesichter des Leviathan. Zu Carl Schmitts abgründiger Wissenschaft vom „Leviathan", in: Göbel/van Laak/Villinger (Hg.) 1995, S. 95–116.

Mohler, Armin, 1988: Carl Schmitt und die „Konservative Revolution". Unsystematische Betrachtungen, in: Quaritsch (Hg.) 1988, S. 129–151.

Mouffe, Chantal, 2007: Über das Politische. Wider die kosmopolitische Illusion (engl. London/New York 2005), Frankfurt a.M.

Mußgnug, Reinhard, 1988: Carl Schmitts verfassungsrechtliches Werk und sein Fortwirken im Staatsrecht der Bundesrepublik Deutschland, in: Quaritsch (Hg.) 1988, S. 17–35.

Neumann, Volker, 1980: Der Staat im Bürgerkrieg. Kontinuität und Wandlung des Staatsbegriffs in der politischen Theorie Carl Schmitts, Frankfurt a.M.

Nietzsche, Friedrich, 1955: Unzeitgemäße Betrachtungen, Stuttgart.

Pauly, Walter (Hg.), 2008: Der Staat – eine Hieroglyphe der Vernunft. Staat und Gesellschaft bei Georg Wilhelm Friedrich Hegel, Baden-Baden.

Quaritsch, Helmut (Hrsg.), 1988: Complexio Oppositorum. Über Carl Schmitt. Vorträge und Diskussionsbeiträge des 28. Sonderseminars 1986 der Hochschule für Verwaltungswissenschaften Speyer, Berlin.

Rottleuthner, Hubert, 1986: Leviathan oder Behemoth? Zur Hobbes-Rezeption im Nationalsozialismus und ihre Neuauflage, in: Archiv für Rechts- und Sozialphilosophie, LXIX, S. 247–265.

Rüthers, Bernd, 1988: Die unbegrenzte Auslegung. Zum Wandel der Privatrechtsordnung im Nationalsozialismus, 3. Aufl. München.

Rumpf, Helmut, 1972: Carl Schmitt und Thomas Hobbes. Ideelle Beziehungen und aktuelle Bedeutung mit einer Abhandlung über: Die Frühschriften Carl Schmitts, Berlin.
Schelsky, Helmut, 1981: Thomas Hobbes. Eine politische Lehre, Berlin.
Schmitt, Carl, 1921: Die Diktatur. Von den Anfängen des modernen Souveränitätsgedankens bis zum proletarischen Klassenkampf, Berlin (zit. als Diktatur).
Schmitt, Carl, 1931: Der Hüter der Verfassung, Tübingen (zit. als HdF).
Schmitt, Carl, 1934: Über die drei Arten rechtswissenschaftlichen Denkens, Hamburg (zit. als Drei Arten).
Schmitt, Carl, 1937: Der Staat als Mechanismus bei Hobbes und Descartes, in: Archiv für Rechts- und Sozialphilosophie, XXX, S. 622–632 (zit. als Mechanismus).
Schmitt, Carl, 1938: Der Leviathan in der Staatslehre des Thomas Hobbes. Sinn und Fehlschlag eines politischen Symbols, Köln (zit. als Leviathan).
Schmitt, Carl, 1938a: Grußbotschaft an die Hobbes-Gesellschaft in Kiel, in: Brockdorff, Baron Cay von (Hg.), Zum Gedächtnis des 350. Geburtstags von Hobbes, Kiel 1938, S. 15 (zit. als Grußbotschaft).
Schmitt, Carl, 1950: Donoso Cortés in gesamteuropäischer Interpretation, Köln (zit. als Donoso Cortés).
Schmitt, Carl, 1950a: Ex Captivitate Salus, Köln (zit. als ECS).
Schmitt, Carl, 1963: Der Begriff des Politischen. Text von 1932 mit einem Vorwort und drei Corollarien, Berlin (zit. als BdP).
Schmitt, Carl, 1967: Die Tyrannei der Werte, in: Buve, Servius u.a., Säkularisation und Utopie, Erbracher Studien, Stuttgart 1967, S. 37–62.
Schmitt, Carl, 1984: Römischer Katholizismus und politische Form (1923), Stuttgart.
Schneider, Peter, 1957: Ausnahmezustand und Norm – Eine Studie zur Rechtslehre von Carl Schmitt, Stuttgart.
Schwab, George, 1985: Introduction, in: Carl Schmitt, Political Theology. Four Chapters on the Concept of Sovereignty (übers. v. G. Schwab), Cambridge/Mass., S. XI–XXVI.
Skinner, Quentin, 2008: Freiheit und Pflicht. Thomas Hobbes' politische Theorie, Frankfurt a.M.
Spengler, Oswald, 1979: Untergang des Abendlandes. Umrisse einer Morphologie der Weltgeschichte (Band 1, Wien 1918; Band 2, München 1922), München.
Stahl, Friedrich Julius, 1863: Die gegenwärtigen Parteien in Staat und Kirche, Berlin.
Strauss, Leo, 1988: Anmerkungen zu Carl Schmitt ‚Der Begriff des Politischen', in: Meier 1998, S. 97–125.
Tönnies, Ferdinand, 1971: Thomas Hobbes. Leben und Lehre, hg. u. eingel. v. Karl-Heinz Ilting, Nachdruck der 3. Aufl. von 1925, Stuttgart-Bad Cannstadt.
Voigt, Rüdiger (Hg.), 2000: Der Leviathan, Baden-Baden.
Voigt, Rüdiger (Hg.), 2007: Der Staat des Dezisionismus. Carl Schmitt in der internationalen Debatte, Baden-Baden.
Voigt, Rüdiger, 2009: Den Staat denken. Der Leviathan im Zeichen der Krise, 2. Aufl. Baden-Baden.
Voigt, Rüdiger, 2009a: Der Januskopf des Staates. Warum wir auf den Staat nicht verzichten können, Stuttgart.
Weiß, Ulrich, 1980: Das philosophische System von Thomas Hobbes, Stuttgart-Bad Cannstadt.
Willms, Bernard, 1970: Die Antwort des Leviathan. Thomas Hobbes' politische Theorie, Neuwied.
Willms, Bernard, 1988: Carl Schmitt – Jüngster Klassiker des politischen Denkens? in: Quaritsch (Hg.) 1988, S. 577–597.
Zimmer, Robert, 1997: Edmund Burke, in: Stammen, Theo/Riescher, Gisela/Hofmann, Wilhelm (Hg.), Hauptwerke der politischen Theorie, Stuttgart 1977, S. 82–88.

1. TEIL

THOMAS HOBBES' LEVIATHAN

DAS „IDEAL DES HOBBES“, DER KAMPF UND DIE ANERKENNUNG

Kants und Hegels Auseinandersetzung mit Hobbes

Wolfgang Kersting

I.

In Kants Reflexionen zur Logik findet sich folgende Notiz:

> Die Idee eines Buchs kan gut seyn, wenn das Buch gleich voll Fehler ist. Hobbes. Die Idee herauszusuchen. Verlohrene Bücher: wenn keiner die idee herausfindet. Sie lässt sich nicht durch zusammenfliken finden. Sie ist eine Einheit und das Mannigfaltige dessen Folgen. Die stücke müssen ihre Erklarung von der idee haben (16, 183, Refl. 1684).[1]

Hobbes' Bücher waren für Kant keine verlorenen Bücher. Ihre Argumentation ist einheitlich; ihre Beweisglieder sind allesamt durch ein und dasselbe Prinzip geprägt; die sich aus ihrem Gedankengang ergebenen Folgen sind bedeutsam. Und unschwer ist das Programm auszumachen, das die gesamte Darstellung bestimmt: die Entwicklung einer staatsphilosophischen Legitimationstheorie der Herrschaft, die der individualistischen Rationalität der Nutzenmaximierung verpflichtet ist und das Selbstinteresse in den Rang des allesbeherrschenden Handlungsmotivs erhebt. Gleichwohl ist nach Kants Urteil Hobbes zur eigentlichen Idee nicht vorgedrungen. Das, was die Sache verlangt, hat Hobbes durch ein fehlerhaftes Begründungsprogramm verdeckt, durch eine Rationalitätsverständnis verstellt, das für die Zwecke praktisch-philosophischer Grundlegung gänzlich ungeeignet ist. Die Sache des friedlichen menschlichen Zusammenlebens verlangt mehr als ein machtpolitisches Arrangement, sie verlangt eine rechtliche Organisationsform. Natürlich ist es für Kant lobenswert, dass Hobbes gelehrt hat, dass der Naturzustand zu verlassen ist, dass der Staat unabwendbar ist und politische Herrschaft auf eine vertragliche Einigung der Bürger zu gründen ist. Aber all diese Notwendigkeitsbeweise werden von Hobbes nach dem Alphabet der Klugheit buchstabiert; sie werden nicht als dem Recht immanente, aus der Rechtsidee der reinen gesetzgebenden praktischen Vernunft zu entwickelnde Forderungen vorgetragen. Das aber ist das Programm der Kantischen Rechtsphilosophie.[2] Sie unternimmt eine vernunftrechtliche Reformulierung der Hobbesschen staatsphilosophischen Triade aus Naturzustand, Vertrag und Leviathan und verbindet so die Stücke eines Klugheitsarguments zu einer Kette zusammenhängender Rechtsideen. Kants Rechtsphilosophie ist ein Übersetzungsprogramm, das rationale Vorzugswürdigkeit in rechtliche Verbindlichkeit transferiert und die Arrangements individualisti-

1 Kant wird nach der Akademie-Ausgabe seiner gesammelten Schriften zitiert; Bandzählung vor Seitenzählung; R bezieht sich auf die nachgelassenen Reflexionen.

2 Vgl. *Kersting* 2007, *Kersting* 2004.

scher Rationalität in normative Konstruktionen der universalistischen Rechtsvernunft verwandelt.

1. „Ideal des hobbes"

Kant hat in einer späteren Zufügung zu einer frühen Reflexion den Naturzustand als „Ideal des hobbes" bezeichnet und ihm folgende beweistheoretische Funktion zugewiesen:

> Es wird hier das recht im Stande der Natur und nicht das factum erwogen. Es wird bewiesen, dass es nicht willkührlich sey, aus dem Stande der Natur herauszugehen, sondern nothwendig nach Regeln des Rechts" (19, R 6593).

Das Naturzustandstheorem ist eine rechtstheoretische Konstruktion, die aus der Betrachtung des Rechts unter vorstaatlichen Bedingungen die Einsicht in die rechtlich-praktische Notwendigkeit der Errichtung eines bürgerlichen Zustandes und der Unterwerfung aller unter staatliche Herrschaft gewinnt. Es hat die Erkenntnis zu vermitteln, die Kant in § 42 der „Rechtslehre" so zusammenfasst:

> Aus dem Privatrecht im natürlichen Zustande geht nun das Postulat des öffentlichen Rechts hervor: du sollst, im Verhältnisse eines unvermeidlichen Nebeneinanderseins mit allen anderen, aus jenem heraus in einen rechtlichen Zustand, d. i. den einer austheilenden Gerechtigkeit, übergehen (307).

> Man hat sich ... die Menschen unterm Gesetz in einem verschiedenen Zustande gedacht, und den statum naturalem vom statu civili dadurch abgeschieden, dass man die Eingehung eines status civilis auf ein freiwilliges Pactum aussetzt. Es ist indeß hiebey darin ein Irrthum, einen verschiedenen Zustand anzunehmen, da in Rücksicht ihrer Rechte es in statu naturali et civili dieselben bleiben; nur das Recht wird insofern nur in verschiedenem respectu betrachtet, der status naturalis existiert an sich gar nicht, und hat nie existirt, es ist eine bloße Vernunft-Idee, die die Beurtheilung des Privatverhältnisses der Menschen unter einander enthält, wie sich nämlich die Freiheit des einen gegen die Freiheit des anderen nach den Gesetzen der allgemeinen Freiheit bestimmt. Diese Prüfung der Rechte findet ohne Rücksicht der Verschiedenheit dieses status statt. Der Grund des Unter|schiedes liegt nur eigentlich darin, dass, um von seiner Freiheit sicheren Gebrauch machen zu können, eine unwiderstehliche Gewalt nöthig ist, die einen gegen den andern zwingt, seine Freiheit nach allgemeiner Gesetzmäßigkeit ausüben zu können. Nun ist jedes einzelnen Menschen Beurtheilung anheim gestellt, was er für Recht oder Unrecht anerkennen will, er kann also auch die Freiheit des andern ungehindert verletzen. Dieser Zustand der Läsion würde immerwährend seyn, solange Jeder allein Gesetzgeber und Richter wäre: Dies ist es, was man statum naturalem nennt, ein Zustand aber, der der angeborenen Freiheit ganz entgegen läuft. Es ist daher nothwendig, dass, sobald Menschen sich bis zur Ausübung ihrer wechselseitigen Freiheit nähern, sie den statum naturalem verlassen, um ein nothwendiges Gesetz, einen statum civilem, einzugehen; d.i. es ist eine allgemeine Gesetzgebung, die für Jedermann Recht und Unrecht festsetzt, eine allgemeine Gewalt, die jeden in seinem Recht schützt und eine richterliche Gewalt nöthig, die das gekränkte Recht wiederherstellt oder sogenannte justitiam distributivam eruirt (suum cuique tribuit). Dies ist es, was unter allen Naturrechtslehrern allein Hobbes als das oberste Princip des status civilis annimmt: exeundum esse ex statu naturali (27, 589f.).

Freilich ist für Hobbes der Staat nur pragmatisch-notwendig. Da ein friedliches Zusammenleben unter Naturzustandsbedingungen nicht möglich ist, ein anarchischer Zustand sich als zweckwidrig hinsichtlich des fundamentalen Selbsterhaltungsinteresses wie des Genusses der natürlichen Rechte zeigt, ist es nur folgerichtig und jedem rationalen Egoisten einsichtig, einen Zustand herbeizuführen, in dem jeder seines Lebens sicher sein und ungestört sein Eigentum genießen kann. Der Staat ist im Rahmen der Hobbesschen Argumentation eine im rationalen Nützlichkeitsurteil der Individuen verankerte Utilitätsveranstaltung. Seine Unerlässlichkeit ergibt sich als logische Konsequenz eines gründlichen, die Verwirklichungsbedingungen des Selbstinteresses berücksichtigenden Denkens. Für Kant hingegen ist das Verlassen des Naturzustandes Pflicht, eine Pflicht zumal, die pflichttheoretisch herausgehoben ist, weil sie die einzige positive, d.h. eine Begehungshandlung verlangende Vernunftrechtspflicht ist; gewöhnlich sind natürliche Rechtspflichten negativer Natur, verlangen Vermeidungshandlungen.

> Schaffe, dass ein jeder vor das Seine in ansehung deiner in Sicherheit sey [...] dieses ist die Pflicht zur Bürgerlichen Gesellschaft, die allgemeine Bedingung aller Rechte und Eigenthums des Menschen. Stelle einen jeden wegen seines rechts von deiner Seite in Sicherheit [...] denn nur alsdenn kan er sagen, dass etwas sein ist, und zwar facto, nicht blos jure, wenn er wegen dessen Besitzes gesichert ist. Dieses ist die eintzige affirmative äussere natürliche Pflicht: exeundum e statu naturali (19, R 7075).

Verglichen mit dem breiten Raum, den die Schilderung des *status naturalis* bei Hobbes einnimmt,[3] sind Kants Äußerungen zum Naturzustand in den *Metaphysischen Anfangsgründen der Rechtslehre* spärlich, Sie variieren im wesentlichen das Hobbessche Argument von der Rationalität des Misstrauens, das unter Naturzustandsbedingungen notwendig allgemein werden muss und als durchgängiger Bestimmungsgrund menschlichen Verhaltens Elend und allseitige Furcht erzeugt.

> Niemand ist verbunden, sich des Eingriffs in den Besitz des Anderen zu enthalten, wenn dieser ihm nicht gleichmäßig auch Sicherheit giebt, er werde eben dieselbe Enthaltsamkeit gegen ihn beobachten. Er darf (= muss W.K.) also nicht abwarten, bis er etwa durch eine traurige Erfahrung von der entgegengesetzten Gesinnung des letzteren belehrt wird; denn was sollte ihn verbinden, allererst durch Schaden klug zu werden, da er die Neigung der Menschen überhaupt über andere den Meister zu spielen (die Überlegenheit des Rechts anderer nicht zu achten, wenn sie sich der Macht oder List nach diesen überlegen fühlen) in sich selbst hinreichend wahrnehmen kann, und es ist nicht nöthig, die wirkliche Feindseligkeit abzuwarten; er ist zu einem Zwange gegen den befugt, der ihm schon seiner Natur nach damit droht (6, 307).

Im Naturzustand kann es sich keiner leisten, die zur Rechtsverteidigung eingeräumte Zwangsbefugnis erst dann in Anspruch zu nehmen, wenn ein Angriff erfolgt und damit ein eindeutiger Rechtsgrund für die Zwangsanwendung gegeben ist. Im Naturzustand avanciert der Verdacht zum Rechtsgrund, jeder muss daher

3 Vgl. *Kersting* 2009.

„jederzeit in der Kriegsrüstung seyn“, bereit, jedem Angriff zuvorzukommen (19, R 7646).[4]

Kant folgt hier weitgehend dem Hobbesschen Naturzustandsverständnis, das den vorstaatlichen Zustand durch ein latentes *bellum uniuscuiusque contra unumquemque* geprägt sieht, das auch dem Sanftesten das ebenso überlebensnotwendige wie höchst riskante Gesetz der Machtakkumulation aufzwingt und ihn dadurch nötigt, andere seiner Herrschaft zu unterwerfen. Auch für Hobbes ist der Naturzustand ein status belli „iuridice“, in dem „alter iure aggreditur“ und „alter iure resistit“ (19, R 7726). Ein jeder hat die Freiheit,

> to use his own power, as he will himselfe, for the preservation of his own Nature; that is to say, of his own Life; and consequently, of doing any thing, which in his own Judgement, and Reason, he shall conceive to be the aptest means thereunto.[5]

Angesichts des Fehlens allgemein geltender Regeln, angesichts der Knappheit der Güter und der wechselseitigen Unbekanntheit der Absichten und Handlungspläne der anderen, muss die rationale, d. h. alle entscheidungsrelevanten Faktoren berücksichtigende Wahrnehmung des *ius naturale* den Weg der Vermehrung der Machtmittel[6] und, Gewalt gewaltsam antizipierend, der Unterwerfung anderer einschlagen. Diejenigen, die die Gewalt zum Gesetz ihrer Beziehungen machen, „tun einander auch gar nicht unrecht“ (6, 307), aber – und das unterscheidet Kant von dem Engländer – „sie tun überhaupt im höchsten Grade unrecht, weil sie dem Begriff des Rechts selber alle Gültigkeit nehmen“ (6, 308) und die Errichtung eines *status iuridicus* verhindern.[7] Im gewaltbeherrschten Zustand ist jeder durch jeden „laesus per statum“.[8] Der Naturzustand ist ein Zustand der Rechtlo-

4 „Hobbes' Satz: *status hominum naturalis est bellum omnium in omnes*, hat weiter keinen Fehler, als dass es heißen sollte: *est status belli etc.* Denn wenn man gleich nicht einräumt, dass zwischen Menschen, die nicht unter äußern und öffentlichen Gesetzen stehen, jederzeit wirkliche Feindseligkeiten herrschen: so ist doch der Zustand derselben … ein solcher Zustand, in welchem ein jeder selbst Richter über das sein will, was ihm gegen andere recht sei, aber auch für dieses keine Sicherheit von andern hat oder ihnen giebt, als jedes seine eigene Gewalt; welches ein Kriegszustand ist, in dem jedermann wider jedermann beständig gerüstet sein muss. Der zweite Satz desselben: *exeundum esse e statu naturali*, ist eine Folge aus dem erstern: denn dieser Zustand ist eine continuirliche Läsion der Rechte aller andern durch die Anmaßung in seiner eigenen Sache Richter zu sein und andern Menschen keine Sicherheit wegen des Ihrigen zu lassen, als bloß seine eigene Willkür“ (6, 97/Anm.).

5 *Hobbes* 1979, S. 189.

6 „The Power of a Man, (to take it Universally,) is his present means, to obtain some future apparent Good“ (*Hobbes* 1979, S. 150).

7 „Man thut in einer Handlung gegen einen Anderen Unrecht (iniuste agit) ob man gleich ihm nicht Unrecht thut (weil er kein Recht gehabt oder es verwirkt hat) und das geschieht wenn der leidende Theil sich nicht im rechtlichen Zustande befindet. In diesem Fall kann der letztere Wiederstehen. – Man thut aber darum unrecht weil man so verfährt dass kein status iuridicus entspringen kann“ (23, 211).

8 „Ich bin von andern Menschen, die im natürlichen Zustande sind, laesus per statum. Denn ich habe keine sicherheit und das Eigenthum ist immer in Gefahr. Ich bin nicht verbunden, in dieser Furcht zu bleiben“ (19, R 7647).

sigkeit; die Notwendigkeit, ihn zu verlassen, einen Zustand der wechselseitigen Verhinderung des Rechtserwerbs durch einen Zustand der austeilenden Gerechtigkeit abzulösen, ist „analytisch aus dem Begriffe des Rechts, im äußeren Verhältniß, im Gegensatz der Gewalt“ zu gewinnen (6, 307). Bei Kant rückt nicht das Selbsterhaltungsrisiko des Naturzustandes in den Vordergrund. Im *status naturalis* zu verharren, ist sicherlich unklug; vor allen Dingen aber ist es rechts- und pflichtwidrig, denn die Menschen stehen als vernünftige Wesen a priori unter der Verpflichtung, ihr Verhältnis zueinander nach Regeln des Rechts zu gestalten. Und sollten sie im Zustand der Gesetzlosigkeit verbleiben, dann verletzten sie einander in rechtlicher Hinsicht zwar nicht durch ihre Gewalthandlungen, die ein Leben in einem solchen Zustand unvermeidlich mit sich bringt, aber durch ihr schieres Verbleiben in diesem Zustand. Im Naturzustand ist bereits das schlichte Sein – im Sinne eben eines Verbleibens in diesem Zustand – eine Rechtsverletzung (laesio per statum). Und der einzige Weg, diese strukturelle Rechtsverletzung, dieses strukturelle Unrecht zu vermeiden, ist der Weg in einen Rechtszustand, ist die Gründung eines staatlichen Systems der Rechtssicherung.

Kants Naturzustandsschilderung macht in § 42 von der Friedlosigkeit, der „Neigung der Menschen überhaupt, über andere den Meister zu spielen“, im Sinne einer anthropologischen Grundbefindlichkeit Gebrauch, damit von einem „Factum“, das Kant zwei Paragraphen später ausdrücklich außer Betracht lässt.

> Es ist nicht etwa die Erfahrung, durch die wir von der Maxime der Gewaltthätigkeit der Menschen belehrt werden, und ihrer Bösartigkeit, sich, ehe eine äußere machthabende Gesetzgebung erscheint, einander zu befehden, also nicht etwa ein Factum, welches den öffentlich gesetzlichen Zwang notwendig macht, sondern, sie mögen auch so gutartig und rechtliebend gedacht werden, wie man will, so liegt es doch a priori in der Vernunftidee eines solchen (nicht-rechtlichen) Zustandes, dass, bevor ein öffentlich gesetzlicher Zustand errichtet worden, vereinzelte Menschen, Völker und Staaten niemals vor Gewaltthätigkeit gegen einander sicher sein können, und zwar aus jedes seinem eigenen Recht zu tun, was ihm recht und gut dünkt, und hierin von der Meinung des Anderen nicht abzuhängen; mithin das Erste, was ihm zu beschließen obliegt, wenn er nicht allen Rechtsbegriffen entsagen will, der Grundsatz sei: man müsse aus dem Naturzustande, in welchem jeder seinem eigenen Kopfe folgt, herausgehen und sich mit allen anderen (mit denen in Wechselwirkung zu gerathen er nicht vermeiden kann) dahin vereinigen, sich einem öffentlich gesetzlichen äußeren Zwange zu unterwerfen, also in einen Zustand treten, darin jedem das, was für das Seine anerkannt werden soll, gesetzlich bestimmt und durch hinreichende Macht (die nicht die seinige, sondern eine äußere ist) zu Theil wird, d. i. er solle vor allen Dingen in einen bürgerlichen Zustand treten (312).

Ohne Zweifel ist das hier entwickelte Naturzustandskonzept der hobbesianisierenden Skizze des § 42 überlegen. Wird, wie dort geschehen, der Grund der Notwendigkeit, den Naturzustand zu verlassen, mit der natürlichen Verfassung seiner Bewohner verknüpft, dann belastet sich die Argumentation in methodisch unzulässiger, dem metaphysischen Erkenntnisprogramm widerstreitender Weise mit anthropologischen Grundannahmen, die letztlich den normativ-vernunftrechtlichen Status des Kantischen Staatsbegriffs selbst in Gefahr bringen. Die Menschen „mögen auch so gutartig und rechtliebend gedacht werden, wie man will [...]", mit dieser Konzession befreit Kant das Naturzustandskonzept von jeder anthropologischen Prämisse und verlegt damit zugleich jeder Interpretation den Weg, die in den Fundamenten der Anthropologie nach geschichtlich-gesellschaftlichen Spuren sucht. Vermag der Umstand des unvermeidlichen Nebeneinanderseins zusammen mit der Tatsache, dass der Mensch eine freie Willkür besitzt, allein die Last zu tragen, die die Naturzustandstheorie gewöhnlich der ungeselligen Natur seiner Bewohner aufbürdet oder auch einem aufgrund bestimmter ökonomischer Bedingungen freigesetzten *amor sceleratus habendi*, dann haben nicht nur die Interpreten einen schwachen Stand, die in der Nachfolge Marx' im Naturzustand eine Darstellung der bürgerlichen Gesellschaft erblicken, in seinem Bewohner den sich allgemein-menschlich tarnenden Bourgeois und hinter der den Naturzustand überwindenden „exeundum" – Einsicht in das heimliche Wissen, dass die sich als natürlich ausgebende bürgerliche Gesellschaft zur Selbstregulierung unfähig ist,[9] sondern auch die Apologeten der Staats- und Herrschaftsfreiheit. Leben Menschen grundsätzlich, also nur darum, weil sie Erdbewohner sind, in konfliktverursachenden Beziehungen, ist die Notwendigkeit einer staatlichen Organisation menschlichen Zusammenlebens nicht erst aus einem bestimmten Menschenbild, sondern schon aus dem unverrückbaren Rahmen jedes nur denkbaren Menschenbildes begründbar, dann wird Herrschaft unvermeidlich.

Aber Kant hat keine Verbesserung des Hobbesschen Arguments durch die Inanspruchnahme unverdächtiger Naturbedingungen im Sinn.[10] Kants Deutung der Konfliktsituation des Naturzustandes weicht gänzlich von der Hobbesschen Naturzustandsauslegung ab. Kant betrachtet nicht das „factum" menschlichen Lebens unter vorstaatlichen Bedingungen, rückt nicht das Selbsterhaltungsrisiko des Naturzustandes in den Mittelpunkt. Er bemüht keine anthropologischen Grundbefindlichkeiten, um die Unerträglichkeit eines Zusammenlebens unter Naturzustandsbedingungen zu demonstrieren. Kant betrachtet das „recht im Stande der Natur" (19, Refl. 6593). Sein Naturzustand ist ein Zustand des reinen Privatrechts, ein Gedankenexperiment, das den Beweis liefern soll, dass die vernunftrechtlichen Prinzipien des angeborenen Freiheitsrechts und des äußeren Mein und Dein grundsätzlich nicht hinreichen, um mögliche auftauchende Konflikte gewaltfrei zu lösen und allen Menschen Rechtssicherheit zu garantieren. Das Recht, das aus Vernunftgründen sein soll, kann im Naturzustand nicht wirklich werden. Und dafür sind nicht die Menschen verantwortlich, sondern die Unbestimmtheit der Ver-

9 „Das Naturzustandskonzept erfüllt bei Hobbes eine fundamentalkritische Funktion insofern, als die im gleichzeitig „verhüllenden und entlarvenden" Gewand des Naturzustandes dargestellte bürgerliche Gesellschaft als zur rechtlichen und politischen Selbstregulierung unfähig erkannt wird" (*Medick* 1973, S. 35).

10 Das wird in der Höffeschen Rekonstruktion des Kantischen Arguments verkannt (siehe *Höffe* 1979). Kant ist nicht von Hobbes abgewichen, um ein unanfechtbareres anthropologisches Fundament zu finden. Kant hat vielmehr in der Endgestalt seines Staatsbeweises auf anthropologische Fundierung gänzlich verzichtet und ein lupenreines normatives Naturzustandsargument entwickelt, ein Naturzustandsargument, das die Negativität des Naturzustandes ausschließlich in seiner strukturellen Rechtswidrigkeit erblickt.

nunftrechtsprinzipien. Wenn die Gründe der Rechtlosigkeit des Naturzustandes im Vernunftrecht selbst liegen, muss die Herstellung eines Zustandes gesetzlich bestimmten und staatlich gesicherten Rechts zum Inhalt einer Vernunftrechtsforderung werden.

Da die Konfliktträchtigkeit des Naturzustandes bei Kant in Rechtsbegriffen dargestellt wird, keine anthropologische Konsequenz ist, sondern eine Folge der mangelnden Regulierungsfähigkeit der apriorischen Bestimmungen des Vernunftrechts, kann Kant sagen, dass das reine Privatrecht im Naturzustand gleichsam seiner eigenen Unvollkommenheit ansichtig wird und die Notwendigkeit seiner gesetzgeberischen Fortbestimmung einsieht. Insofern geht eben „aus dem Privatrecht im natürlichen Zustande [...] das Postulat des öffentlichen Rechts hervor“. Das noch nicht peremtorisch gemachte Vernunftrecht ist ein Recht, das auf den Staat und damit auf Positivierung hindrängt, das aber gleichwohl im vorstaatlichen Zustand Geltung besitzt. Es gibt für Kant außerhalb des Staates Recht. Das allgemeine Rechtsgesetz ist wie die vernunftrechtliche Regel über das Dein und Mein, die Erlaubnis der Rechtsvernunft zur *acquisitio originaria* und *occupatio prima* geltendes Recht, das eine generelle Orientierung der Willkür und einen vorstaatlichen rechtlichen Diskurs, die Anwendung normativer Prädikate auf empirische Handlungen, ermöglicht. Aber dieser Orientierung mangelt es an allgemein anerkannter Bestimmtheit und unwiderstehlicher, friedenstiftender Durchsetzbarkeit. Besitzstreitigkeiten werden daher auftauchen, die mit Gewalt ausgetragen werden. Die Rechtsprinzipien des Mein und Dein vermögen keine sicheren Eigentumstitel zu generieren; das Privatrecht versinkt in der gewaltträchtigen Gesetzlosigkeit des Naturzustandes. Daher bedarf es des Übergangs vom Naturzustand zum Rechtszustand. Hinter diesem Übergang, dem Postulat des öffentlichen Rechts, steckt das rechtstheoretisch bedeutsame Argument von der immanent vernunftrechtlich nachweisbaren Notwendigkeit der Positivierung des Vernunftrechts durch die Gesetzgebung des gemeinschaftlichen Willens. Allein diese bietet einen vernunftrechtskonformen Weg der gesetzlichen Bestimmung der reinen Rechtsformen des inneren und äußeren Mein und Dein. Das Vernunftrecht erweist sich also nicht nur als positivierungsbedürftig, es enthält auch selbst explizite Rechtsvorschriften für die Einrichtung des Verfahrens seiner Positivierung. Der die Willensvereinigung rechtlich organisierende Vertrag ist selbst vernunftrechtlich notwendig.

Wohlgemerkt, das Recht eines jeden, im Naturzustand zu tun, was ihm recht und gut dünkt, ist nicht mit dem *ius naturale* Hobbes’ zu verwechseln. Nicht um ein Recht auf alle erforderlichen Selbsterhaltungsmittel geht es hier, sondern um das Recht der subjektiven Anwendung und Interpretation vernunftbegründeter privatrechtlicher Befugnisse. Im Naturzustand wird „nach jedes seinen Rechtsbegriffen etwas Äußeres durch Bemächtigung oder Vertrag erworben“ (312), legt jeder für sich die Ausübungsbedingungen der natürlichen Gesetze über das Mein und Dein fest. Das aber führt notwendig zu Rechtskontroversen, die mangels eines kompetenten, von allen Parteien gleicherweise anerkannten Richters die Gewalt auf den Plan rufen. Die Konfliktträchtigkeit des Naturzustands hat ihren

Grund in der Mannigfaltigkeit gleichberechtigter Rechtsmeinungen und Privatrechtsinterpretationen, die jede für sich die natürlichen Gesetze des Mein und Dein nach eigenen Rechtsbegriffen in Anwendung bringen.[11]

2. Verständige Teufel

Das Rechtsgesetz ist ein

> Gesetz, welches mir eine Verbindlichkeit auferlegt, aber ganz und gar nicht erwartet, noch weniger fordert, dass ich ganz um dieser Verbindlichkeit meine Freiheit [...] s e l b s t einschränken s o l l e (6, 231).

Dass dieses Prinzip Verbindlichkeit auferlegt und die Unantastbarkeit der gesetzlichen Freiheit des anderen als unbedingt notwendig vorstellt, weist es als praktisches Gesetz aus. Dass es hingegen darauf verzichtet, um dieser durch es erkennbaren objektiven Notwendigkeit des Rechthandelns willen befolgt zu werden, markiert die Differenz zum moralischen Gesetz, ist offenkundig das Rechtsspezifische an ihm. Ob praktische Vernunft für sich selbst praktisch zu werden vermag, ob sie sich „zu einer das Gesetz a u s f ü h r e n d e n Gewalt selbst constituirt" (6, 405), ist für die *Wirklichkeit des Rechts* ohne Belang. Mehr als die das Eigeninteresse klug und besonnen verwaltende instrumentelle Vernunft braucht zur Verwirklichung des Rechts nicht vorausgesetzt zu werden. Im Gegensatz zum moralischen Handeln umgibt die Möglichkeit des rechtlichen Handelns nicht das geringste metaphysische Zwielicht. Sittlichkeit ist weder Entstehungsvoraussetzung noch Erhaltungsbedingung eines rechtlichen Zustandes. Die Möglichkeit einer dem rechtlichen Vernunftentwurf entsprechenden äußeren Koexistenzordnung bedarf nicht einmal der Denkbarkeit der transzendentalen Freiheit. Eben das ist der Unterschied zwischen Recht und Moral: Moral kann nur direkt und ohne Umschweife zur Wirklichkeit gelangen; das Recht hingegen darf den Umweg über das Interesse gehen, darf zu seiner Verwirklichung sich auf ein Rationalitätskonzept stützen, das selbst nicht im mindesten dazu taugt, die dem Rechtsbegriff innewohnende Verbindlichkeit, die Legitimität des zu seiner Durchsetzung zulässigen Zwanges und die Würde der den Rechtsunterworfenen zukommenden Persönlichkeit zu begründen.

11 In meinem Buch „Kant über Recht" (*Kersting* 2004) habe ich zu zeigen versucht, dass Kant die Reichweite seiner eigenen Argumentation unterschätzt hat: Die Notwendigkeit des Staates lässt sich bereits auf der Grundlage des Rechtsgesetzes selbst erweisen. Denn nicht erst die reinen Prinzipien des Mein und Dein produzieren aufgrund ihrer epistemischen Unbestimmtheit Rechtskonflikte selbst für Gutwillige, auch das Rechtsgesetz selbst ist viel zu abstrakt, um alle denkbaren Freiheitskonflikte im Naturzustand auszuschließen. Das Argument, das aus dem Privatrecht die Notwendigkeit des Staates ableitet, kann auch bereits auf das Rechtsgesetz angewendet werden. Der Naturzustand ist auch als reiner Vernunftrechtszustand ein Zustand, in dem zu sein und zu bleiben bedeutet, eine laesio per statum zu begehen.

Darum besteht auch Hoffnung, dass das Recht verwirklicht werden und am Ende sogar eine „republikanische Verfassung“ errichtet werden kann, „die einzige, welche dem Recht der Menschen vollkommen angemessen“ ist (8, 366). Man könne zwar meinen, dass „Menschen mit ihren selbstsüchtigen Neigungen einer Verfassung von so sublimer Form nicht fähig wären“ und es eines Volks von Engeln bedürfe, um eine solch zerbrechliche und kostbare Ordnung zu stiften und dauerhaft zu machen.

> Aber nun kommt die Natur dem verehrten, aber zur Praxis ohnmächtigen allgemeinen, in der Vernunft gegründeten Willen und zwar gerade durch jene selbstsüchtige Neigungen zu Hülfe, so dass es nur auf eine gute Organisation des Staats ankommt (die allerdings im Vermögen der Menschen ist), jener ihre Kräfte so gegen einander zu richten, dass eine die anderen in ihrer zerstörenden Wirkung aufhält, oder diese aufhebt: so dass der Erfolg für die Vernunft so ausfällt, als wenn beide gar nicht da wären, und so der Mensch, wenn gleich nicht ein moralisch-guter Mensch, dennoch ein guter Bürger zu sein gezwungen wird.

Weil es keiner moralischen Gesinnung, keines engelhaften Charakters bedarf, um das Recht zu verwirklichen, ist das „Problem der Staatserrichtung[12], so hart wie es auch klingt, selbst für ein Volk von Teufeln (wenn sie nur Verstand haben) auflösbar“ (8, 366).

Da Kant von einem „Problem der Staatserrichtung“ spricht, wird seine These oft geltungstheoretisch gelesen. Man meint dann, dass Kant hier nur Hobbes' Kontraktualismus wiederhole, da ja zwischen den teuflischen Bürgern und dem rationalegoistischen Naturzustandspersonal des *Leviathan* kein signifikanter Unterschied bestehe. Diese Hobbesianisierung der Kantischen These geht aber in die Irre. Kant trägt hier kein Legitimationsargument vor, das den Staat dadurch begründet, dass die von ihm gelieferten Leistungen ihn selbst für Egoisten vorzugswürdig erscheinen lassen.[13] Die verständigen Teufel weisen auf keinen geltungstheoretischen Niveauabfall des Rechts hin, sondern auf seine motivationstheoretische Unabhängigkeit von Moralität und Tugendhaftigkeit.

Mag hinsichtlich der Verwirklichungsprobleme des Rechts der Unterschied zwischen Menschen und Teufeln unerheblich sein, so macht sich dieser Unterschied sofort wieder bemerkbar, wenn zu dem Problem der Begründung von Recht und Staat übergegangen wird. Nicht dass die Teufel keine Rechts– oder

12 Nämlich: „Eine Menge von vernünftigen Wesen, die insgesammt allgemeine Gesetze für ihre Erhaltung verlangen, deren jedes aber ingeheim sich davon auszunehmen geneigt ist, so zu ordnen und ihre Verfassung einzurichten, dass, obgleich sie in ihren Privatgesinnungen einander entgegen streben, diese einander doch so aufhalten, dass in ihrem öffentlichen Verhalten der Erfolg eben derselbe ist, als ob sie keine solche böse Gesinnungen hätten“ (8, 366).

13 So meint etwa Höffe, dass Kant hier „das Selbstinteresse, freilich das Selbstinteresse eines jeden, zur Legitimationsgrundlage von Staatsverhältnissen“ erklärte (*Höffe* 1990, S. 79). Das ist mehr als eine marginale Fehlinterpretation. Sie verwandelt Kants gesamte Rechtsmetaphysik in ein unverständliches Unternehmen, bezieht diese doch mit all ihren Lehrstücken von dem Rechtsgesetz über das Privatrecht bis hin zum Postulat des öffentlichen Rechts die genaue Gegenposition zu dieser eingängigen Hobbesschen These, die in der Neuzeit zum Gemeinplatz geworden ist.

Staatstheorie hätten. Hobbes hat sie längst für sie geschrieben. Es ist eine Rechts- und Staatstheorie, die sich auf das aufgeklärte Selbstinteresse stützt, die die Lektionen des Gefangenendilemmas beherzigt und weiß, dass der bis zur Bösartigkeit ausschlagende Egozentrismus durch ein äußeres Rahmenwerk unschädlich gemacht werden muss. Sie ist durch und durch in der Sprache der Klugheit, der instrumentellen und ökonomischen Vernunft abgefasst. Der Staat, den selbsterhaltungsinteressierte teuflisch–bösartige Amoralisten errichten können, darf daher nicht mit dem rechtlich notwendigen Staat der Kantischen Rechtsmetaphysik verwechselt werden, den zu errichten die Menschen verpflichtet sind und einander zwingen können. Die Institutionalisierung vernunftbegründeten Rechts durch den allgemeinen Willen ist etwas anderes als das technische Werk der Teufel. Die Verbindlichkeitssprache des Rechts kann zur Charakterisierung des Regelsystems des Teufelsstaats nicht angewandt werden. Der Teufelsstaat ist lediglich ein Instrument der Selbsterhaltung; seine Gesetze sind nur koexistenztechnische Regeln, keine verbindlichen Freiheitsgesetze.

3. „Wieder Hobbes u. seinen Machiavellism dass das Volk gar kein Recht habe“[14]

Der im *Leviathan* entworfene Staat wird von Hobbes als sterblicher Gott bezeichnet, da er wie der unsterbliche die Bestimmungen der Allmächtigkeit und Unfehlbarkeit in sich vereinigt. Da es für Hobbes keinerlei transpositive Rechtsnormen gibt, beginnt die normative Sprache, die selektive Funktion der Unterscheidungen des Rechts und der Moral erst mit der Etablierung einer staatlich organisierten Gesellschaft und der Gesetzgebungstätigkeit des Souveräns. Erst die positiven Gesetze legen fest, was als Recht und Unrecht gilt. Da aber die Regeln, die die Verwendungsweise der Gerechtigkeitsdifferenz normieren, nicht ihr eigener Anwendungsfall sein können, ist die Möglichkeit staatlichen Unrechts aus Gründen der Logik nicht gegeben. Der Hobbessche Staat kann aus begrifflichen Gründen ebensowenig Unrecht tun wie Gott sündigen kann. Weiterhin folgt daraus, dass es zwischen Souverän und Untertan keinerlei Rechtsbeziehung geben kann: sowenig der Souverän in seinem Herrschaftshandeln durch natürliches Recht gebunden ist, sowenig kann der Untertan ihm gegenüber ein natürliches Recht geltend machen und durch Zwangsanwendung durchsetzen. Ein Widerstandsrecht kann es in der rechtspositivistischen Welt des Leviathans nicht geben.

> Hobbes behauptete das Volk habe nach seiner Übergabe durch den socialcontract gar keine Rechte mehr Aber er muss sagen nur nicht das Recht des Wiederstandes aber wohl der Gegenvorstellungen und der Bekanntmachung der Idee des Besseren. Denn woher soll dieses sonst kommen. Dass das Volk sich nicht stillschweigend einen Wiederstand vorbehalten könne. Was ein Volk nicht über sich selbst beschließen kan (einen unveränderlichen Kirchenglauben fest zu setzen) das kan auch der *Souverain* nicht über das Volk beschließen. Das Volk hat kein Recht zu Feindseeligkeiten gegen den Oberherrn weil dieser das Volk selbst

14 23,134.

vorstellt Jemandes Unterthan ist der kein Zwangsrecht gegen ihn hat u. daher seinen Befehlen gehorcht (23, 134).

Der für die Hobbessche Staatsphilosophie konstitutive rechtsexterne Charakter der Beziehung zwischen Souverän und Untertan ist für Kant unannehmbar, die in den Vertragsbestimmungen des Hobbesschen Staatsvertrags gründende These von der völligen Rechtlosigkeit der Herrschaftsunterworfenen und der damit verbundenen prinzipiellen Unrechtsfreiheit herrscherlichen Handelns ist für ihn, „so im Allgemeinen“, ein „erschrecklicher“ Satz. Allerdings kann und darf man die rechtliche Unfehlbarkeit des Souveräns dann behaupten, wenn man „unter Unrecht diejenige Läsion versteht, welche dem Beleidigten ein Zwangsrecht gegen denjenigen einräumt, der ihm Unrecht thut“ (8, 303). Man kann nach Kant von rechtswidrigen Gesetzen, von Unrechtshandlungen des Souveräns sprechen, ohne sich eines logischen Widerspruchs schuldig zu machen. Man kann dies darum, weil die gesetzgebende Rechtsvernunft Prinzipien zur Beurteilung empirischer staatlicher Herrschaft bereitstellt. Jedoch bilden vernunftrechtswidrige Gesetze, bildet staatliches Unrechtshandeln keinen Widerstandsfall. Die Menschen besitzen ein unverlierbares Freiheitsrecht und einen darin begründeten Anspruch auf eine rechtssichernde Republik, und auch als Untertanen bleibt ihnen diese natürliche Rechtsposition erhalten, haben sie den Anspruch, nach Maßgabe der Prinzipien der reinen Republik regiert zu werden. Und dies ist ein Recht, das sie gegen den Souverän haben: Dieser ist der Adressat ihres vernunftrechtlich legitimierten rechtlichen Anspruchs auf eine republikanische Regierungsart. Entsprechend steht jeder Herrscher unter der rechtlichen Pflicht, diese natürliche Rechtsposition der ihm Unterworfenen zu respektieren und in seinen Handlungen den vernunftrechtlichen Souverän, den einzig rechtmäßigen Herrschaftsinhaber, zu repräsentieren. Jedoch sind diese unverlierbaren Rechte keine Zwangsrechte. Es gibt keine rechtliche Möglichkeit, ihre Respektierung zu erzwingen, sie gegen einen ungerechten Herrscher mit Gewalt durchzusetzen.

Kants Nachweis der staatsrechtlichen Unmöglichkeit eines Widerstandsrechts wiederholt in den Grundzügen des Hobbessche Anti-Widerstands- und Anti-Gewaltenteilungs-Argument. Man kann es das Schiedsrichterargument nennen: ein Schiedsrichter wird eingesetzt, um Konflikte durch Regelsetzung und Regelanwendung zu entschärfen. Ein Schiedsrichter darf darum selbst nie Konfliktpartei sein. Die rechtliche Möglichkeit eines Widerstandsrechts gegen die Staatsgewalt impliziert die Befugnis des Berechtigten, die Bedingungen seines Gehorsams selbst zu bestimmen. Damit wird der Berechtigte zum Herrn über den Widerstandsfall eingesetzt, und damit besitzt er auch die Souveränität. Wenn es in einem Staat eine höchste Gewalt geben muss, kann es ihr gegenüber kein Widerstandsrecht geben, da dann nicht diese, sondern der ihr gegenüber zum Widerstand Berechtigte die höchste Gewalt darstellt. Um zum Widerstand

befugt zu sein, müsste ein öffentliches Gesetz vorhanden sein, welches diesen Widerstand des Volks erlaubte, d.i. die oberste Gesetzgebung enthielte eine Bestimmung in sich, nicht die oberste zu sein, und das Volk als Unterthan in einem und demselben Urtheile zum Souverän über den zu machen, dem es unterthänig ist; welches sich widerspricht, und wovon der Widerspruch durch die Frage alsbald in die Augen fällt: wer denn in diesem Streit zwischen Volk und Souverän Richter sein sollte (6, 320).

Ein Widerstandsrecht würde die Voraussetzungen staatlicher Friedens- und Rechtssicherung aufheben. Die den bürgerlichen Zustand legitimierende Aufgabe der Naturzustandsvermeidung durch die Errichtung einer gesetzlichen Ordnung, durch die Monopolisierung der Gewalt einerseits und ihrer Rationalisierung durch Einschränkung auf den Gesetzesvollzug andererseits verlangt den unbedingten Gehorsam. Die Rechtspflicht, den Naturzustand zu verlassen, gilt a priori, ist von allen Gerechtigkeitsbedingungen unabhängig, und der systematische Kern dieses Arguments von der rechtlichen Notwendigkeit, den Naturzustand zu verlassen, ist die unbedingte Gehorsamspflicht dem vorfindlichen empirischen Machthaber gegenüber. Ist der Naturzustand durch das Fehlen einer öffentlichen Gesetzgebung, einer öffentlichen Jurisdiktion und einer öffentlichen Exekutive charakterisiert, herrscht in ihm durchgängig private Naturrechtsjurisdiktion und damit Gewalt, dann würde der eine derartige öffentliche Gerechtigkeit institutionalisierende Staat selbst den Naturzustand und damit die Überwältigung des Rechts durch Gewalt verursachen, wenn er ein Widerstandsrecht zuließe. Die rechtliche Möglichkeit eines Widerstandsrechts steht quer zu allen notwendigen Bedingungen eines rechtlichen Zustandes. Ein Widerstandsrecht würde die rechtswidrige, da nur gewaltsam zu entscheidende naturzustandstypische Rechtskollision zweier Privater erneut entstehen lassen. Der Staat, der durch eine für alle geltende Gesetzgebung dafür sorgt, dass bei der Lösung der Konflikte die Rechtspflege an die Stelle der privaten Gewalt tritt, dass kontroverse Rechtsansprüche mit rechtlichen Mitteln entschieden werden, würde, durch ein Widerstandsrecht eingeschränkt, selbst zur Rechtspartei, zum potentiellen Partner einer rechtlichen Kontroverse, die rational nicht auflösbar ist, denn „wer soll entscheiden, auf wessen Seite das Recht sei“ (8, 300)?[15]

15 Vgl. „Hieraus folgt: dass alle Widersetzlichkeit gegen die oberste gesetzgebende Macht, alle Aufwiegelung, um Unzufriedenheit der Unterthanen thätlich werden zu lassen, aller Aufstand, der in Rebellion ausbricht, das höchste und strafbarste Verbrechen im gemeinen Wesen ist: weil es dessen Grundfeste zerstört. Und dieses Verbot ist unbedingt, so dass, es mag auch jene Macht oder ihr Agent, das Staatsoberhaupt, sogar den ursprünglichen Vertrag verletzt und sich dadurch des Rechts Gesetzgeber zu sein nach dem Begriff des Unterthans verlustig gemacht haben, indem sie die Regierung bevollmächtigt, durchaus gewaltthätig (tyrannisch) zu verfahren, dennoch dem Unterthan kein Widerstand als Gegengewalt erlaubt bleibt. Der Grund davon ist: weil bei einer schon subsistirenden bürger|lichen Verfassung das Volk kein zu Recht beständiges Urtheil mehr hat, zu bestimmen: wie jene solle verwaltet werden. Denn man setze: es habe ein solches und zwar dem Urtheile des wirklichen Staatsoberhaupts zuwider; wer soll entscheiden, auf wessen Seite das Recht sei? Keiner von beiden kann es als Richter in seiner eignen Sache thun. Also müßte es noch ein Oberhaupt über dem Oberhaupte geben, welches zwischen diesem und dem Volk entschiede: welches sich widerspricht“ (8,300).

4. Exkurs: Der Naturzustand der Metaphysik und der leviathanische Charakter der *Kritik der reinen Vernunft*

Die Bedeutung des Hobbesschen Denkens für die Philosophie Kants zeigt sich nicht nur in seiner Rechtslehre, die durch ihre vernunftrechtliche Parametrik das kontraktualistische Argument Hobbes' in ein Ensemble normativer Rechtsideen verwandelt. Sie zeigt sich auch und vor allem in Kants Hauptwerk, der *Kritik der reinen Vernunft*, deren Grundidee nichts weniger ist als die Anwendung des leviathanischen Pazifikationsprogramms auf die Zustand der Metaphysik. Die Vernunftkritik soll der Metaphysik den Weg zum Frieden weisen, soll diesen „Kampfplatz [...] endlose(r) Streitigkeiten" in einen friedlichen Ort selbstsicherer Wissenschaftlichkeit verwandeln. Und diese Friedensmission gelingt ihr, weil sie Regeln setzt, mit deren Hilfe die Berechtigung der konfligierenden Erkenntnisansprüche der unterschiedlichen metaphysischen Systeme auf ihre Berechtigung entschieden werden kann, und als Polizei und Gerichtshof über ihre Einhaltung wacht.

> Man kann die Kritik der reinen Vernunft als den wahren Gerichtshof für alle Streitigkeiten derselben ansehen; denn sie ist in die letzteren, als welche auf Objecte unmittelbar gehen, nicht mit verwickelt, sondern ist dazu gesetzt, die Rechtsame der Vernunft überhaupt nach den Grundsätzen ihrer ersten Institution zu bestimmen und zu beurtheilen. Ohne dieselbe ist die Vernunft gleichsam im Stande der Natur und kann ihre Behauptungen und Ansprüche nicht anders geltend machen oder sichern, als durch Krieg. Die Kritik dagegen, welche alle Entscheidungen aus den Grundregeln ihrer eigenen Einsetzung hernimmt, deren Ansehen keiner bezweifeln kann, verschafft uns die Ruhe eines gesetzlichen Zustandes, in welchem wir unsere Streitigkeit nicht anders führen sollen, als durch Proceß. Was die Händel in dem ersten Zustande endigt, ist ein Sieg, dessen sich beide Theile rühmen, auf den mehrentheils ein nur unsicherer Friede folgt, den die Obrigkeit stiftet, welche sich ins Mittel legt, im zweiten aber die Sentenz, die, weil sie hier die Quelle der Streitigkeiten selbst trifft, einen ewigen Frieden gewähren muss. Auch nöthigen die endlosen Streitigkeiten einer bloß dogmatischen Vernunft, endlich in irgend einer Kritik dieser Vernunft selbst und in einer Gesetzgebung, die sich auf sie gründet, Ruhe zu suchen; so wie Hobbes behauptet: der Stand der Natur sei ein Stand des Unrechts und der Gewaltthätigkeit, und man müsse ihn nothwendig verlassen, um sich dem gesetzlichen Zwange zu unterwerfen, der allein unsere Freiheit dahin einschränkt, dass sie mit jedes anderen Freiheit und eben dadurch mit dem gemeinen Besten zusammen bestehen könne (Kritik der reinen Vernunft B 779/80).

Freilich, und hier zeigt sich dann der Unterschied zwischen dem Bürgerkriegsphilosophen, der der Öffentlichkeit misstraut und Religion und Metaphysik der staatlichen Zensur unterwirft, und dem Aufklärer, der als Anwalt des räsonierenden bürgerlichen Publikums für Rederecht und Kritikfreiheit eintritt und den öffentlichen Diskurs als Ort der Wahrheitsfindung preist,

> zu dieser Freiheit gehört denn auch die, seine Gedanken, seine Zweifel, die man sich nicht selbst auflösen kann, öffentlich zur Beurtheilung auszustellen, ohne darüber für einen unruhigen und gefährlichen Bürger verschrieen zu werden. Dies liegt schon in dem ursprünglichen Rechte der menschlichen Vernunft, welche keinen anderen Richter erkennt, als selbst wiederum die allgemeine Menschenvernunft, worin ein jeder seine Stimme hat; und da von dieser alle Besserung, deren unser Zustand fähig ist, herkommen muss, so ist ein solches Recht hei-

lig und darf nicht geschmälert werden. Auch ist es sehr unweise, gewisse gewagte Behauptungen oder vermessene Angriffe auf die, welche schon die Beistimmung des größten und besten Theils des gemeinen Wesens auf ihrer Seite haben, für gefährlich auszuschreien; denn das heißt, ihnen eine Wichtigkeit geben, die sie garnicht haben sollten (Kritik der reinen Vernunft B 780).

5. Zweierlei Frieden

Der große Unterschied zwischen der Kantischen Friedensphilosophie und der Hobbesschen Philosophie tritt besonders dann deutlich hervor, wenn wir den Bereich des staatlich geordneten Zusammenlebens der Menschen verlassen und Welt der zwischenstaatlichen Beziehungen betreten. Da Hobbes die friedenstiftende Leistung ausschließlich auf die Macht stützt, verliert seine politische Philosophie alle ordnungspolitische Zuständigkeit, wenn keine überlegende Macht in Sicht ist. Daher ist die Grenze des Staates auch die Grenze seiner Philosophie. Überschreitet er sie, fällt er in die Ausgangssituation zurück, in den aller institutionellen Regelungen und gesetzlichen Strukturen baren Naturzustand. Ein ordnungsstiftender Übergang vom politischen Pluriversum zu einem globalen politischen Universum, zu einem Weltschiedsrichter, kann in der Hobbesschen Staatenwelt nicht stattfinden. Nicht dass Hobbes einen Weltstaat aus moralischen Gründen abgelehnt hätte, er ist lediglich aufgrund der faktischen Pluralität eifersüchtig auf Erhaltung ihrer Macht bedachter Souveräne vernünftigerweise nicht zu erwarten. Überdies gibt es einen begrifflichen Grund, warum die Leviathane sich nicht einem Mega-Leviathan unterwerfen werden: auf der Ebene der Souveränität ist die friedensermöglichende Strategie der Entäußerung allen Rechts und aller Macht gerade nicht wiederholbar. Die Leviathane bleiben im Naturzustand und unter sich und müssen versuchen, im Rahmen der Naturzustandsstrategie selbst die gewaltbannenden Effekte des Schiedesrichtermodells zu erzeugen. Die Lösung dieses Problems ist eine multilateriale Abschreckungsbalance. Sie will den Krieg dadurch aus den zwischenstaatlichen Beziehungen heraushalten, dass die Aufhebung des krieglosen Zustandes für jeden, der damit beginnen könnte, von jedem so teuer gemacht wird, dass sich vernünftigerweise damit keine Gewinnerwartung mehr verbinden lässt. Freilich setzt die Abschreckungsbalance den Rüstungswettlauf nicht außer Kraft; ihre Stabilisierung verlangt stete Bereitschaft zur Nachrüstung, die, um nicht Gefahr zu laufen, zu spät zu kommen, notwendigerweise zu einer Vorrüstungsbereitschaft tendiert, so dass die Abschreckungsbalance selbst die Rüstungsspirale aus sich hervortreibt und auf allen Seiten Overkillkapazitäten anhäuft. Die friedensstiftende Funktion des Gleichgewichts der Abschreckung ist also das zwischenstaatliche Gegenstück zur friedenstiftenden Funktion des regelsetzenden Schiedsrichters. Damit stützt sich der Hobbessche Frieden auf einen doppelt, sowohl im Inneren wie im Äußeren abschreckungstüchtigen Staat. Diese doppelte Abschreckungstüchtigkeit gibt dem Leviathan ein martialisches Aussehen; er ist eine waffenstarrende Friedensmaschine. Sein unerläßlicher Verbündeter bei dieser doppelten Befriedung durch Einschüchterung ist die ökonomische Rationalität, die den nutzenmaximierenden Egoisten zur strategischen Anpassung an diese Rahmenbedingungen innerer und äußerer Abschreckungspolitik veranlasst. Aber deren Reichweite ist eben beträchtlich begrenzt: der Frieden gleichgewichtiger Zweitschlagskapazitäten ist fragil. Die Welt zwischen den Staaten befindet sich in einem strukturellen Kriegszustand, der durch das Friedensprogramm des rationalen Misstrauens grundsätzlich nicht beseitigt werden kann. Mehr als ein Frieden *im* Kriegszustand, mehr als Kriegsabwesenheit kann unter Hobbesschen Voraussetzungen nicht erreicht werden.

In der Kantischen Rechtsphilosophie macht der negative Frieden der bloßen Kriegsabwesenheit dem positiven Frieden eines allumfassenden Rechtszustandes Platz. Dieser positive Frieden ergibt sich nicht als distributives Resultat individueller Strategien rationaler, durch Erwartungserwartungen reflexiv gesteuerter Akteure, sondern er muss eigens „gestiftet werden“ (8,349); d.h. er kann nur einvernehmlich verwirklicht werden, nur als kollektives Resultat gemeinsamen Rechthandelns entstehen. Ihn aber zu stiften, ist nicht nur klug, sondern Erfüllung einer apriorischen Menschenpflicht, die jeder Mensch seinem Mitmensch und jeder Staat allen Menschen, seinen Bürgern, aber auch allen Fremden schuldet. Während Hobbes Friedensphilosophie den Frieden als Klugheitsarrangement der individualistischen Rationalität entwirft, legt Kant ihn als Rechtspflicht der universalistischen Rationalität aus. Er restituiert damit den friedensphilosophischen Dualismus des traditionellen Naturrechts, das den Unterschied zwischen einem wahren und einen falschen Frieden kennt. Freilich ohne die Kehrseite dieses Unterschiedes, die Unterscheidung zwischen einem gerechten und einem ungerechten Krieg, mit zu übernehmen.[16] Diese Restitution des friedensphilosophischen Dualismus erfolgt vor dem Hintergrund des modernen Vernunftrechts. Strukturell besteht jedoch zwischen dem emphatischen Friedenskonzept des Naturrechts und dem vernunftrechtlichen Friedenskonzept Kants kein Unterschied. Wie das Naturrecht versucht das Vernunftrecht den Frieden als normativ ausgezeichnete, objektiv gültige und allseits verpflichtende Ordnung auszulegen, nur dass es dabei von keiner theologischen oder naturteleologischen Basistheorie Gebrauch macht, sondern sich auf das Fundament des menschenrechtlichen Egalitarismus stellt.

Bei Kant ist der Frieden das Ergebnis der Verrechtlichung aller konfliktträchtigen Beziehungen in der Welt der äußeren Freiheit. Es kann gesetzlosigkeitsbedingte Gewalt zwischen Menschen und Menschen, zwischen Staaten und Staaten und schließlich auch noch zwischen Staaten und Menschen (die fremden oder gar keinen Staaten angehören) geben. Folglich muss ein Programm der umfassenden Vermeidung konflikterzeugter Gewalt alle Konfliktzonen verrechtli-

16 Da das Recht nur gewaltfreie Verfahren akzeptiert, um Recht zu suchen und Recht zu bekommen, kann es per definitionem keinen gerechten Krieg für Kant geben. Auch der Krieg kann nicht gerecht sein, der andere Staaten einer globalen öffentlichen Gesetzgebung unterwirft. Was den Individuen nach einem Erlaubnisgesetz der reinen praktischen Vernunft im Naturzustand erlaubt ist, ist den Staaten nicht gestattet. Es kann für Kant keinen Rechtsgrund für die Eröffnung eines Krieges geben. Daher gibt es zwar einen unwahren, da auf Furcht basierenden, und einen wahren, da im Recht begründeten Frieden, aber keinen gerechten oder ungerechten Krieg, sondern immer nur einen widerrechtlichen Krieg.

chen, folglich muss das Programm eines zeitlich wie räumlich umfassenden Friedens eine staatsrechtliche Friedensstiftung, eine völkerrechtliche Friedensstiftung und eine weltbürgerrechtliche Friedensstiftung umfassen und miteinander kombinieren. Erst wenn diese drei Schritte sich zu einem vollständigen Rechtsfrieden vereinigen, verliert das Recht seinen provisorischen Charakter und gewinnt feste Geltung.

Aber wie sehen die Bedingungen eines weltumspannenden Rechtsfriedens im Einzelnen aus? Welche rechtliche Verfassung verlangt die *pax kantiana*? Grundsätzlich stehen drei Verfassungstypen zur Verfügung. Da ist zum einen das Weltstaatsmodell. Da ist zum anderen die genau gegensätzliche konföderative Lösung, die zu einer Vertragsgemeinschaft souveräner Staaten führt, zu einer „fortwährend-freien Association"(8, 383), die selbst keine institutionellen Elemente von Staatlichkeit aufweist und im institutionell unbefestigten, moralischen Schwebezustand reiner Verabredung verbleibt. Und da ist drittens der Verfassungstyp, den Kant als „Staatenverein", als „Republik freier verbündeter Völker" bezeichnet (8,24/Anm.). Charakteristisch für dieses weltrechtliche Organisationsmodell ist, dass es Elemente supranationaler Staatlichkeit auf der Grundlage einvernehmlicher und partieller Souveränitätsverzichte der Mitgliedsstaaten enthält.

Kant lehnt das Weltstaatsmodell aus pragmatischen Gründen ab, teils weil er von einem Weltstaat einen unwiderstehlichen Despotismus befürchtet, der die Welt in einen „Kirchhof der Freiheit" (8, 267) verwandeln würde, teils weil er ihn für unregierbar hält. Kant verwirft aber auch das Modell des Staatenvereins, zum einen weil er es für widersprüchlich hält, zum anderen weil er den Staatenpluralismus als Garant der Freiheit versteht und von einer organisatorischen Integration der Staaten eine freiheitsfeindliche „Zusammenschmelzung" (8,367) erwartet, die ihrerseits die eines despotischen Zentralismus begünstigt, der hinwiederum anarchische Gegenreaktionen heraufbeschwören wird.[17]

Die organisationspolitischen Schwierigkeiten, die Kant bei der Bestimmung einer angemessenen rechtlichen Verfassung des weltbürgerlichen Friedens behindern, haben ihre Wurzeln in einem subkutanen Hobbesianismus. Natürlich besteht ein großer Unterschied zwischen dem Klugheitsarrangement effektiver wechselseitiger Abschreckung und der umfassenden Friedensforderung der Rechtsvernunft; gleichwohl stützen sich beide Friedenskonzeptionen auf identische Prämissen; beides sind Ordnungen eines Systems independenter Staaten und getrennter Gesellschaften, dessen staatsrechtliche Gravitation seinen Ausdruck in dem Dogma von der Unteilbarkeit der einzelstaatlichen Souveränität findet. Damit ist der Friedenspolitik in beiden Fällen der Rechtsweg versperrt. Keine Strukturen

17 Beide Argumente sind nicht stichhaltig: das analytische Argument basiert auf einer petitio principii: wenn man den Staat durch unteilbare Souveränität definiert, dann kann es in der Tat aus begrifflichen Gründen keine supranationale Verfassung geben. Und das empirische Argument operiert mit einer unzulässigen Unterstellung: die Unerwünschtheit eines weltstaatlichen Zentralismus ist nur dann ein Einwand gegen einen Staatenverein, eine Völkerrepublik, wenn *jede* Form einer supranationalen, die einzelstaatliche Souveränität einschränkenden rechtlichen Gewalt sich notwendig in einen globalen Zentralstaat verwandeln würde.

rechtsdurchsetzender und souveränitätseinschränkender supranationaler Gewalt können etabliert werden, wenn die Einzelstaaten um ihrer Souveränitätsbehauptung willen von ihrem rechtlichen Zuhöchstsein nicht abrücken können und keine rechtliche Autorität über sich dulden dürfen. Da bleibt dann entweder nur der Weg der Politik oder der Weg der Moral – jener führt zum Hobbesschen Abschreckungsarrangement der friedenschaffenden Waffen, dieser wird in der Kantischen Konzeption der Konföderation und des permanenten Staatenkongresses beschritten.

II.

Direkt hat sich Hegel an keiner Stelle seines Werkes mit Hobbes auseinandergesetzt. Gleichwohl gibt es Bezüge zur politischen Philosophie des *Leviathan*. Unverkennbar bildet Hobbes' Philosophie den Hintergrund der Hegelschen Kritik an der empirischen, der ersten der beiden „unechten Arten der wissenschaftlichen Behandlung des Naturrechts“,[18] auch wenn der Name des englischen Philosophen kein einziges Mal fällt und die kritikwürdigen Schwächen, die Hegel, der Metaphysiker des Absoluten und substanzphilosophische Erneuerer aristotelischer Sittlichkeit in der empirischen Naturrechtsbegründung ausmacht, auch bei allen anderen Naturrechtlern vor Kant und Fichte anzutreffen sind. Den zweiten Hobbes-Bezug will ein Teil der Hegel-Forschung im berühmten *Phänomenologie*-Kapitel über Herrschaft und Knechtschaft ausmachen. Diese Lesart geht auf die These von Leo Strauss zurück, dass Hegels Selbstbewusstseinskapitel erheblich durch Hobbes' Darstellung des Machtkampfes der Menschen im Naturzustand beeinflusst sei, der seinerseits von Strauss als machtpolitische Umdeutung des altadeligen Kampfes um die Ehre gedeutet wurde.[19] Diese Interpretation ist von Honneth und anderen sozialphilosophisch verallgemeinert worden: in ihren Augen habe Hegel den Selbsterhaltungskampf des vorstaatlichen Naturmenschen aus dem staatslegitimatorischen Kontext des Hobbesschen Kontraktualismus herausgenommen und als Gesellschaftlichkeit stiftenden Anerkennungskampf, als Grundereignis im dialektischen Prozess der Individuation und Sozialisation ausgelegt.[20]

18 *Hegel* 1970, S. 439.

19 Vgl. *Strauss* 2001, S. 74f.; *Honneth* 1992.

20 Es bietet sich an, innerhalb des Hegelschen Darstellung dieses weniger durch Hobbes inspirierten, sondern durch Fichtes Selbstbewusstseinstheorie beeinflussten Kampfes um Anerkennung unterschiedliche Phasen zu unterscheiden: während Hegel in den Schriften und Entwürfen der vorphänomenologischen Zeit den Anerkennungskampf noch vor dem Hintergrund des traditionellen Naturrechts skizziert, ihn also in seiner Naturzustandsüberwindungsfunktion betrachtet, fehlt dieser naturrechtliche Horizont im *Phänomenologie*-Kapitel gänzlich, dort geht es um selbstbewusstseinstheoretische Sachverhalte, nicht um naturrechtliche oder sittlichkeitstheoretische Zusammenhänge; keinerlei Naturzustandsüberwindung findet mit der Ablösung der Zweikampfsituation durch das Herrschafts-Knechtschaftsverhältnis statt; dazu der bemerkenswerte, gleichwohl zu konziliatorisch argumentierende Aufsatz von Ludwig Siep (*Siep* 1974, S. 155–208).

Die „Inversion der Teleologie",[21] die Ablösung der Orientierung an einem gemeinsamen Guten durch die ausschließliche Konzentration auf den in der Moderne noch einzig legitim verallgemeinerbaren Zweck der Selbsterhaltung, wird in der Selbstbewusstseinsteleologie der *Phänomenologie* und ihrer Geschichte der delphischen Reise des Bewusstseins zu sich selbst rückgängig gemacht.

1. „[...] das richtende Prinzip für jenes Apriorische ist das Aposteriorische".[22] Hegels Kritik der empirischen Behandlungsart des Naturrechts

Während Kant und Hobbes ungeachtet aller begründungstheoretischen Unterschiede Paradigmennachbarn sind, deren politische Philosophie durch dieselbe kontraktualistische Grammatik geprägt ist, ist Hegel Antikontraktualist und Aristoteliker. Politische Philosophie ist für ihn keine Konstruktion, die umfassende Einheiten als konventionelle Zusammenschlüsse von Individuen erklärt und damit das Allgemeine funktional vom Besonderen abhängig macht und die Vernunft des Ganzen nach dem Muster individueller Rationalität zuschneidet. Die methodologische Grundthese des Individualismus, dass alle Aussagen über Sozialformationen auf Aussagen über individuelle Präferenzen zurückgeführt werden müssen, wird in seinem holistischen Erkenntnisprogramm ins Gegenteil gekehrt; der methodologische Holismus kennt nur das kontextualisierte Individuum, dessen Verständnis die Darlegung der es umfassenden institutionellen und kulturellen Ganzheiten voraussetzt. Politische Philosophie ist für ihn aber auch kein Vernunftnormativismus, der aus der Formalvernunft des Jedermann Prinzipien zur Gestaltung und Bewertung bestehender institutioneller Gegebenheiten gewinnt. Politische Philosophie ist vielmehr die Darstellung der sittlichen Totalität in ihrer notwendigen Gegliedertheit und Hermeneutik der in ihr sich darstellenden Vernünftigkeit. Und nur dann, wenn sie dieses aristotelische Programm verfolgt, wenn sie dem Allgemeinen logische und ontologische Priorität einräumt, wenn sie das Allgemeine nicht aggregativ und mechanisch, sondern organisch und teleologisch begreift, wenn sie das den sozialen Grundelementen immanent wirksame Ethos verstehend aufgreift, statt eine fahle Menschheitsvernunft dem Konkreten abstraktherrschaftlich entgegenzustellen, kann sie Anspruch auf Wissenschaftlichkeit erheben. Das moderne Naturrecht, sei es das empirisch-rationale Hobbesscher Machart oder das vernunftrechtlich-normative Kantischer Provenienz, kann nicht als wissenschaftlich gelten. Es muss seiner Unwissenschaftlichkeit überführt werden. Und genau das unternimmt der Naturrechtsaufsatz.

Das Naturrecht hat nach Hegel im Laufe seiner Geschichte zwei verschiedene wissenschaftliche Behandlungsarten oder Wissenschaftskonzeption ausgebildet; die empirische und die formelle. Hegel nennt sie so, weil die systematisierenden Einheitsprinzipien, die die Wissenschaftlichkeit formal verbürgen sollen, einmal

21 *Spaemann* 1963; siehe auch: *Spaemann* 1959, S. 201.
22 *Hegel* 1970, S. 445.

aus der Erfahrung stammen und zum anderen als inhaltsleere Bestimmungen der Vernunftform der Empirie entgegengesetzt sind. Das empirische Naturrecht sondert aus der Mannigfaltigkeit der praktischen Empirie, vorzüglich aus dem anthropologischen Basismaterial Bestimmungen aus, die zu Wesensmerkmalen des Praktisch-Politischen erklärt werden; innerhalb des Ensembles empirischer Gegebenheiten wird damit eine begründungslogische Hierarchie gebildet, die es gestattet, das das Notwendige von dem Kontingenten zu scheiden. Die derart ausgezeichneten Merkmale erhalten die Form der Begriffseinheit und werden zu Grundsätzen des angestrebten wissenschaftlichen Systems erhoben. Diese Grundsätze beherrschen den innertheoretischen Argumentationsgang und bürgen für seinen inneren Zusammenhang und seine Folgerichtigkeit. Sie bestimmen die begründungslogischen Angeln, um die sich die Rechtfertigungen und Beweise der Theorie drehen. Die Geschichte des neuzeitlichen Naturrechts bietet für diese Eigentümlichkeit, das Theoriegebäude auf vorausgesetzte anthropologische Fundamente zu stellen, viele Belege. So ist der Grundsatz des Pufendorfschen Naturrechts, und darin folgt der erste deutsche Naturrechtsprofessor dem großen niederländischen Juristen Grotius, der Geselligkeitstrieb, der appetitus socialis, die Neigung, sich mit anderen zu vergesellschaften. Thomasius dagegen ersetzt das Geselligkeitsprinzip durch den individualistischen felicitas-Grundsatz, und vermag so ein gemeinsames Prinzip für Naturrecht und davon getrennter Individualethik zu gewinnen. Beide verabschieden damit das Prinzip der Selbsterhaltung, das sowohl das Hobbessche als auch das spinozistische Naturrecht regiert.

Aus der Warte einer Metaphysik des Absoluten, der es um nichts weniger als um eine Erkenntnis der Totalität kennt, muss die Auffassung der empirischen Naturrechtswissenschaft, Wissenschaftlichkeit durch eine empirieimmanente prinzipienlogische Hierarchisierung zu garantieren, als illusionär zurückgewiesen werden. Für das Absolute, das ja kein Gegenstand neben anderen ist, sondern nichts anderes als der Inbegriff der Vernichtung aller endlichen Bestimmungen, nichts anderes als der Nachweis der Momenthaftigkeit, Relativität und Interdependenz aller empirischen Bestimmung ist, sind alle empirischen Bestimmtheiten gleichermaßen gültig, kommt keiner ein prinzipienlogischer Vorrang vor anderen zu.

Die kontingenzaussondernde Abstraktionsstrategie des empirischen Naturrechts führt zu einem privativen Naturbegriff, sei es in Gestalt eines hypothetischen Modells natürlichen, vorstaatlichen und vorinstitutionellen Zusammenlebens, sei es in Gestalt einer anthropologischen Konzeption, die durch Eliminierung aller geschichtlichen und gesellschaftlichen Vermittlungen einen empirisch-wesentlichen Minimalmenschen gewinnt, der, und damit treffen sich die beiden Abstraktionen, als Naturzustandsbewohner und Protagonist eines *bellum omnium contra omnes* fungiert.

> Was fürs erste jene Einheit betrifft, so kann es der Empirie nicht um sie als das Wesen der Notwendigkeit, das für die Erscheinung ein äußeres Band derselben ist, zu tun sein; denn in der Einheit, welche die wesentliche ist, ist das Mannigfaltige unmittelbar vernichtet und nichts; weil mannigfaltiges Sein Prinzip der Empirie ist, so ist es ihr versagt, zum absoluten Nichts ihrer Qualitäten, welche für sie absolut und auch durch den Begriff, nach dem sie

> schlechthin Viele sind, unendlich Viele sind, zu dringen. Jene ursprüngliche Einheit kann daher nur eine, soviel möglich ist, einfache und geringe Menge von Qualitäten bedeuten, womit sie zur Erkenntnis der übrigen ausreichen zu können glaubt. Jenes Ideal, worin das, was so ungefähr für willkürlich und zufällig gilt, verwischt und des Mannigfaltigen die geringste nötige Menge gesetzt wird, ist für die Empirie im Physischen sowie im Sittlichen das *Chaos*, das im letzteren bald mehr unter dem Bild des Seins durch Phantasie als *Naturzustand*, bald mehr unter der Form der Möglichkeit und der Abstraktion als eine Aufzählung der im Menschen vorgefundenen Vermögen durch empirische Psychologie, [als] *Natur und Bestimmung des Menschen* vorgestellt wird, und auf diese Weise wird das, was als schlechthin notwendig, an sich, absolut einerseits behauptet ist, zugleich andererseits als etwas nicht Reelles, bloß Eingebildetes und als Gedankending, dort als eine Fiktion, hier als eine bloße Möglichkeit anerkannt, welches der härteste Widerspruch ist. Es ist für den gemeinen Verstand, welcher sich in der trüben Vermischung dessen, was an sich, und dessen, was vergänglich ist, hält, nichts begreiflicher, als dass er das, was an sich sei, auf die Weise finden könne, dass, wenn er aus dem vermischten Bilde des Rechtszustandes alles Willkürliche und Zufällige absondere, durch diese Abstraktion ihm unmittelbar das absolut Notwendige übrigbleiben müsse. Wenn man sich alles hinwegdenke, was eine trübe Ahnung unter das Besondere und Vergängliche rechnen kann, als besonderen Sitten, der Geschichte, der Bildung und auch dem Staate angehörig, so bleibt der Mensch unter dem Bilde des nackten Naturzustandes oder das Abstraktum desselben mit seinen wesentlichen Möglichkeiten übrig, und man hat nur hinzusehen, um das zu finden, was notwendig ist. Es muss das, was in Beziehung auf den Staat zu sein erkannt wird, darum auch mit abgesondert werden, weil das chaotische Bild des Notwendigen nicht die absolute Einheit, sondern nur die einfache Mannigfaltigkeit, die Atome mit den möglich wenigsten Eigenschaften enthalten kann und also [das,] was unter den Begriff eines Verknüpfens und Ordnens derselben als der schwächsten Einheit, deren das Prinzip der Vielheit fähig ist, fallen kann, als das erst Spätere und Hinzukommende zu jener Vielheit daraus ausgeschlossen ist.[23]

Dieser Abstraktionsweg von der vorfindlichen Mannigfaltigkeit zu dem theoretisch-empirischen Konstrukt der „einfachen Mannigfaltigkeit“ ist allerdings nicht frei von Willkürlichkeit. Wo soll die Grenze zwischen dem Zufälligen und Notwendigen liegen? Diese Grenzziehung ist offenkundig keine Sache der Empirie; sie verdankt sich der verschleierte Wirksamkeit externer Gesichtspunkte: das Beweisziel inszeniert den Naturzustand und bestimmt den Charakter seiner Besetzung. Damit erweist sich das gesamte Begründungsprogramm als zirkulär; es basiert auf einer petitio principii.

> Es fehlt nun bei jener Scheidung dem Empirismus fürs erste überhaupt alles Kriterium darüber, wo die Grenze zwischen dem Zufälligen und Notwendigen gehe, was also im Chaos des Naturzustandes oder in der Abstraktion des Menschen bleiben und was weggelassen werden müsse. Die leitende Bestimmung kann hierin nichts anderes sein, als dass soviel darin sei, als man für die Darstellung dessen, was in der Wirklichkeit gefunden wird, braucht; das richtende Prinzip für jenes Apriorische ist das Aposteriorische. Was in der Vorstellung des Rechtszustandes geltend gemacht werden soll, dafür hat man nur, um seinen Zusammenhang mit dem Ursprünglichen und Notwendigen und also es selbst als notwendig darzutun, zu diesem Behuf eine eigene Qualität oder Vermögen in das Chaos zu verlegen, nach der Weise der vom Empirischen ausgehenden Wissenschaften überhaupt zur sogenannten Erklärung der Wirklichkeit Hypothesen zu machen, in welchen diese Wirklichkeit in derselben Bestimmtheit, nur

23 *Hegel* 1970, S. 444/5.

> in ganz formell-ideeller Gestalt als Kraft, Materie, Vermögen gesetzt, eins also aus dem anderen auch sehr leicht begreiflich und erklärlich ist.[24]

Bereits Rousseau hat einen solchen Projektionsvorwurf an das Hobbessche Naturrecht gerichtet.[25] Und Macpherson hat ihn in seiner Besitzindividualismus-Studie wiederholt.[26] Immer wieder wurde dem Autor des *Leviathan* vorgehalten, dass er das Aposteriorische zum Maßstab des Apriorischen mache und Zeitbedingtes als Ewig-Gültiges verkleide. Sein natürlicher Mensch habe keinesfalls alle geschichtlichen und gesellschaftlichen Spuren an sich getilgt; würde man tiefer schauen und sich von der scientistischen Programmatik nicht täuschen lassen, dann würde sich der allgemeine Mensch als besonderer Bourgeois entpuppen und der Naturzustand als modellhaftes Abbild der frühkapitalistischen Wettbewerbsgesellschaft oder wie der Authentizitist Rousseau sagt, als Welt des Scheins, des Betrugs und des Egoismus, als Welt des *amour-propre*.

Die Systembasis der abstraktiv gewonnenen „einfachen Mannigfaltigkeit“ ist zwar hinsichtlich der sekundären Bestimmungen ein einheitsstiftendes Prinzip, an sich selbst aber ein einheitsloses, und daher in innere Entgegensetzung geratenes Vieles: der methodisch gewonnene Naturzustand entdeckt sich als Kriegszustand, aus dem heraus die sich virtuell befehlenden Vielen nach einer Einheit rufen. Diese in der Systembasis begründete und damit auf ihre Resistenz reagierende Einheit ist eine „formlose und äußere Harmonie unter dem Namen der Gesellschaft und des Staats“. Diese Einheit lässt die Vielen und Einzelne als Viele und Einzelne, lässt auch deren Entgegensetzung, sorgt nur für das gemeinsame Überleben. Sie ist „etwas Formelles, nur über der Vielheit Schwebendes, nicht sie Durchdringendes“.

> Das Göttliche der Vereinigung (ist) ein Äußeres für die vereinigten Vielen, welche mit demselben nur im Verhältnis der Herrschaft gesetzt werden müssen, weil das Prinzip dieser Empirie die absolute Einheit des Einen und Vielen ausschließt.[27]

Diese kategoriale Analyse des Gesellschaftsbegriffs des Hobbesschen Naturrechts ist zweifellos zutreffend. Es ist charakteristisch für die neuzeitliche Vorstellung von Vergesellschaftung, dass das Allgemeine den Individuen äußerlich bleibt, nicht mehr sein kann als ein regelegoistischer Hauptnenner, als institutionalisierte geteilte Präferenz. Neuzeitliche Allgemeinheit verlangt nicht die Aufgabe der Partikularität. Die Naturzustandsbewohner schließen den staatsgründenden Vertrag, um sich nicht ändern zu müssen. Die Natürlichkeit der methodisch erzeugten Asozialität und Geschichtslosigkeit bleibt Konstituens des individuellen Verkehrs in der Gesellschaft; die Ersetzung der ersten Natur durch die zweite ist allein eine Frage der Institutionen, nicht der Individuen. Die Allgemeinheit steckt im Rah-

24 *Hegel* 1970, S. 445.
25 *Rousseau* 1971, S. 79/80.
26 *Macpherson* 1967.
27 *Hegel* 1970, S. 448.

menwerk, nicht in der Seele der Individuen. Die Allgemeinheit ist in den Individuen nur als Ergebnis einer Nutzen-Kosten-Kalkulation anwesend; sie ist das Maß an strategischer Anpassung, das erforderlich ist, um die allseits vorteilhaften Auswirkungen institutioneller Regelsysteme sichern zu können. In der Tat, der Allgemeinheit des modernen Staates bietet nur eine formelle Einheit, ist nur ein „über der Vielheit Schwebendes, nicht sie Durchdringendes".

Hegels organisches Sittlichkeitskonzept ist mit dem zentralen Legitimationskonzept des neuzeitlichen Naturrechts nicht vereinbar. Dieses basiert auf dem strikten Dualismus von natürlicher Welt und künstlicher Welt und legitimiert die der künstlichen Welt innewohnenden Freiheitseinschränkungen durch den Nachweis der Lebensfeindlichkeit und Selbsterhaltungsriskanz des *status naturalis*. Die künstliche Welt ist eine Welt zentralisierter Herrschaft. In der Herrschaftsabhängigkeit menschlichen Lebens spiegelt sich die stete Gefahr eines Rückfalls in die Anarchie. Daher verewigt sich in der Unabdingbarkeit staatlicher Herrschaft der Dualismus von Natur und Gesellschaft, von Individuum und Allgemeinheit. Aber genau diesen Dualismus will das organische Sittlichkeitskonzept Hegels überwinden.

> Der Naturzustand und die den Individuen fremde und darum selbst einzelne und besondere Majestät und Göttlichkeit des Ganzen des Rechtszustandes sowie das Verhältnis der absoluten Unterwürfigkeit der Subjekte unter jene höchste Gewalt sind die Formen, in welchen die zersplitterten Momente der organischen Sittlichkeit – das Moment der absoluten Einheit und derselben, insofern sie den Gegensatz der Einheit und Vielheit in sich begreift und absolute Totalität ist, und das Moment der Unendlichkeit oder des Nichts der Realitäten des Gegensatzes – als besondere Wesenheiten fixiert und eben dadurch, so wie die Idee, verkehrt sind. Die absolute Idee der Sittlichkeit enthält dagegen den Naturstand und die Majestät als schlechthin identisch, indem die letztere selbst nichts anderes als die absolute sittliche Natur ist und an keinen Verlust der absoluten Freiheit, welche man unter der natürlichen Freiheit verstehen müsste, oder ein Aufgeben der sittlichen Natur durch das Reellsein der Majestät gedacht werden kann; das Natürliche aber, welches im sittlichen Verhältnis als ein Aufzugebendes gedacht werden müsste, würde selbst nichts Sittliches sein und also am wenigsten dasselbe in seiner Ursprünglichkeit darstellen. Ebensowenig ist die Unendlichkeit oder das Nichts des Einzelnen, der Subjekte in der absoluten Idee fixiert und in relativer Identität mit der Majestät als ein Verhältnis der Unterwürfigkeit, in welchem auch die Einzelheit etwas schlechthin Gesetztes wäre, sondern in der Idee ist die Unendlichkeit wahrhaftig, die Einzelheit als solche nichts und schlechthin eins mit der absoluten sittlichen Majestät, welches wahrhafte lebendige, nicht unterwürfige Einssein allein die wahrhafte Sittlichkeit des Einzelnen ist.[28]

Der Unterschied zwischen dem Hobbesschen und dem Hegelschen Staatsverständnis könnte kaum größer sein: hier der Staat als Friedensmaschine, als nutzenmaximierende Erfindung der Individuen, als künstliche Welt, allein im übereinstimmenden Selbstinteresse der Bürger verankert; dort der Staat als absolute Substanz, als geistige Wesenheit, die die Individuen zu ideellen, aufgehobenen Momenten zurückstuft, die nur durch verehrende Übereinstimmung ihres Selbstverständnisses mit dem Allgemeinen sich zur Freiheit erheben können. Dass in

28 *Hegel* 1970, S. 448/449.

beiden Konzeptionen das Gemeinwesen durch einen Akt der Selbstauslöschung konstituiert wird, darf nicht über die grundlegende Differenz hinwegtäuschen. Denn der Rechtsverzicht im Vertrag hat nichts mit der sittlichen Identifikation zu tun: die Aufgabe der absoluten Freiheit, die jeder im Naturzustand besaß, dient bei Hobbes nur dazu, innerhalb des koexistenzverbürgenden Regelwerks seinen Eigensinn zu erhalten; die vertragliche Selbstauslöschung ist lediglich ein kluger Akt des strategischen Egoismus. Der Rechtsverzicht ist kein Selbstverzicht, sondern ein Mittel der Selbsterhaltung. Bei Hegel hingegen ist genau diese Selbstaufgabe des Eigensinns und seines Selbsterhaltungskerns verlangt; das Einssein mit der „absoluten sittlichen Majestät" erfordert die Selbsttranszendierung zum Allgemeinen hin. Der Hobbessche Rechts- und Freiheitsverzicht führt zu einem Leben in einer staatlich geschützten Marktgesellschaft, in der jeder seinen Interessen im Rahmen der Gesetze nachgehen kann. Die Hegelsche Selbstaufgabe hingegen will genau diesen Egoismus, dessen allgemeines Überleben die staatliche Koordination nach Hobbes ermöglichen soll, abtöten.

2. „Hobbes [...] bahnt Hegel den Weg".[29] Naturzustand und Anerkennungskampf

In der lähmenden Furcht des Hobbesschen Kriegszustandes stagniert die zivilisatorische Entwicklung. Die Überlebensanstrengungen zehren alle Kräfte auf, die Verteidigungsbemühungen schlucken alle Ressourcen. Wie alle Grenzsituationen ist der Naturzustand völlig unproduktiv, weil sich produktive menschliche Energien nur in Situationen entfalten können, in denen die Selbsterhaltung nicht mehr prekär ist und die Sorge um die Sicherheit vertrauensvoll den staatlichen Schutzinstitutionen überlassen werden kann. Im Naturzustand

> ist für Fleiß kein Raum, da man sich seiner Früchte nicht sicher sein kann; und folglich gibt es keinen Ackerbau, keine Schiffahrt, keine Waren, die auf dem Seeweg eingeführt werden können, keine bequemen Gebäude, keine Geräte, um Dinge, deren Fortbewegung viel Kraft erfordert, hin- und herzubewegen, keine Kenntnis von der Erdoberfläche, keine Zeitrechnung, keine Künste, keine Literatur, keine gesellschaftlichen Beziehungen, und es herrscht, was das Schlimmste von allem ist, beständige Furcht und Gefahr eines gewaltsamen Todes – das menschliche Leben ist einsam, armselig, ekelhaft, tierisch und kurz.[30]

Nicht erst Rousseau interpretiert den Weg vom Naturzustand in den Staat als Prozess der Menschwerdung, auch in der Hobbesschen politischen Philosophie kommt das Verlassen des Naturzustandes einer Metamorphose gleich: erst im Schatten des Staates verwandelt sich das biologische Gattungsexemplar in ein menschliches Individuum. Der Zustand der Unsicherheit zwingt die Menschen in einen dumpf-animalischen Selbsterhaltungskampf. Dass er sich dabei der Fähigkeiten seiner natürlichen Vernunft bedient, erhebt ihn noch nicht über das Tieri-

29 *Strauss* 2001, S. 124.
30 *Hobbes* 1976, Kap. 13, S. 96.

sche. Erst dann, wenn er sich eine künstliche Welt schützender Institutionen schafft und ein selbstbestimmtes Leben in eine offene, angstfreie Zukunft hinein führen kann, schwingt er sich zum Menschen auf. Friedliche Verhältnisse gestatten wechselseitige Berechenbarkeit und Zukunftsvertrauen. Damit ermöglichen sie ein Klima, in dem sich die Individuen von den Restriktionen und Risiken der Grenzsituation befreien können, in dem sie es sich leisten können, das Niveau eindimensionaler Selbsterhaltung zu verlassen, Person zu werden und ein Leben zu leben. In dem Maße, in dem unser Personenverständnis auf einen starken Identitätssinn und zeitliche Einheitsstrukturen nicht verzichten kann, in dem Maße, in dem wir den Personenbegriff mit reflexiver Lebenspraxis und Lebensführungskompetenz verbinden, in dem Maße erweist sich die Möglichkeit, Person zu sein, als von fundamentalen politischen Friedensgarantien abhängig. Erst der Staat erlaubt es uns, Person zu sein; das ist die personentheoretische Pointe des Friedens. Und er erlaubt es uns, weil wir Zukunft haben. Zukunft ist das große Geschenk des Friedens. Im Krieg herrscht das Diktat der Gegenwart, unter dem sich das Leben in eine Sequenz von immergleichen Selbsterhaltungsepisoden auflöst. Politik bricht dieses Diktat der Gegenwart, schafft Zukunft, erlaubt differenzierte Lebensplanung, das Ausgreifen auf Anderes. Nur im Frieden vermag die persönliche Identitätsbildung zu florieren, nur der Frieden gibt der Selbstbestimmung eine Chance und erlaubt den Menschen, ein Leben als Person zu führen.

Wie ersichtlich kann man dem Hobbesschen Naturzustand personentheoretisch auslegen, den dramatischen Dualismus von Naturzustand und Rechtszustand im Lichte personentheoretischer Zuträglichkeit betrachten. Jedoch ist damit nicht gesagt, dass man den Kriegszustand, der wesentlich ein virtueller ist, als Kampf um Anerkennung auslegen kann. Natürlich bemüht sich das Individuum des Hobbesschen Naturzustandes, das lediglich ein rationalitätstheoretisches Passe-partout des Lesers ist und en masse vorkommt, um Überlegenheit, aber nicht im Sinne eines machtpolitischen Äquivalents der altadligen Ehre, wie Strauss meint. Die Ehre will anerkannt werden, will entsprechende Achtungsbezeugungen erfahren; die Macht und der ihr gänzlich gleichgestellte, da gleiche Wirkungen hervorrufende Ruf, Macht zu haben, hingegen ist lediglich ein Mittel der Selbsterhaltungssicherung. Strauss' Beeinflussungsthese ist zirkulär; der angebliche Hobbes-Einfluss auf das Herrschafts-Knechtschafts-Kapitel der *Phänomenologie* verdankt sich einer vorgängigen Hegelianisierung der Hobbesschen Darstellung, die Strauss dadurch erleichtert wurde resp. ihm darum plausibel und von der Sache her einsichtig erschien, weil er Hobbes' Naturzustandsschilderung tugendtheoretisch auslegt.[31] Hobbes' Naturzustandsmenschen sind für Strauss nicht aus allen kulturellen und moralischen Ordnungen herausgefallene Gattungsatome, die in einer Welt der Knappheit die Überlebensrisiken der ungebändigten Konkurrenz erleben und aus dieser Existenznot heraus unter großen Rationalitätsanstrengungen den Staat

31 Das IV. Kapitel, an dessen Ende sich die These vom Einfluss Hobbes' auf Hegels Vorstellungen vom Kampf um Anerkennung findet, trägt den Titel: „Adelstugend" (*Strauss* 2001, S. 51ff.

erfinden, sondern von den Lastern des Stolzes, der Ehrsucht und der Eitelkeit getriebene Menschen, deren Selbstschätzung der Bestätigung ihrer Überlegenheit und Großartigkeit durch andere bedarf, und die in einen Kampf auf Leben und Tod gehen, um sich diese begehrte Anerkennung gewaltsam zu verschaffen. Im Naturzustand Strauss' wird nicht das karge machttaxonomische Idiom der Überlebensrationalität gesprochen; in seinem Naturzustand wird die Sprache der Moral gesprochen, hier herrscht moralpsychologische Gereiztheit, jeder wähnt sich beleidigt und wirft den Fehdeschuh. Damit ist die Grammatik des adeligen Zweikampfs etabliert, die dann in den einschlägigen Passagen der Hegelschen *Phänomenologie* selbstbewusstseinstheoretisch umgeschrieben wird.

Wie wenig der Machtkampf Hobbes' mit dem Anerkennungskampf Hegels zu tun hat, zeigt sich auch darin, dass die aus Überlebensinteresse, Rationalität und vorfindlichem Knappheitsregime gesponnene Machtakkumulationsstrategie gerade nicht darauf aus ist, sich im Kampf zu bewähren, sondern den Kampf zu meiden. Während Hegels Argumentation den tatsächlichen Kampf benötigt, ist die Überzeugungskraft des Hobbesschen *exeundum-e-statu-naturali*-Arguments von der Tatsächlichkeit des Kampfes gänzlich unabhängig. Es genügt, dass die Furcht vor ihm rational und handlungswirksam ist. Hobbes' Naturzustandsbewohner ist nicht im mindesten an einer wie immer gearteten Anerkennung interessiert; sein Interesse gilt dem Überleben. Er will nicht von Anderen anerkannt werden, sondern von Anderen gefürchtet werden, so wie er sie fürchtet. Der im Hobbesschen Naturzustand wirksame Egalitarismus ist der Egalitarismus der Furcht, die Wechselseitigkeit des Misstrauens. Die politische Philosophie der Neuzeit ist davon überzeugt, dass es unter natürlichen Bedingungen kein gedeihliches menschliches Zusammenleben geben wird, dass die Menschen unter natürlichen Bedingungen sich in einem Kriegszustand befinden. Das heißt nun nicht, dass der Naturzustand mit Schlachtenlärm erfüllt ist, sondern dass er ein Zustand der Furcht, des Misstrauens und der Unsicherheit ist. Jeder ist vor jedem auf der Hut. Das „Wesen des Kriegs", so Hobbes, besteht „nicht in tatsächlichen Kampfhandlungen, sondern in der bekannten Bereitschaft dazu während der ganzen Zeit, in der man sich des Gegenteils nicht sicher sein kann".[32] Menschen besitzen Vernunft und daher praktische Voraussicht. Sie versuchen sich für missliebige Fälle zu wappnen. Es gilt, mit dem Schlimmsten zu rechnen und der Gewalt anderer zuvorzukommen. Den Anderen selbst zu attackieren, erhöht die eigenen Überlebenschancen; auf die Friedfertigkeit der Anderen sich zu verlassen, ist in höchstem Maße irrational. Rational, weil den eigenen Interessen dienlich, ist es hingegen, gewaltbereit und, wie Kant sagt, „jederzeit in der Kriegsrüstung zu seyn".[33]

Strauss' Hegelianisierung Hobbes' geht weit über die Verfälschung des Naturzustandes zu einem tugendethisch vermessenen Zweikampfszenario anerkennungswütiger Stolzer hinaus. Sie führt zu einer gänzlichen Uminterpretation des gesamten Argumentationsaufbaus der Hobbesschen politischen Philosophie. Der

32 *Strauss* 2001.

33 *Kant* 1902, Akademie-Ausgabe, Bd.19, Refl. 7646.

rationale Konstruktivismus der kontraktualistischen Beweisführung wird nach dem methodologischen Vorbild der *Phänomenologie* historisiert und teleologisiert. Die argumentationslogische Trias aus Naturzustand – Vertrag – Staat wird von Strauss in einen Lern- und Erfahrungsprozess verwandelt, der die jeweilig nächste Stufe als notwendiges Resultat der Unzuträglichkeit der vorangegangenen erreicht. Wie in der *Phänomenologie* die neue Bewusstseinsgestalt sich aus der immanenten Widersprüchlichkeit ihrer Vorgängerin mit Notwendigkeit entwickelt, so soll auch Hobbes nach der Lesart Strauss' die Argumentationszusammenhänge des *Leviathan* als eine Selbstentfaltungsgeschichte angelegt haben, in der der Naturzustand an sich selbst zugrunde geht, durch seine eigene Aporetik zur Aufhebung drängt und den Staat als seine bestimmte Negation notwendig hervorbringt.

Nichts könnte Hobbes' Argumentation mehr verkennen als die These von der Selbstaufhebung des Naturzustandes und der notwendigen Erzeugung des Staates. Der von Hobbes intendierte Staatsbeweis ist der Nachweis der rationalen Vorzugswürdigkeit menschlichen Zusammenlebens unter der Herrschaft allgemein freiheitseinschränkender Regeln. Dieses Argument zielt auf die pragmatische Notwendigkeit des Staates. Diese Notwendigkeitssorte ist unter den Notwendigkeitsvarianten fraglos die trivialste, theoretisch anspruchsloseste. Sie ist nicht mit der von Kant verfochtenen vernunftrechtlichen Notwendigkeit zu verwechseln, die das Leben im Staat und den Gehorsam seinen Gesetzen gegenüber in den Rang einer apriorischen Pflicht erhebt. Und schon gar nicht hat sie etwas mit der geschichtsteleologischen Notwendigkeit der metaphysischen Genealogie Hegels gemein, die Strauss der Hobbesschen Darstellung überstülpt. Naturzustand und staatlicher Zustand stehen nicht im Verhältnis einer notwendigen, durch die innere Zerfallsdynamik des Naturzustandes angestoßenen Abfolge zueinander.

LITERATUR

Hegel, Georg Wilhelm Friedrich, 1970: Jenaer Schriften 1801–1807, Werke in zwanzig Bänden, Bd.2, Frankfurt a.M.
Hobbes, Thomas, 1976: Leviathan, Frankfurt a.M.
Hobbes, Thomas, 1979: Leviathan, hg. v. C. B. Macpherson, Harmondsworth.
Höffe, Otfried, 1979: Zur vertragstheoretischen Begründung politischer Gerechtigkeit: Hobbes, Kant und Rawls im Vergleich, in: ders., Ethik und Politik, Frankfurt a.M.
Höffe, Otfried, 1990: Kategorische Rechtsprinzipien, Frankfurt a.M.
Honneth, Axel, 1992: Kampf um Anerkennung, Frankfurt a.M.
Kant, Immanuel: Gesammelte Schriften, Akademie-Ausgabe, Berlin 1902ff.
Kersting, Wolfgang, 2004: Kant über Recht, Paderborn.
Kersting, Wolfgang, 2009: Thomas Hobbes zur Einführung, 4. Aufl. Hamburg.
Kersting, Wolfgang, 2007: Wohlgeordnete Freiheit. Immanuel Kants Rechts- und Staatsphilosophie, 3. Aufl. Paderborn.
Macpherson, Crawford B., 1967: Die politische Theorie des Besitzindividualismus, Frankfurt a.M. 1967.
Medick, Hans, 1973: Naturzustand und Naturgeschichte der bürgerlichen Gesellschaft, Göttingen.
Rousseau, Jean-Jacques, 1971: Über den Ursprung der Ungleichheit unter den Menschen, in: ders., Schriften zur Kulturkritik, Hamburg.
Siep, Ludwig, 1974: Der Kampf um Anerkennung. Zu Hegels Auseinandersetzung mit Hobbes in den Jenaer Schriften, Hegel-Studien 9/1974, S. 155–208.
Spaemann, Robert, 1959: Der Ursprung der Soziologie aus dem Geist der Restauration. Studien über L.G.A. de Bonald, München.
Spaemann, Robert, 1963: Reflexion und Spontaneität. Studien über Fénelon, Stuttgart.
Strauss, Leo, 2001: Hobbes‘ politische Wissenschaft, in: ders., Gesammelte Schriften, Bd.3, Stuttgart.

LEBENSSICHERUNG ODER DIE FRAGE NACH DEM GUTEN LEBEN

Hobbes – Schmitt – Strauss zwischen Konservativismus und Liberalismus

Hans-Martin Schönherr-Mann

Gemeinhin gilt Thomas Hobbes als der Vordenker des Absolutismus und zugleich als Wegbereiter des modernen Staates. Denn er konzipiert einen autoritären Verwaltungsstaat, dem die klassischen liberalen Elemente wie Gewaltenteilung und demokratische Partizipation abgehen. Avanciert Hobbes damit zum affirmativen Orientierungspunkt des politikphilosophisch fundierten Konservativismus, wie ihn Leo Strauss und Eric Voegelin vertreten? Oder besitzt er als Theoretiker der Moderne auch gewisse Affinitäten zum Liberalismus?

In der Tat finden sich im Werk von Leo Strauss als einem der einflussreichsten Vertreter des politischen Konservativismus im 20. Jahrhundert zahlreiche positive Bezüge zu Hobbes. Andererseits besitzt der Konservativismus häufig ältere Wurzeln, die erheblich weiter herkommen. Ob Max Scheler, Carl Schmitt, Gabriel Marcel, Eric Voegelin oder Alasdair MacIntyre, sie alle denken aus einem religiösen Hintergrund heraus. Das gilt auch für Leo Strauss, der sich indes ähnlich wie Voegelin vor allem auf die klassische antike Philosophie von Platon und Aristoteles beruft. Dahingehend bemerkt Strauss denn auch in seiner programmatischen Schrift *What is political philosophy?* über die antike Klassik:

> Das Ziel des politischen Lebens ist die Tugend, und die dazu dienlichste Ordnung ist die aristokratische Republik, oder anders formuliert das gemischte Regime.[1]

Just davon aber distanzieren sich nach Strauss praktisch alle modernen politischen Philosophen: Gemischte Verfassungen mögen sie noch positiv konnotieren. Doch an die Stelle von Aristokratien treten Eliten, die sich ständiger Kritik ausgesetzt sehen und die die an sie gestellten Anforderungen gemeinhin nicht zu erfüllen vermögen. In der klassischen Moderne, die ich zwischen 1815 und 1975 situiere, mag man sich zudem auch nicht auf die Tugend der Bürger verlassen. Das erscheint unrealistisch, reduziert beinahe programmatisch Hegels *Rechtsphilosophie* von 1820 die noch von Kant herausgehobene Moral zu einem schmalen Übergangskapitel zwischen dem Teil über das abstrakte Recht und Hegels zentralem Anliegen, der Sittlichkeit, die sich um die äußeren Verhältnisse zwischen den Menschen und nicht um deren innerliche Motivation kümmert.

Das hat mit der Einsicht zu tun, die nach Leo Strauss Machiavelli als erster formulierte, dass nämlich alle menschlichen Angelegenheiten zu vielschichtig er-

1 *Strauss* 1959, S. 40 (eigene Übersetzung).

scheinen, als dass man sie noch religiös festgefügten Prinzipien der Gerechtigkeit unterwerfen könnte, so dass sich auch das Handeln der Menschen sinnvoller Weise eher an seinen Wirkungen als an sittlichen Prinzipien orientiert. Machiavelli, so Strauss 1953 in seinem zentralen Werk *Naturrecht und Geschichte*,

> verwarf die klassische politische Philosophie und damit die ganze Tradition der politischen Philosophie im vollen Sinne des Wortes als nutzlos: die klassische politische Philosophie orientierte sich daran, wie der Mensch leben sollte.[2]

An die Stelle des göttlichen Gesetzes der Tradition tritt dann die staatliche Gesetzgebung, der aber der göttliche Segen abhanden kommt. Und an die Stelle von Tugenden und Pflichten der Bürger, auf die man sich nicht verlassen kann und die daher einen utopischen Charakter erhalten, treten gesetzlich gesicherte Rechte, die genau dem entsprechen, was sich die Menschen ohnehin wünschen. Die Aufklärung leitete diese Rechte aus dem Naturrecht ab: Die Menschen haben von Natur aus Rechte auf das, was sie sich wünschen, anstatt dass sie von Natur aus eine Verpflichtung gegenüber Gott und der Gemeinschaft hätten, die sie sich natürlich nicht wünschen. Das hat, so Strauss, somit nachhaltigere Wirkungen als die antike Tugend:

> Was erforderlich ist, um modernes Naturrecht wirksam zu machen, das ist eher Aufklärung oder Werbung als Berufung auf die Sittlichkeit. Von hier aus können wir die häufig beobachtete Tatsache verstehen, dass das Naturgesetz während der Neuzeit eine viel revolutionärere Kraft wurde, als es in der Vergangenheit gewesen war.[3]

Das klassische Naturrecht geht davon aus, dass die Natur des Menschen die Grundlage seiner Kultur bildet, eine Natur, die nach Aristoteles einen sozialen Charakter besitzt. Das natürliche Zusammenleben führt zur Kultur, d.h. diese beruht auf dem *status naturalis*. Das wandelt sich im modernen Naturrecht, speziell bei Hobbes. Die Natur führt nicht mehr in die Kultur, sondern Letztere schiebt sich aus ihr dadurch heraus, dass sie sie überwindet, nicht die soziale Natur entfaltet, sondern die wölfische unterwirft und kontrolliert. Ohne soziale Natur eignen dem Menschen auch keine sozialen Tugenden wie die der Gerechtigkeit von Natur aus.

> „Eine weitere Folge dieses Krieges eines jeden gegen jeden ist", schreibt Hobbes im *Leviathan*, „dass nichts ungerecht sein kann. [...] Gerechtigkeit und Ungerechtigkeit gehören weder zu den körperlichen noch zu den geistigen Tugenden."[4]

Ohne positiv geltendes Recht gibt es für Hobbes nun mal auch keine Ungerechtigkeit.

2 *Strauss* 1977, S. 184.
3 *Strauss* 1977, S. 190.
4 *Hobbes* 1984, S. 98.

Just daran knüpft nicht nur Leo Strauss an, sondern vor allem auch Carl Schmitt, der den *status naturalis* grundsätzlich anders als die klassische Tradition, aber ähnlich wie Hobbes als Kriegszustand versteht, der für Schmitt daher die Grundlage des Politischen schlechthin darstellt:

> Bei Hobbes – weitaus der größte und vielleicht der einzige wahrhaft systematische politische Denker –, schreibt Schmitt, ist daher das ‚*Bellum*' Aller gegen Alle nicht als Ausgeburt einer furchtsamen und verstörten Phantasie, aber auch nicht als ‚Konkurrenz' […], sondern als die elementare Voraussetzung seines spezifisch politischen Gedankensystems zu verstehen.[5]

Während Schmitt im Grunde den zwischenstaatlichen Zustand als zumindest latenten Kriegszustand versteht und ihn auf den Naturzustand überträgt, um derart die Motivation des Politischen im Ernst einer solchen Lage zu diagnostizieren, geht Leo Strauss einen Schritt weiter und fragt im Anschluss an Hobbes nach dem Grund für diesen Kriegszustand. Das ist der unsoziale Charakter des Menschen, so dass Strauss konstatiert:

> Das Naturgesetz muß von der mächtigsten aller Leidenschaften abgeleitet werden.[6]

Darin sieht Strauss einen Realismus im Denken von Hobbes, der angesichts der religiös motivierten Bürgerkriege die Augen vor den aggressiven menschlichen Leidenschaften gerade nicht verschließt, vielmehr das Politische auf deren Zügelung ausrichtet, eben auf die Disziplinierung der wölfischen Leidenschaften, durch die schließlich ständig der Frieden in einen Kriegszustand abzugleiten droht. Ist Hobbes mit seinem *status naturalis* als Kriegszustand in der Tat der zentrale Vordenker moderner konservativer politischer Theorien?

1. DER BELLIZISTISCHE *STATUS NATURALIS* ZWISCHEN REALITÄT UND UNMÖGLICHKEIT

Carl Schmitt zieht aus dem Kriegszustand eine andere Konklusion als Hobbes und Strauss: Das Individuum unterwirft sich dem *Leviathan* nicht, um die eigene Existenz zu sichern. Einerseits erscheint das für Schmitt keine ausreichende Motivation zu sein, um das soziale Band festzuzurren. In der Tat kennt man genügend Fälle, wo Menschen ihren Reichtum dazu benutzen, um Bürgerkriege voranzutreiben oder, wie Marx es formulierte, dass die Lösung der Magenfrage der Revolution vorausgeht. Andererseits bedarf für Schmitt das soziale Band besonderer Festigkeit, weil der Staatszweck offensichtlich nicht im Schutz des Individuums liegt, sondern darin, zwischenstaatliche Konfrontationen vor allem militärisch zu bestehen.

Aus solch einem bellizistischen Naturzustand folgert Schmitt denn auch seine legendäre Unterscheidung von Freund und Feind, die weder einen moralischen

5 *Schmitt* 2005, S. 212 (Hervorhebung im Original).
6 *Strauss* 1977, S. 187.

noch einen ökonomischen, sondern einen existentiellen Sinn hat. Durch diesen entfalten sich die höchsten sozialen Bindekräfte.

> Der Fremde, so Schmitt, ist eben der andere, der Fremde, und es genügt zu seinem Wesen, dass er in einem besonders intensiven Sinne existenziell etwas anderes und Fremdes ist, so dass im extremen Fall Konflikte mit ihm möglich sind, die weder durch eine im voraus getroffene generelle Normierung, noch durch den Spruch eines ‚unbeteiligten' und daher ‚unparteiischen' Dritten entschieden werden können.[7]

Weder die Ethik noch die Ökonomie können den Konflikt zwischen Freund und Feind lösen, den bellizistischen Naturzustand zwischen den Staaten überwinden, worauf ja der Völkerbund abzielte oder auch heute immer noch die UN. Es gibt überhaupt keine Metaebene, weder der Vernunft, noch durch solche internationalen Institutionen, von der herab die existentiellen Auseinandersetzungen befriedet werden könnten, auch und gerade nicht durch eine prinzipielle bzw. moralische Verurteilung des Krieges.

Vor allem aber – das unterscheidet Schmitt von Hobbes – führt die Freund-Feind-Unterscheidung dazu, dass die Individuen auf eigene Interessen und Meinungen verzichten müssen, festigt somit das soziale Band und stärkt die Macht des Souveräns.

> Erklärt ein Teil des Volkes, so Schmitt, keinen Feind mehr zu kennen, so stellt er sich nach Lage der Sache auf die Seite der Feinde und hilft ihnen, aber die Unterscheidung von Freund und Feind ist damit nicht beseitigt.[8]

Die primäre Aufgabe des Staates stellt dabei weder die Beendigung des Kriegszustandes dar, noch kann das Individuum einen prinzipiellen Schutz seines Lebens gegenüber einem möglichen Souverän geltend machen, dem es sich nach Hobbes um eines solchen Schutzes willen unterwirft. Weder ist wie bei Hobbes sein Leben primär zu erhalten, noch darf es darüber selber urteilen oder im stillen Kämmerlein einem abweichenden Kult frönen, wenn dieser die staatlich verordnete Feindschaft in Frage stellt. Das Individuum dient nach Schmitt dem Staat, der diesen Dienst braucht, um den bellizistischen Naturzustand zwischen den Staaten zu bestehen und der in diesem Dienst dem Individuum einen Lebenssinn gewährt. Dagegen soll ja nach Hobbes der Staat den Naturzustand überwinden, d.h. die Menschen vor dem Kriegszustand schützen.

Während also bei Hobbes der *Leviathan* den Kriegszustand beendet, so dass dieser gerade nicht mehr Orientierungspunkt des individuellen Handelns ist – höchstens unterschwellig als Erinnerung an die Motive für die Achtung vor der souveränen Gewalt –, bleibt bei Schmitt der Kriegszustand eigenartig präsent. Zwar verlängert sich in ihm die Politik nicht automatisch, wie das berühmte Verdikt von Clausewitz immer wieder mal zitiert wird. Nein, so Schmitt:

7 *Schmitt* 2005, S. 197.
8 *Schmitt* 2005, S. 207.

> Der Krieg ist durchaus nicht Ziel und Zweck oder gar Inhalt der Politik, wohl aber ist er die als reale Möglichkeit immer vorhandene Voraussetzung, die das menschliche Handeln und Denken in eigenartiger Weise bestimmt und dadurch ein spezifisch politisches Verhalten bewirkt.[9]

Der Ernstfall soll das Denken und Handeln des Individuums wie des Souveräns allzeit begleiten, an ihm sollen sich alle ständig orientieren. Dabei müssen sie sich an den Regeln des Krieges so ausrichten, dass sich das Politische womöglich darauf reduziert, die Freund-Feind-Unterscheidung zu treffen: Die politische Autorität legt das höchste Ziel fest, die Militärs führen diese aus.

So gewinnt denn der Kriegszustand bei Schmitt eine andere Perspektive als bei Hobbes, bei dem es sich um einen Kriegszustand zwischen Individuen handelt. Das erscheint interessanter Weise nicht das Problem für Schmitt zu sein, wiewohl man ihm doch unterstellen darf, dass der äußere Konflikt auch dazu dient, den inneren zu befrieden. Doch primär zielt die Stabilität des sozialen Bandes darauf, eine nach außen möglichst starke Gemeinschaft zu konstituieren. So schreibt Schmitt

> Krieg ist bewaffneter Kampf zwischen organisierten politischen Einheiten, Bürgerkrieg bewaffneter Kampf innerhalb einer (dadurch aber problematisch werdenden) organisierten Einheit.[10]

Der Kriegszustand zwischen den Individuen interessiert Schmitt nur soweit, wie dieser das soziale Band bedroht und damit die Verteidigungsfähigkeit des Staates beeinträchtigt.

Dazu bemerkt Leo Strauss vielleicht doch etwas überraschend:

> Hobbes hatte den Naturstand als in sich selbst unmöglich dargestellt: der Naturstand ist der Stand des Krieges eines jeden gegen jeden; im Naturstand ist jeder jedes anderen Feind. Nach Schmitt sind die Subjekte des Naturstandes nicht Individuen, sondern Gesamtheiten; und ferner ist nicht jede Gesamtheit jeder anderen Feind, sondern es gibt außer der Möglichkeit der Feindschaft auch die des Bündnisses und der Neutralität [...]. Der so verstandene Naturzustand ist in sich selbst *möglich*. Dass er aber *wirklich* ist, beweist die gesamte Geschichte der Menschheit bis auf den heutigen Tag.[11]

Allerdings – das darf man Strauss hier entgegenhalten – könnte sich dieser mangelnde Realismus daraus erklären, dass der Naturzustand ja nur als Hypothese im Dienst von Hobbes' Argumentation steht, Menschen dazu zu bewegen, staatliche Macht anzuerkennen. Schmitt seinerseits reicht ein solches Argument offenbar nicht aus, Strauss ebenfalls nicht.

Zwar erscheint Hobbes mit seinem Naturzustand als Dreh- und Angelpunkt eines konservativen politischen Denkens. Allerdings übernehmen Schmitt und Strauss davon höchstens dessen kriegerische Seite, die Schmitt dann noch dazu

9 *Schmitt* 2005, S. 200.
10 *Schmitt* 2005, S. 199.
11 *Strauss* 2001, S. 226 (Hervorhebung im Original).

primär auf das Verhältnis zwischen den Staaten bezieht. Allemal ziehen sie andere Konsequenzen aus diesem kriegerischen Naturzustand, so dass sich Hobbes in dieser Hinsicht nicht gerade zum Paten des politischen Konservativismus mausert.

2. KRIEGERISCHE TUGENDEN ODER POLITISCHER HEDONISMUS

Nun muss das nicht allzu sehr verwundern, dass die beiden Vertreter des Konservativismus sich zunächst offenbar nicht unmittelbar auf die Naturzustandskonzeption bei Hobbes stützen, da derartige aufklärerische Ideen dem Liberalismus den Weg bereiten. Doch Carl Schmitt und Leo Strauss folgen Hobbes in anderer Hinsicht, die mit dem Naturzustand zu tun hat. Der Mensch wird bei Hobbes nämlich unentwegt von seinen Leidenschaften getrieben.

> So halte ich, schreibt Hobbes, an erster Stelle ein fortwährendes und rastloses Verlangen nach immer neuer Macht für einen allgemeinen Trieb der gesamten Menschheit, der nur mit dem Tode endet. Und der Grund hierfür liegt nicht immer darin, dass sich ein Mensch einen größeren Genuß erhofft als den bereits erlangten, oder dass er mit einer bescheidenen Macht nicht zufrieden sein kann, sondern darin, dass er die gegenwärtige Macht und die Mittel zu einem angenehmen Leben ohne den Erwerb von zusätzlicher Macht nicht sicherstellen kann.[12]

Bereits Hobbes unterscheidet das menschliche vom tierischen Begehren nicht allein durch die Vernunft, die dem Menschen zur Verfügung steht. Das Tier reagiert auf immer beschränkte äußere Eindrücke, während die Fantasie den Menschen darüber hinaus weist. Dazu veranlasst diesen indes nicht die Vielzahl äußerer Eindrücke. Das Begehren übersteigt andauernd sich selbst und treibt den Menschen ständig zu neuen Ufern. Es lässt sich nicht befriedigen, sowenig wie es sich still stellen lässt. Strauss formuliert die von Hobbes so gesehene Tatsache derart, dass „der Mensch von sich aus unendlich begehrt“[13] – ein Gedanke, der am Rande der postmodernen Philosophie bei Jacques Lacan als menschlicher Grundtrieb wiederkehren wird und in den von Sigmund Freud ursprünglich angedachten Todestrieb ausläuft.

Daraus zieht Hobbes allerdings weder die Konsequenz, die Schmitt noch die Strauss daraus ziehen werden. Man kann solches Begehren nicht strukturell disziplinieren. Es wird sich solcher schlichten Unterdrückung immer wieder entziehen, wird auch jeglicher Disziplinierung immer wieder widerstreiten. Hobbes wählt daher eine andere Antwort, nämlich die von Zuckerbrot und Peitsche, die Todesdrohung und die Verlockungen, die der Frieden verheißt.

> Die Leidenschaften, schreibt Hobbes, die den Menschen friedfertig machen, sind Todesfurcht, das Verlangen nach Dingen, die zu einem angenehmen Leben notwendig sind und die Hoffnung, sie durch Fleiß erlangen zu können. Und die Vernunft legt die geeigneten Grund-

12 *Hobbes* 1984, S. 75.
13 *Strauss* 2001a, S. 22.

> sätze des Friedens nahe, auf Grund derer die Menschen zur Übereinstimmung gebracht werden können. Diese Gebote sind das, was sonst auch Gesetze der Natur genannt wird.[14]

Der Todesdrohung soll der Mensch gerade nicht wie der tapfere Soldat mit Verachtung entgegen treten, sondern sich von ihr so beeindrucken lassen, dass er sein Begehren mäßigt, genauer es ablenkt, es verschiebt, es also durch die Verheißungen eines angenehmen Lebens sublimiert, was psychoanalytisch betrachtet natürlich ins Verdrängte, also ins Unbewusste ausläuft, das bekannter Weise als Störung des Bewusstseins wiederkehrt. Das stellt somit auch keine schlichte Unterwerfung dar, sondern ein Tauschgeschäft, was weder Schmitt noch Strauss goutieren.

Die Prinzipien der Vernunft, dort wo die Natur sich in Worte fasst, entspringen nicht einem heroischen Zeitalter, das noch Rousseau als römische Tugenden anmahnt. Vielmehr formulieren sie die Regeln eines bürgerlichen Friedens, wenn die Individuen ihren privaten Interessen nachgehen. So bemerkt Strauss die sicher auch für Schmitt unerfreuliche Angelegenheit:

> Hobbes schreckt nicht vor der Konsequenz zurück, den Tugendcharakter der Tapferkeit ausdrücklich zu leugnen. (De homine XIII 9).[15]

Damit geraten die eingangs erwähnten klassischen Tugenden ins Abseits, auf die sich nach Strauss die Polis gründet. Menschlichkeit konstituiert sich nicht über generell unterdrückende Disziplinierung oder Selbstzucht, sondern über die Sublimierung des Begehrens, eine Kritik, die Schmitt teilt, deren Relevanz für Hobbes er aber unterschätzt, nicht aber gegenüber dem Liberalismus insgesamt.

Für Strauss avanciert Hobbes just dadurch zum Wegbereiter des Liberalismus, weil er die klassischen Tugenden verabschiedet, denen man ohne Tauschhandel, ohne Zuckerbrot bzw. Angenehmes folgt.

> Wenn die Tugend mit Friedfertigkeit gleichgesetzt wird, schreibt Strauss, dann wird das Laster mit jener Gewohnheit oder Leidenschaft identisch werden, die per se mit dem Frieden unvereinbar ist, weil sie ihrem Wesen nach und mit Bedacht darauf ausgeht, andere zu verletzen. Das Laster wird, praktisch genommen, eher mit Stolz, Eitelkeit oder *amour propre* identisch als mit Unentschlossenheit oder Seelenschwäche. Das heißt mit anderen Worten, dass ‚die strengen Tugenden‘ der Selbstzucht ihren Rang verlieren, wenn die Tugend zur sozialen Tugend, zum Wohlwollen, zur Güte oder zu ‚den freien Tugenden‘ reduziert wird. [...] Dieses Ersatzmittel ist Kern dessen, was wir mit ‚politischem Hedonismus‘ bezeichnet haben.[16]

Tapferkeit und Seelenstärke, Härte gegen sich selbst und Entschlossenheit neigen zum Kriegszustand, bereiten sich zumindest darauf vor. Hobbes erkennt, dass die kriegerischen Tugenden in Zeiten des Friedens zum Laster werden – man denke an die Freikorps nach dem ersten Weltkrieg und natürlich an jenen Nazi-Kanzler, der mit sich offenbar auch nichts Besseres anzufangen wusste. Das sieht auch

14 *Hobbes* 1984, S. 98.
15 *Strauss* 2001, S. 224.
16 *Strauss* 1977, S. 195 (Hervorhebung im Original).

Strauss, doch er zieht daraus eine andere Konklusion: So wie Hobbes den Frieden gewährleisten möchte, führt das für Strauss zu einem *Verlust der Tugend*, wie es MacIntyre beschreibt, wenn er von einer moralischen Katastrophe im Zeitalter der Aufklärung spricht.[17]

Doch diese Tugenden der Stärke disqualifiziert Hobbes in der Tat als für den Frieden unbrauchbar, und zwar als Leidenschaften, die den Naturzustand zu bestehen befähigen, also den Kriegszustand verlängern, anstatt diesen zu beenden:

> Und wegen dieses gegenseitigen Misstrauens gibt es für niemand einen anderen Weg, sich selbst zu sichern, der so vernünftig wäre wie Vorbeugung, das heißt, mit Gewalt oder List nach Kräften jedermann zu unterwerfen, und zwar so lange, bis er keine andere Macht mehr sieht, die groß genug wäre, ihn zu gefährden. Und dies ist nicht mehr, als seine Selbsterhaltung erfordert und ist allgemein erlaubt. Auch weil es einige gibt, denen es Vergnügen bereitet, sich an ihrer Macht zu weiden, indem sie auf Eroberungen ausgehen, die sie über das zu ihrer Sicherheit erforderliche Maß hinaustreiben, könnten andere, die an sich gerne innerhalb bescheidener Grenzen ein behagliches Leben führen würden, sich durch bloße Verteidigung unmöglich lange halten, wenn sie nicht durch Angriff ihre Macht vermehrten. Und da folglich eine solche Vermehrung der Herrschaft über Menschen zur Selbsterhaltung eines Menschen notwendig ist, muß sie ihm erlaubt werden.[18]

Just daran knüpft Schmitt an, der in Hobbes ja den Denker des Kriegszustandes sieht. Aber Schmitt überträgt diesen Kriegszustand primär auf die zwischenstaatliche Ebene. Doch dagegen wendet Strauss ein:

> Während bei Hobbes die natürliche und darum unschuldige ‚Bosheit' zuletzt darum hervorgehoben wird, damit sie bekämpft werden kann, spricht Schmitt von der nicht moralisch zu verstehenden ‚Bosheit' mit einer unverkennbaren *Sympathie*. Diese Sympathie ist aber gar nichts anderes als die *Bewunderung* der animalischen Kraft.[19]

In der Tat, wenn es keinen höheren Maßstab im Naturzustand gibt, dann lässt sich auch keine moralische Bosheit diagnostizieren, klingt dergleichen nach Nietzsches ressentimentgeladener Bewunderung antiker aristokratischer Stärke.

Für Leo Strauss erweist sich die Bewunderung solcher Bosheit oder auch Stärke indes als unmöglich. Was bei Hobbes in den unbedingt zu vermeidenden Bürgerkrieg führt, das muss Schmitt gehörig verdrehen, um es bewundern zu können.

> Die „Unangemessenheit", solcher Bewunderung, so Straus, „zeigt sich überdies unmittelbar darin, dass das, *was* bewundert wird, keineswegs als ein Vorzug, sondern als ein Mangel, eine Bedürftigkeit (nämlich als Herrschaftsbedürftigkeit) entdeckt wird. Die als Herrschaftsbedürftigkeit entdeckte Gefährlichkeit des Menschen kann angemessen nur als moralische Schlech-

17 *MacIntyre*, 1995, S. 18.
18 *Hobbes* 1984, S. 95.
19 *Strauss* 2001, S. 232.

tigkeit verstanden werden. Als solche muß sie zwar anerkannt, kann sie aber nicht bejaht werden."[20]

Weil der Mensch böse ist, muss er beherrscht werden. Man kann nicht diese Bosheit ausnutzen, um sie beispielsweise militärisch gegen einen politischen Feind zu richten. Strauss wehrt sich vehement gegen die Verdrehung der moralischen Kategorien bzw. gegen deren Relativierung, die er dem Liberalismus vorwirft. Eine solche Verdrehung diagnostiziert er just hier auch bei Schmitt.

Dieser wird zwar der Herrschaftsbedürftigkeit nicht widersprechen. Freilich bedient er sich beim Kampf um das Dasein zwischen den Völkern dieser Bosheit, also der Unmoralität, während Strauss dazu auf die antiken kriegerischen Tugenden zurückgreift, um nicht wie Schmitt auf die moralisch schiefe Bahn zu geraten.

> „Eine wohlgesittete Gemeinschaft", so Strauss über das klassische Naturrecht, insbesondere Aristoteles, „wird nicht in den Krieg ziehen, es sei denn, es handele sich um eine gerechte Sache. Was sie aber während eines Krieges tun wird, das hängt bis zu einem gewissen Grad von dem ab, was ihr der Feind – möglicherweise ein absolut gewissenloser und barbarischer Feind – zu tun aufzwingt. Es gibt keine im voraus definierbaren Beschränkungen, es gibt keine bestimmbaren Grenzen für das, was zur gerechten Repressalie werden kann."[21]

Wahrscheinlich würde Hobbes dem nicht unbedingt widersprechen. Allerdings schließen hier im Verhältnis von Leidenschaften und Moral weder Schmitt noch Strauss sehr präzise an Hobbes an, so dass ein weiteres Mal in Frage steht, ob Hobbes als Bezugspunkt konservativer politischer Philosophien zu dienen vermag.

3. HERRSCHAFTSBEDÜRFTIGKEIT ZWISCHEN AUTORITÄT UND ANARCHIE

Aber treffen sich Hobbes, Schmitt und Strauss nicht zumindest bei dem Problem der Herrschaftsbedürftigkeit des Menschen, unabhängig davon, wie die diese evozierenden Leidenschaften jeweils interpretiert werden? Und stellt das nicht einen zentralen Gedanken konservativer Theorien dar?

Der Mensch ist ein gefährliches Wesen, was ihm indes wenig hilft, ihn gar nicht stärkt, was ihn vielmehr zugleich zu einem gefährdeten, zu einem schwachen Wesen macht. Im Naturzustand kann sich nach Hobbes niemand sicher sein, nicht das Opfer von anderen, auch Schwächeren zu werden. So bemerkt Hobbes:

> Denn was die Körperstärke betrifft, so ist der Schwächste stark genug, den Stärksten zu töten – entweder durch Hinterlist oder durch ein Bündnis mit anderen, die sich in derselben Gefahr wie er selbst befinden.[22]

20 *Strauss* 2001, S. 232 (Hervorhebung im Original).
21 *Strauss* 1977, S. 165.
22 *Hobbes* 1984, S. 94.

Die Natur hat die Menschen zu ähnlich werden lassen. Ihnen eignet daher eine – modern gesprochen – evolutionäre Gleichheit, die den Hintergrund der menschlichen Gefährlichkeit wie Gefährdetheit ausfüllt.

Das Problem transformiert sich für Strauss in ein anderes:

> Die Frage: Gefährlichkeit oder Ungefährlichkeit des Menschen? taucht also auf angesichts der Frage: ob die Regierung von Menschen über Menschen notwendig oder überflüssig ist, bzw. sein wird. Demnach bedeutet Gefährlichkeit: *Herrschaftsbedürftigkeit*.[23]

Die Leidenschaften, vor allem das Begehren, machen den Menschen gefährlich, was ihn indirekt zugleich gefährdet. Die Gefahr liegt also in doppelter Hinsicht in ihm selbst. Will er diese Gefährdung vermeiden, bleibt ihm gar nichts Anderes, als sich unter eine Herrschaft zu begeben, eben auf seine Gefährlichkeit zu verzichten – womit heute selbst unter zivilisierten Umständen immer noch viele protzen. Der Mensch braucht die Herrschaft, so dass dabei die Politik ein Fundament in der Moralität erhält:

> Die Bejahung der Gefährlichkeit als solcher hat also keinen politischen, sondern nur einen ‚normativen', *moralischen* Sinn; auf ihren angemessenen Ausdruck gebraucht, ist sie die Bejahung der Kraft als staatenbildende Kraft.[24]

Die Leidenschaft oder das Begehren transformieren sich in eine Kraft zum Guten. Für Hobbes ist der Mensch so herrschaftsbedürftig, dass daraus im Naturzustand die Gründung des Staates erfolgt, die für Leo Strauss kein Zufallsprodukt war, sondern sich eben dieser Natur des Menschen verdankt, die darin ihre Anlage zum Guten aufscheinen lässt.

Wenn Hobbes dagegen den Menschen zum Wolf erklärt, fragt sich am Ende trotzdem, wie denn daraus ein funktionierender Staat entsteht. Wie sollte ein solcher Charakter im Staat wirklich überwunden bzw. still gestellt werden? Historisch hat sich schließlich auch häufig bestätigt, dass der Souverän seinen Aufgaben wenig gewachsen erscheint, der den Bürgerkrieg häufig verlängert, den er beenden soll, eine Erfahrung, die Rousseau bestätigen wird.

> Hobbes ist im höchsten Maße inkonsequent, stellt denn auch Strauss fest, weil er einerseits verneint, dass der Mensch von Natur aus gesellig sei, und andererseits versucht, den Charakter des natürlichen Menschen durch Hinweis auf seine Erfahrung mit Menschen zu bestimmen, welche die Erfahrung eines Menschen in der Gesellschaft ist.[25]

Rousseau lässt seinen Urmenschen einsam durch die Wildnis streifen, wo er kaum jemandem begegnet, eine wohl naturalistischere Überlegung als diejenige von Hobbes, der dagegen die Gesellschaft, wie sie heute ist, in den Naturzustand ver-

23 *Strauss* 2001, S. 230 (Hervorhebung im Original).
24 *Strauss* 2001, S. 229 (Hervorhebung im Original).
25 *Strauss* 1977, S. 279.

setzt, wo sich die Menschen dann ständig gegenseitig auf die Füße treten – so auch eine berühmte Kritik von Rousseau an Hobbes.[26]

Mit dieser, andererseits realistischen Ambivalenz eröffnet Hobbes am Ende die liberale politische Perspektive, deren Dilemma es bis heute bleibt, dass es häufig effizienter und moralischer erscheint, die Menschen sich selbst zu überlassen, dergleichen jedoch ebenfalls oft kontraproduktiv und unsittlich wirkt, auf Unvermögen und Unverständnis stößt. Wenn man in der Tat an John Locke oder Adam Smith denkt, dann übersieht der Liberalismus vorschnell seine Gegenfinalitäten. Darauf insistiert Strauss, wobei er Hobbes vom folgenden Vorwurf ausdrücklich ausnimmt:

> Der Liberalismus, geborgen und befangen in einer Welt der Kultur, vergisst das Fundament der Kultur, den Naturstand, d.h. die menschliche Natur in ihrer Gefährlichkeit und Gefährdetheit.[27]

Anders formuliert, der Liberalismus beachtet die Herrschaftsbedürftigkeit des Menschen nicht hinlänglich. Ja, er möchte den Menschen sich selbst überlassen, von politischer Lenkung befreien. Das kann imgrunde nur funktionieren, wenn der Mensch vorher entweder entsprechend erzogen wird: man denke hier an die Erziehungsprogramme bis hin zu Rousseaus *Emile* im 18. Jahrhundert. Doch auch das setzt voraus, dass sich dieses Wesen überhaupt entsprechend erziehen lässt – eine Angelegenheit, an der man zweifeln darf.

Carl Schmitt verdächtigt den Liberalismus denn auch, mit der Ausblendung der gefährlichen Seiten des Menschenwesens andere Zwecke zu verfolgen:

> Für die Liberalen dagegen bedeutet die Güte des Menschen weiter nichts als ein Argument, mit dessen Hilfe der Staat in den Dienst der ‚Gesellschaft' gestellt wird, besagt also nur, dass die ‚Gesellschaft' gut und der Staat ihr misstrauisch kontrollierter Untergebener ist.[28]

Wenn der Mensch entsprechend gut ist, braucht es keinen Staat, der ihn bevormundet, kann umgekehrt das Individuum den Staat im liberalen Sinn seinen Interessen unterwerfen.

Andererseits darf man dem entgegnen: woher sollten die Liberalen denn das Vertrauen in den Staat des 18. Jahrhunderts nehmen – und man darf gleich weiterfragen, woher sollte man es im 21. Jahrhundert nehmen? Und Gewaltenteilung und Demokratie als den Staat schwächende Strukturen bestätigen dergleichen Vorbehalte. Wohin man im 18. oder im 21. Jahrhundert schaut, überall – zuletzt unter dem Deckmantel des Kriegs gegen den Terror (der klassische Topos des Ausnahmezustands mit allerdings etwas eingeschränkter Reichweite) – verweigert oder beschneidet der Staat die Rechte des Individuums, wogegen sich das Individuum unter anderem mit der Berufung auf die Menschenrechte wehrt. Man muss sich also nicht wundern, wenn Leo Strauss bemerkt:

26 *Rousseau* 1971, S. 167.
27 *Strauss* 2001, S. 225.
28 *Schmitt* 2005, S. 211.

> Die vormodernen Naturgesetzdoktrinen lehrten die Pflichten des Menschen. Wenn sie seinen Rechten überhaupt irgendwelche Beachtung schenkten, dann fassten sie sie als wesentlich von seinen Pflichten abgeleitet auf. Wie oft bemerkt worden ist, wurden im Verlaufe des 17. und 18. Jahrhunderts die Rechte viel mehr betont, als es jemals zuvor getan worden war.[29]

Wenn aber der Mensch so gefährlich ist, wie es Hobbes und Strauss gemeinsam betonen, dann mögen die Erfahrungen der Individuen mit den staatlichen Mächten ob im 18. oder im 21. Jahrhundert unerfreulich sein, doch dann lassen sie sich auch nicht vermeiden. Dann werden sich die Konflikte zwischen Pflichten und Rechten unabsehbar wiederholen. Dann bleibt Hobbes zwar das Scharnier zwischen Konservativismus und Liberalismus, das einerseits mit Naturzustand und Leidenschaften miteinander vermittelt und das doch mit der Herrschaftsbedürftigkeit auch voneinander trennt, genau in dem Sinn, in dem Strauss sich auf Hobbes bezieht.

Den epochalen Gegensatz, der sich dadurch abzeichnet, skizziert Strauss 1932 recht überraschend, wiewohl er damit recht behalten wird, wie die Kommunitarismus-Debatte bestätigt, in der es ja vor allem darum geht, ob der Staat oder das Individuum den Primat besitzen.

> Und der letzte Streit, konstatiert Strauss, findet nicht zwischen Bellizismus und Pazifismus (bzw. Nationalismus und Internationalismus), sondern zwischen den ‚*autoritären* und *anarchistischen* Theorien' statt.[30]

Auf der einen Seite steht ein Liberalismus, für den der Staat dem Individuum zu dienen hat, der anarchistisch in dem Sinne ist, wie er Herrschaft abbauen möchte, wie es der Begründer des Anarchismus Pierre-Joseph Proudhon fordert, und der ähnlich wie Rousseau für die Herrschaftsbedürftigkeit des Menschen die schlechten Herrscher verantwortlich macht. Auf der anderen Seite steht ein autoritäres Denken, das vom Sozialismus, über den Marxismus, einen liberalen Nationalismus, den Konservatismus besonders auch mit religiösem Hintergrund, bis hin zu den diversen Faschismen, Nationalismen und religiösen Fundamentalismen reicht. Allemal treffen sich in der Frage der Herrschaftsbedürftigkeit Hobbes, Schmitt und Strauss auf der Seite der autoritären Theorien, die aber nicht unbedingt demselben politischen Lager zugerechnet werden dürfen.

4. VON DER LEBENSSICHERUNG ZUM LIBERALEN PRIMAT DES INDIVIDUUMS GEGENÜBER DEM STAAT

Aber ebnet Hobbes dem autoritären modernen Staatsrechtsdenken wirklich nachhaltig den Weg? Wie müssen wir die folgenden Worte aus dem *Leviathan* verstehen?

29 *Strauss* 1977, S. 188.

30 *Strauss* 2001, S. 230 (Hervorhebungen im Original).

> Die Verpflichtung der Untertanen gegen den Souverän dauert nur so lange, wie er sie auf Grund seiner Macht schützen kann, und nicht länger. Denn das natürliche Recht der Menschen, sich selbst zu schützen, wenn niemand anderes dazu in der Lage ist, kann durch keinen Vertrag aufgegeben werden. Die Souveränität ist die Seele des Staates, von der die Glieder keinen Bewegungsantrieb empfangen können, wenn sie einmal den Körper verlassen hat. Der Zweck des Gehorsams ist Schutz. Findet ihn ein Mensch in seinem eigenen Schwert oder in dem eines anderen, so ist er von Natur aus diesem Schutz gehorsam und bemüht sich, ihn zu erhalten. Denn obwohl die Souveränität nach der Absicht ihrer Schöpfer unsterblich sein soll, so ist sie doch ihrer eigenen Natur nach nicht nur einem gewaltsamen Tod durch einen auswärtigen Krieg ausgesetzt, sondern trägt auch wegen der Unwissenheit und der Leidenschaften der Menschen von ihrer Errichtung an viele Keime einer natürlichen Sterblichkeit in sich, und zwar durch innere Zwietracht.[31]

Wiewohl Hobbes von einem einseitigen Unterwerfungsvertrag der Bürger unter den Souverän ausgeht, wiewohl der Souverän nur lauter Rechte und keine Pflichten gegenüber seinen Untertanen zu haben scheint, seine Souveränität beruht darauf, Frieden und Sicherheit zu gewährleisten. Wenn ihm das misslingt, müssen die Menschen dergleichen in die eigenen Hände nehmen. Es gibt zwar keinen offiziellen Vertrag zwischen Herrscher und Beherrschten, aber einen impliziten: Der Bürger leistet den Gehorsam nur so lange, wie er beschützt wird. Das ist Leo Strauss natürlich nicht entgangen:

> Das Recht auf Sicherung des nackten Lebens, in dem das Naturrecht des Hobbes beschlossen ist, hat vollständig den Charakter eines unveräußerlichen Menschenrechts, d.h. eines dem Staat vorangehenden, seinen Zweck und seine Grenzen bestimmenden *Anspruchs* des einzelnen.[32]

So gibt es bei Hobbes im Unterschied zu Locke auch kein Widerstandsrecht. Aber faktisch hört die Souveränität auf; wenn sie den Frieden nicht mehr gewährleistet, muss sich das Individuum dann selbst bewaffnen.

Die Autorität des Staates gegenüber dem Untertan mag noch so groß sein, das Individuum besitzt einen Primat gegenüber dem Staat. Seine Sicherheit zu gewährleisten stellt nämlich den Staatszweck dar bzw. ein unveräußerliches Grundrecht des Menschen, eben auf Leben und Unversehrtheit, das Hobbes auch soweit garantiert, dass der Mensch nicht zur militärischen Gefolgschaft verpflichtet werden kann. Mehr noch, wenn der Staat diese Sicherheit nicht garantiert, kündigt der Untertan seinerseits den Unterwerfungsvertrag: so einseitig wie er geschlossen wurde, wird er faktisch auch einseitig aufgelöst. Daher ordnet Strauss Hobbes folgendermaßen zu:

> Wenn wir die politische Doktrin, die die Rechte des Menschen im Unterschied zu seinen Pflichten als politische Grundtatsache betrachtet und die Funktion des Staates im Schutz oder

31 *Hobbes* 1984, S. 171.
32 *Strauss* 2001, S. 224.

> in der Sicherung dieser Rechte sieht, Liberalismus nennen dürfen, dann müssen wir sagen, dass der Gründer des Liberalismus Hobbes war.[33]

Ordnet Strauss damit Hobbes vielleicht wider Willen den Anarchisten zu? Das Recht auf Lebenssicherung hat in der Tat den Charakter eines Menschenrechts, das nicht nur unveräußerlich ist, nicht nur dem Staat als Naturrecht vorangeht. Man könnte trotzdem noch die Autorität des Staates gegenüber dem Individuum aufrechterhalten, wenn der Mensch nicht Herr über den Kündigungsgrund wäre, wenn der Staat dem Bürger nicht nur die offizielle Religion vorschreiben darf, sondern wenn er auch die Interpretationsmacht darüber hätte, was der Bürger unter Sicherung des Lebens zu verstehen hat. Doch das ist ja gerade nicht der Fall. So kann Leo Strauss ein Verdikt über Hobbes fällen, mit dem er natürlich den Liberalismus trifft:

> Wenn aber jeder noch so törichte Mensch von Natur aus darüber richten kann, was für seine Selbsterhaltung notwendig ist, dann kann mit Recht alles als für die Selbsterhaltung unerlässlich angesehen werden: alles ist dann von Natur aus gerecht. Wir können dann von einem Naturrecht der Torheit sprechen. Wenn darüber hinaus jeder der Richter über das für seine Selbsterhaltung Förderliche ist, dann gewinnt die Zustimmung Vorrang vor der Weisheit.[34]

Nicht nur entscheidet jeder darüber, wann seine Sicherheit gewährleistet ist – demonstriert er gegen ihn bedrohende Kernenergie oder kauft nach Gutdünken biologisch kontrolliert angebaute Lebensmittel –, er darf nach Hobbes auch im stillen Kämmerlein jedem noch so absurden Glauben anhängen – heute darf er das sogar öffentlich. Kein weiser Souverän – und wird er auch nur von den Weisen beraten, wobei Strauss das Spannungsverhältnis zwischen Politik und Philosophie keineswegs übersieht – darf dem offenbar tumben Untertanen vorschreiben, unter welchen Voraussetzungen dieser überhaupt in der Lage ist, Urteile über die eigene Sicherheit zu treffen: Manche Menschen sind sorglos und erkennen Gefahren gar nicht. Andere fürchten sich über die Maßen und können gar nicht genug Sicherheitsmaßnahmen ergattern – gleichgültig ob wir hier an gesunde Lebensmittel oder an Sicherheit vor Terror denken.

Indirekt bestätigt das John Rawls in seiner erst auf Deutsch erschienenen *Geschichte der politischen Philosophie*:

> Ein legitimes Regierungssystem ist so beschaffen, dass sich seine politischen und sozialen Institutionen gegenüber allen Bürgern – gegenüber jedem einzelnen – rechtfertigen lassen, indem man die theoretische und die praktische Vernunft der Bürger anspricht.[35]

Für Liberale ist der Bürger mündig, darf man ihm auch keine göttlichen Werte oktroyieren oder ihm autoritäre Anweisungen erteilen. Vielmehr muss man versuchen, ihn vernünftig zu überzeugen. Das kann auch gelingen, da nach Rawls der

33 *Strauss* 1977, S. 188.
34 *Strauss* 1977, S. 192.
35 *Rawls* 2008, S. 41.

Mensch mit einem Sinn für Gerechtigkeit und Vernunft ausgestattet ist und insofern den Vorteil sozialer Kooperation erkennt. Rawls gehört somit genau zu jenen Liberalen, die die Gefährlichkeit wie die Herrschaftsbedürftigkeit des Menschen nicht in dem Maße wie Hobbes oder Strauss anerkennen. So formuliert Strauss seine wichtige Pointe:

> Hobbes unterscheidet sich vom ausgebildeten Liberalismus nur dadurch und allerdings dadurch, dass er weiß und sieht, wogegen das liberale, zivilisatorische Ideal durchzukämpfen ist: nicht bloß gegen verderbte Einrichtungen, gegen den bösen Willen einer herrschenden Schicht, sondern gegen die natürliche Bosheit des Menschen.[36]

Just deshalb vermag Strauss Hobbes ein Stück weit zu folgen, wiewohl oder besser weil er dem klassischen Denken an zentraler Stelle widerspricht, wo offenbar auch Strauss gewisse Probleme sieht. Für Hobbes besitzt der Mensch nun mal kein soziales Wesen. Damit aber schließt Hobbes an die epikureische Tradition an. Er teilt mit dieser nicht nur die Einschätzung des Menschen als unpolitischem bzw. asozialem Wesen, sondern auch die Gleichsetzung des Guten mit dem Angenehmen. Indem er das Angenehme zum Guten erklärt, verleiht er dem unpolitischen Wesen des Menschen einen politischen Sinn.

> Hobbes „versucht", so Strauss, „der hedonistischen Tradition den Geist des politischen Idealismus einzuflößen. Auf diese Weise wurde er der Schöpfer des politischen Hedonismus, einer Lehre, die das menschliche Leben überall in einem von keiner anderen Lehre auch nur annähernd erreichten Ausmaß revolutionierte."[37]

In der klassischen Tradition stellt das Gute den obersten politischen Orientierungspunkt dar, so die Sonne des Guten bei Platon. Das Gute wird in der jüdisch-christlichen Tradition in Gott aufgehoben, der dem Menschen seine Rollen im Leben anweist, die er nicht zu verändern, sondern die er nur auszufüllen hat. Doch die Moderne hat wie der Liberalismus seine religiösen Wurzeln längst vergessen.

> Modernes Denken erreicht seinen Höhepunkt, schreibt Strauss, sein höchstes Selbstbewusstsein, in seinem radikalsten Historizismus, z.B., indem es den Begriff der Ewigkeit zur Vergessenheit verdammt. Denn Ewigkeitsvergessenheit, oder in anderen Worten, Entfremdung von den tiefsten menschlichen Wünschen und damit verbunden von seinen primären Fragen ist der Preis, den der moderne Mensch von Anfang an für den Versuch zu zahlen hat, absolut souverän zu sein, Herr und Eigentümer der Natur zu werden, das Schicksal zu erobern.[38]

Nun avanciert das Leben überhaupt, bzw. das, was die Leute darunter verstehen, das angenehme Leben zum höchsten politischen Prinzip. Dieser Hedonismus wird für Strauss zum Kennzeichen des gesamten Liberalismus. Bei John Locke gerät der Besitz zum entsprechenden hedonistischen Orientierungspunkt. Das richtige Leben stellt für diesen das vernünftige dar, dessen Schmerz vom Schmerz befrei-

36 *Strauss* 2001, S. 225.
37 *Strauss* 1977, S. 174.
38 *Strauss* 1959, S. 55 (eigene Übersetzung).

en soll, wie bei Hobbes, wo die Angst von der Angst befreien soll. Auch bei Hegel gelangt man durch Arbeit zu einem angenehmen Leben, das sich derart negativ gegenüber der Natur verhält.

> Der Weg zum Glück ist eine Wegbewegung vom Naturzustand, eine Bewegung weg von der Natur: die Verneinung der Natur ist der Weg zum Glück. [...] Die schmerzvolle Befreiung vom Schmerz gipfelt nicht so sehr in den höchsten Lustgefühlen als ‚im Besitz der Dinge, welche die größte Lust erzeugen'. Das Leben ist das freudlose Suchen nach Freude.[39]

Wenn sich das Individuum nicht mehr als untergeordneten Teil einer höheren Gemeinschaft versteht, der Gott den Weg zum Guten vorschreibt, woher soll das Individuum eine Vorstellung vom Guten entwickeln? Nur durch sich selbst, durch das eigene Überleben und durch das, was ihm angenehm ist, durch seine Lust, mehr noch durch die Vermeidung von Leiden, Angst und Schmerz, selbst wenn dazu Schmerz und Ängste nötig erscheinen. Der individualistisch orientierte Liberalismus stützt sich derart auf einen Hedonismus, den er ins Politische wendet. Hobbes als Begründer des politischen Hedonismus entzieht sich in dieser Perspektive den gängigen autoritären konservativen Theorien, was Strauss einsieht, Schmitt weniger. So interpretiert denn auch Rawls den Leviathan nicht als autoritäre Anweisung, sondern als Versuch, nachdenkliche Bürger zu überzeugen:

> Ich glaube, <Hobbes> wollte ein überzeugendes philosophisches Argument vorbringen, aus dem sich ergibt, dass ein starker und durchsetzungsfähiger Souverän mit allen Machtbefugnissen, die einem Souverän nach Hobbes zustehen, das einzige Gegenmittel gegen das große Übel des Bürgerkriegs ist, das alle Personen verhüten wollen müssen, da es ihren Grundinteressen zuwiderläuft. Hobbes möchte uns davon überzeugen, dass die Existenz eines solchen Souveräns die einzige Möglichkeit darstellt, zu bürgerlichem Frieden zu gelangen.[40]

5. DIE FRAGE NACH DEM RICHTIGEN LEBEN ODER DIE AUTORITÄT DES SOUVERÄNS

Entzieht sich Hobbes in liberaler Perspektive den konservativen Avancen? Ist Hobbes höchstens derjenige von den liberalen Denkern, den Vertreter des politischen Konservativismus noch am ehesten goutieren? Schließlich greift Leo Strauss primär auf die klassische antike Philosophie, besonders von Platon, aber auch von Aristoteles zurück, die nicht nur die Frage nach dem Guten, sondern auch nach dem richtigen Leben stellt. Aber führen die liberalen Denker nicht vor, dass sich diese Fragen nur vor dem Hintergrund eines Weltbildes beantworten lassen, dass das Gute wie das Richtige nur relative Begriffe sind! Doch dem hält Strauss entgegen:

> Alles politische Handeln zielt entweder auf Erhalt oder auf Änderung. Wenn wir den Erhalt wünschen, möchten wir eine Veränderung zum Schlechteren verhindern; wenn wir den

39 *Strauss* 1977, S. 262.
40 *Rawls* 2008, S. 70.

> Wechsel wünschen, möchten wir etwas Besseres hervorbringen. Jedes politische Handeln wird von derartigen Gedanken des Besser und des Schlechter geleitet. Aber Denken von Besser und Schlechter setzt Denken des Guten voraus. [...] Alles politische Handeln richtet sich daher auf ein Wissen vom Guten aus: vom guten Leben oder von der guten Gesellschaft. Denn die gute Gesellschaft ist das vollständige politische Gute.[41]

Das Politische kann also auf die Frage nach dem Guten nicht verzichten. Im anderen Fall verliert sich das Politische selbst, geht es nur noch um das Private oder das Ökonomische, löst sich aber dann auch das soziale Band auf, eine Gefahr, die ja Hannah Arendt im Liberalismus ebenfalls sieht.

Aber gelangt man denn in der politischen Auseinandersetzung wirklich zu Gemeinsamkeiten? Setzt sich in der Demokratie nicht bloß eine zufällige Mehrheit durch, was ihr schon Rousseau mit seinem Begriff des Willens aller vorwarf, wenn zwischen unterschiedlichen Interessen gerade mal eine gemeinsame Schnittmenge gesucht wird, anstatt sich wirklich um das Richtige zu bemühen? Hat Nietzsche mit seiner Diagnose, dass Gott tot ist, dass es also keine gemeinsamen obersten Werte mehr gibt, nicht Recht!

Gerade dem hält Leo Strauss entgegen:

> Man kann sagen [...], dass die Bibel und griechische Philosophie übereinstimmen hinsichtlich dessen was wir Moral nennen dürfen und was wir in der Tat so nennen. Sie stimmen überein (. .) hinsichtlich der Bedeutung der Moral, ihrer Inhalte und ihres letztlichen Mangels. [...] Es ist für Aristoteles wie für Moses offensichtlich, dass Mord, Diebstahl, Ehebruch etc. unbedingt schlecht sind. Griechische Philosophie und die Bibel stimmen insoweit überein, dass der richtige Rahmen der Moral die patriarchalische Familie ist, die monogam ist oder dazu tendiert und die die Zelle der Gesellschaft formt, in der die freien erwachsenen Männer, und besonders die alten, vorherrschen. Was immer die Bibel und die Philosophie uns über die Vornehmheit gewisser Frauen erzählen mag, im Prinzip beruht beides auf der Dominanz des männlichen Geschlechts.[42]

Es gibt also durchaus eine ethische Gemeinsamkeit zwischen dem Judentum, dem Katholizismus und der klassischen griechischen Philosophie, deren Wirkungen bis zu Machiavelli reichen. Es gibt in der antiken und jüdisch-christlichen Tradition, der Strauss auch den Islam zurechnet, gemeinsame oberste ethische Werte, man kann von dieser Position aus Nietzsches These vom Tode Gottes also durchaus widersprechen.

Wenn Leo Strauss auf diese Traditionslinie seinen Konservativismus gründet, stellt sich natürlich die Frage, ob auch Carl Schmitt aus einem ähnlichen Horizont denkt. Das liegt nahe, wenn er schreibt:

> Zum Politischen gehört die Idee, weil es keine Politik gibt ohne Autorität und keine Autorität ohne ein Ethos der Überzeugung.[43]

41 *Strauss* 1959, S. 10 (eigene Übersetzung).
42 *Strauss* 1997, S. 105 (eigene Übersetzung).
43 *Schmitt* 1984, S. 28.

Auch Leo Strauss attestiert Carl Schmitt, dass die Frage nach dem Richtigen eine zentrale Rolle in dessen Begriff des Politischen spielt:

> „Verzichtet der Mensch auf" die Frage nach dem Richtigen, so Strauss, „so verzichtet er darauf, ein Mensch zu sein. Stellt er aber die Frage nach dem Richtigen im Ernst, so entbrennt angesichts ‚der unentwirrbaren Problematik' dieser Frage der Streit, der Streit auf Leben und Tod: im Ernst der Frage nach dem Richtigen hat das Politische – die Freund-Feind-Gruppierung der Menschheit – seinen Rechtsgrund."[44]

Auch für Strauss führt die Frage nach dem Richtigen in eine klare Trennung zwischen Freunden und Feinden, wie sie gerade von den neokonservativen Republikanern in den USA auch lebhaft vorgeführt wird, die die Auseinandersetzung mit den Demokraten und Liberalen mit äußerster ideologischer Schärfe und politischer Härte führen. Begegnen sich also die beiden Positionen von Strauss und Schmitt just dort, wo die Frage nach dem Richtigen die Freunde von den Feinden scheidet?

Das bestätigt Schmitt indirekt, wenn er ähnlich wie Leo Strauss nicht nur Max Webers Wissenschaftsverständnis mit seiner Orientierung an deskriptiven Urteilen, sondern dessen Forderung kritisiert, dass auch in der Politik die Sachlichkeit eine handlungsleitende Rolle spielen soll.

> Denn „Max Weber", so Schmitt, „hat in seiner Schrift ‚Parlament und Regierung im neugeordneten Deutschland' (1918) ausgeführt, dass der Staat soziologisch nur noch ein großer Betrieb ist und heute ein wirtschaftlicher Verwaltungsapparat, eine Fabrik und der Staat nicht mehr wesensverschieden sind. Hieraus zog Kelsen in einer Abhandlung über ‚Wesen und Wert der Demokratie' (1921) voreilig den Schluß: ‚Darum ist ja auch das Organisationsproblem in beiden Fällen grundsätzlich das gleiche und Demokratie nicht nur eine Frage des Staates, sondern auch der wirtschaftlichen Betriebe'. Eine politische Organisationsform hört aber auf politisch zu sein, wenn sie, wie die moderne Wirtschaft, auf privatrechtlicher Basis aufgebaut wird."[45]

Die Webersche Trennung von deskriptiven und normativen Urteilen ist auch Leo Strauss ein Dorn im Auge. Er trifft sich dabei indes nicht nur mit Eric Voegelin, sondern natürlich auch mit vielen Neomarxisten, die wie Strauss eine Tyrannis als solche auch bewerten möchten.

> „Es ist kein Zufall", beklagt sich Strauss, „dass die heutige politische Wissenschaft nicht begriffen hat, was Tyrannis eigentlich ist. Unsere politische Wissenschaft ist von dem Gedanken geradezu besessen, dass Wissenschaftlichkeit Werturteile ausschließt. Ein Regime jedoch als tyrannisch zu charakterisieren, bedeutet: ein Werturteil fällen. Der politische Wissenschaftler, der sich der Wertfreiheit verschrieben hat, wird von Massenstaat, Diktatur, Totalitarismus, autoritärem Staat und so weiter sprechen. Als Staatsbürger mag er sogar ein tyranni-

44 *Strauss* 2001, S. 235.
45 *Schmitt* 1991, S. 33.

sches Regime von ganzem Herzen ablehnen. Als politischer Wissenschaftler jedoch muß er den Begriff der Tyrannis als ‚Mythos' abtun."[46]

Der Liberalismus treibt das Politische, den Ernst aus dem sozialen Leben aus – so Schmitt. Für Strauss stellt er nicht mehr die Frage nach dem richtigen und guten Leben. Der Einzige aus dem Lager der Modernen oder Liberalen, den beide schätzen, ist trotzdem Hobbes. Indes beginnt sich hier die Differenz zwischen Strauss und Schmitt abzuzeichnen. Nach Strauss stellt auch Hobbes nicht nur die Frage nach dem richtigen Leben. Er gab darauf auch eine für Strauss jedenfalls teilweise akzeptable Antwort, wenn er von der Gefährlichkeit des Menschen auf dessen Herrschaftsbedürftigkeit schloss.

> Hobbes aber philosophierte in dem fruchtbaren Augenblick, erläutert Strauss, da die aus der Antike stammende Tradition [...] ins Wanken geraten war und sich noch nicht eine Tradition der modernen Naturwissenschaft gebildet und verfestigt hatte. In diesem Augenblick hat er, und nur er, die fundamentale Frage nach dem richtigen Leben des Menschen und nach der richtigen Ordnung des menschlichen Zusammenlebens gestellt. Dieser Augenblick ist für die ganze folgende Zeit entscheidend geworden: in ihm ist das Fundament gelegt worden, auf dem die neue Entwicklung der politischen Wissenschaft ganz und gar beruht, und von dem aus das moderne Denken allein radikal verstanden werden kann.[47]

Aus der Herrschaftsbedürftigkeit folgen nicht die Freiheiten, auch nicht die Relativierung der ethischen Normen, sondern gerade deren Aufrechterhaltung, somit die Pflichten des Menschen, die sich aus der Tradition ergeben. In dieser Hinsicht stellt der hobbesische Souverän nach Strauss durchaus die Frage nach dem richtigen Leben und muss sie ja auch mit seinen Bürgern nicht diskutieren.

Würde dem Carl Schmitt nicht zustimmen? Doch so einfach stellt sich für ihn die Sachlage nicht dar. Während Strauss Herrschaftsbedürftigkeit und Lebensschutz durchaus in einen Zusammenhang bringt, wiewohl nicht in einen, den der einzelne Bürger definieren dürfe, so geht es Schmitt in seiner Hobbes-Rezeption nicht um den Lebensschutz, sondern um die Stabilität der richtigen Ordnung.

> Klarer als alle Andern hat Hobbes [...] betont, so Schmitt, dass die Souveränität des Rechts nur die Souveränität der Menschen bedeutet, die das Recht setzen und anwenden, dass die Herrschaft einer ‚höheren Ordnung' eine leere Phrase ist, wenn sie nicht den politischen Sinn hat, dass bestimmte Menschen auf Grund dieser höheren Ordnung über Menschen einer ‚niederen Ordnung' herrschen wollen.[48]

Schmitt geht es also nicht darum, dass Herrschaft im Dienst der Beherrschten eine Legitimation erfährt, sondern dass Menschen aufgrund einer vorgegebenen Ordnung über andere Menschen herrschen, die ihrerseits nur Beherrschte und in keiner Weise Beteiligte an dieser Herrschaft sind.

46 *Strauss* 1963, S. 34.
47 *Strauss* 2001a, S. 17.
48 *Schmitt* 2005, S. 213.

Daraus folgert Schmitt denn auch seine berühmte Definition: „Souverän ist, wer über den Ausnahmezustand entscheidet."[49] Ihn scheut dabei auch nicht der damit implizit verbundene Zirkel, dass wer die Macht hat, nun mal die Macht hat, dass die Macht allemal keinen Zweck wie bei Hobbes im Lebensschutz der Beherrschten findet. Nicht ein solcher Zweck legitimiert das Gesetz, sondern allein der Machthaber, der über andere Menschen herrscht. Er sucht somit auch nicht nach dem Guten oder dem richtigen Leben, über das sich die Herrscher wie noch in der klassischen Philosophie nach Strauss primär Gedanken machen. Schmitt beruft sich auf Hobbes mit dem berühmten Satz: „Auctoritas, non veritas facit legem."[50] Doch für Hobbes bedeutet das nur, dass das Gesetz vom Souverän garantiert wird, um das Leben der Bürger zu schützen und dass es dort auch seine Grenze findet, nicht in der Autorität als solcher.

6. CARL SCHMITTS LIBERALISMUS MIT UMGEKEHRTEN VORZEICHEN

Damit stellt sich die Frage, ob Strauss hier näher bei Schmitt oder bei Hobbes anzusiedeln ist. Auch für Strauss kennzeichnet die gute Polis, dass die Politik über die Bürger herrscht, allerdings kann auch sie ähnlich wie Hobbes dafür einen Zweck angeben. Dieser lautet zwar nicht schlichte Lebenssicherung, aber die Bemühung um gutes und richtiges Leben, die sich philosophisch säkular ausrichtet, aber dabei die religiöse Tradition nicht verwirft. Lassen sich auch bei Schmitt vergleichbare Orientierungen der Macht finden? Schmitt antwortet darauf mit einem ebenfalls berühmten, doch sehr sybillinischen Satz:

> Alle prägnanten Begriffe der modernen Staatslehre sind säkularisierte theologische Begriffe.[51]

Besitzt also auch für Schmitt die Herrschaft eine traditionelle ethische Herkunft? Oder hat sie diese gerade dadurch eingebüßt, dass sich ihre Begriffe säkularisierten? Oder behalten Schmitts politische Begriffe durch diese theologische Herkunft eine deutliche Bestimmung, die letztlich doch in die Frage nach dem Guten führt, also in die klassische Tradition einkehrt? Dann müssten die Begriffe einerseits reflektiert sein, andererseits just dadurch aber zu ethischen wie epistemologischen Bestimmungen gelangen. Wo steht Schmitt für Strauss? In der klassischen Tradition oder in der modernen, die sich spätestens im 17. Jahrhundert konsolidiert?

> Zu jener Zeit wich die vernünftige Elastizität der klassischen politischen Philosophie der fanatischen Starrheit. Der politische Philosoph konnte vom Parteigänger immer weniger unterschieden werden.[52]

Besitzt Schmitt diese vernünftige Elastizität oder stellt er einen Parteigänger dar?

49 *Schmitt* 1979, S. 11.
50 *Schmitt* 1979, S. 54.
51 *Schmitt* 1979, S. 49.
52 *Strauss* 1977, S. 199.

Um das zu beurteilen, stützt sich Strauss auf eine Feststellung Schmitts,

> dass ‚alle Begriffe der geistigen Sphäre [...] nur aus der konkreten politischen Existenz heraus zu verstehen sind', und dass ‚alle politischen Begriffe, Vorstellungen und Worte einen *polemischen* Sinn' haben.[53]

Wenn der letzte Grund der Gesetze die Autorität und nicht die Wahrheit ist, dann haben die Gesetze nun mal keinen Halt in der Wahrheit, schon gar nicht im Guten. Vielmehr haben sie dann einen metaphorischen oder eben einen polemischen Charakter, aber keinen begründeten, eignet ihnen ein Moment der Willkürlichkeit, eben des Dezisionismus. Der Herrscher entscheidet über die Gesetze, doch dabei kann er sich letztlich auf nichts Anderes als auf seinen eigenen Willen berufen, nicht auf die Tradition und nicht auf die Wahrheit, wie der Gott im Dunkel verschwimmt und nicht im hellen Licht von Wahrheit und Gutem erstrahlt. Schmitt vertritt eine Art kierkegaardianischen Katholizismus, der sich nicht auf die Tradition, sondern auf die Absurdität beruft, in den man sich nicht mehr gemäß aristotelischer Tugendlehre einübt, sondern für den man sich just ob seiner Absurdität entscheidet.

Doch auch Strauss bemerkt, dass Schmitt sich damit nicht zufrieden geben will, wenn

> er die Ordnung der menschlichen Dinge von einem ‚*integren* Wissen' erwartet. Denn ein integres Wissen ist niemals, es sei denn zufälligerweise, polemisch; und ein integres Wissen ist nicht ‚aus der konkreten politischen Existenz heraus', aus der Situation des Zeitalters, sondern nur vermittelst des Rückgangs auf den Ursprung, auf die ‚unversehrte, nicht korrupte Natur' zu gewinnen.[54]

Just an dieser Stelle geraten Strauss und Schmitt in einen Gegensatz. Für Strauss bestimmt sich die Frage nach dem guten und richtigen Leben durch vernünftige Reflexion und im Rückgang auf die abendländisch klassische und jüdisch-christliche Tradition, die auf diese Frage einerseits mit konkreten Normen antwortet und andererseits deren Umsetzung in die Realität diskutiert. Für Schmitt ergibt sich das integre Wissen aus der historischen Situation, aus der realen Existenz. Er will sich zwar mit dem liberalen Relativismus nicht zufrieden geben, ahnt aber davon, dass sich politische Entscheidungen nicht letztlich begründen lassen, sondern eben entschieden werden müssen.

So diagnostiziert Strauss, dass es Schmitt just mit seinem Rückgang auf Hobbes misslingt, sich der liberalen Voraussetzungen zu entschlagen. Denn seine Rede vom integren Wissen geht von der liberalen Voraussetzung aus, dass es letztlich das wirklich wahre und gute Wissen nicht gibt, bzw. dieses sich höchstens aus der existentiellen Situation ableiten lässt, somit historisch relativ und kulturvariant wird. Zwar hält Strauss Schmitts Interpretation des Naturzustandes für rea-

53 *Strauss* 2001, S. 238 (Hervorhebungen im Original).
54 *Strauss* 2001, S. 238 (Hervorhebungen im Original).

litätsnäher als diejenige von Hobbes, doch gerade damit verfehlt Schmitt auch den Sinn des hobbesischen Naturzustandes:

> „Diesem Prinzip“, dass geistige Begriffe nur einen historisch existentiellen Sinn haben, so Strauss, „das selbst ganz und gar an liberale Voraussetzungen gebunden ist, handelt Schmitt in concreto zuwider, indem er Hobbes' polemischen Begriff des Naturzustandes seinen unpolemischen Begriff des Naturzustandes entgegensetzt.“[55]

Hobbes Naturzustand ist hypothetisch und nicht realistisch gemeint und just ob dieses hypothetischen Charakters kann Hobbes damit die Frage nach dem richtigen Leben stellen, wiewohl er diese letztlich hedonistisch beantwortet. Schmitt schafft indes einen Ernst, der dem Ernst der realen Lage gar nicht gerecht wird, vielmehr den liberalen Voraussetzungen nicht zu entgehen vermag.

So fällt Strauss ein Verdikt über Schmitt, dass diesen genau dorthin bringt, wohin er nicht geraten möchte:

> Damit soll nicht bestritten werden, dass die Polemik gegen den Liberalismus oft genug das letzte Wort Schmitts zu sein scheint, dass er sich oft genug in die Polemik gegen den Liberalismus verstrickt und er so von seiner eigentlichen Absicht abgedrängt, auf der vom Liberalismus abgesteckten Ebene festgehalten wird.[56]

In der Tat verknüpft Strauss damit zwei politische Strömungen miteinander, nämlich den autoritären, faschistisch, zumindest korporativistisch orientierten Konservativismus, der sich eigentlich auf einen Nationalismus reduziert, mit dem Liberalismus, stehen diese beiden Richtungen sich ansonsten besonders feindlich gegenüber, wenn man mal vom national gesinnten Liberalismus des 19. Jahrhunderts absieht.

Damit entwickelt Strauss eine ähnliche Argumentationsfigur wie Eric Voegelin, der den Liberalismus als spätes Produkt einer weltablehnenden gnostischen Neigung der Kulturentwicklung versteht, die sich über den Liberalismus hinaus im Faschismus und im Kommunismus nur weiter verschärft.[57] Bei Voegelin verschiebt sich indes 1951 der Liberalismusvorwurf in einen Faschismusvorwurf, wobei man freilich daran erinnern darf, dass im 20. Jahrhundert der Faschismusvorwurf von so ziemlich allen politischen Strömungen gegenüber ihren jeweiligen Feinden erhoben wurde.

Umgekehrt gilt das auch noch für den Liberalismusvorwurf, besonders 1932, als der Faschismusvorwurf noch längst nicht mit dem Gewicht des Holocaust belastet war. Und Strauss geht es in seinen *Anmerkungen zu Carl Schmitt, Der Begriff des Politischen* just nicht darum, den Liberalismus in die Nähe des Faschismus zu rücken. Strauss rückt einen Vordenker der konservativen Revolution umgekehrt in die Nähe des Liberalismus.

55 *Strauss* 2001, S. 238.
56 *Strauss* 2001, S. 237.
57 *Voegelin* 1991, S. 247.

> Wer das Politische als solches bejaht, so Strauss über Schmitt, der respektiert alle, die kämpfen wollen; er ist genau so *tolerant* wie die Liberalen – nur in entgegengesetzter Absicht: während der Liberale alle ‚*ehrlichen*' Überzeugungen respektiert und toleriert, wofern sie nur die gesetzliche Ordnung, den *Frieden* als sakrosankt anerkennen, respektiert und toleriert, wer das Politische als solches bejaht, alle ‚*ernsten*' Überzeugungen, d.h. alle auf die reale Möglichkeit des *Krieges* ausgerichteten Entscheidungen. So erweist sich die Bejahung des Politischen als solchen als ein Liberalismus mit umgekehrtem Vorzeichen.[58]

Schmitt entscheidet sich nur für andere Werte als der Liberalismus, die er genauso wenig wie dieser zu begründen versucht. Entschlossen hält er am Ernst der Politik und an der Integrität des Wissens fest, ohne aber die Frage nach dem wahren, guten und richtigen Leben noch ernsthaft zu diskutieren. Was er über den Liberalismus äußert, das fällt nach Strauss auf ihn selbst zurück:

> Es ist notwendig, den Liberalismus als konsequentes, umfassendes, metaphysisches System zu sehen. Gewöhnlich erörtert man nur die ökonomische Schlussfolgerung, dass aus der freien wirtschaftlichen Konkurrenz privater Individuen, aus Vertragsfreiheit, Handelsfreiheit, Gewerbefreiheit die soziale Harmonie der Interessen und der größtmögliche Reichtum sich von selbst ergeben. Alles dieses ist aber nur ein Anwendungsfall des allgemeinen liberalen Prinzips. Es ist durchaus dasselbe, dass aus dem freien Kampf der Meinungen die Wahrheit entsteht als die aus dem Wettbewerb von selbst sich ergebende Harmonie. Hier liegt auch der geistige Kern dieses Denkens überhaupt, sein spezifisches Verhältnis zur Wahrheit, die zu einer bloßen Funktion eines ewigen Wettbewerbs der Meinungen wird. Der Wahrheit gegenüber bedeutet es den Verzicht auf ein definitives Resultat.[59]

Mit seiner Kritik will Strauss Schmitt allerdings weniger in die Nähe von Hobbes rücken, als Ähnlichkeiten zwischen Schmitt und dem späteren Liberalismus aufzeigen. In der Tat fragt sich, ob der Liberalismus damit zu einem reinen Dezisionismus verfällt, kann er schließlich oberste ethische Werte und Normen nicht absolut begründen, bleiben diese doch in einem gewissen Maße relativ. Dem würde Rawls entgegnen:

> Bei ‚Physikern' gibt es keine institutionelle Körperschaft mit der Autorität zu verkünden, dass etwa die allgemeine Relativitätstheorie richtig oder unrichtig sei. Was die politische Gerechtigkeit in einer Demokratie betrifft, besteht in dieser Hinsicht eine Ähnlichkeit zwischen der Gesamtheit der Bürger und der Gesamtheit der Physiker. Dieses Faktum ist ein charakteristisches Merkmal der modernen demokratischen Welt und wurzelt in ihren Vorstellungen von politischer Freiheit und Gleichheit.[60]

Insofern treten Liberalismus und Dezionismus zumindest relativ auseinander. Sie kommen beide nicht zu letzten Gründen, der Liberalismus akzeptiert das, der Dezisionismus überlässt die letzte Entscheidung einer Autorität. Aber gelangt denn Leo Strauss wirklich zu absolut begründeten Werten und Normen?

58 *Strauss* 2001, S. 236 (Hervorhebungen im Original).
59 *Schmitt* 1991, S. 45.
60 *Rawls* 2008, S. 27.

7. DIE MACHT UND DIE FRAGE NACH DEM RICHTIGEN LEBEN

Leo Strauss ist sich nämlich durchaus bewusst, dass es keine einfache Rückkehr zur klassischen antiken Philosophie mehr gibt. Man kann zwar das richtige Leben ernsthaft diskutieren, darf die Frage auf jeden Fall nicht aufgeben. Trotzdem kann man sich mit den Antworten der klassischen Philosophie sowenig wie mit denen der Theologie zufrieden geben. Was muss man indes berücksichtigen, wenn man grundsätzlich die klassischen Fragestellungen immer noch für sinnvoll und die liberalen für verfehlt hält? Strauss gibt eine überraschende Antwort:

> Wir sagten [...], Schmitt unternehme in einer liberalen Welt die Kritik des Liberalismus; und wir meinten damit: seine Kritik des Liberalismus vollziehe sich im Horizont des Liberalismus; seine illiberale Tendenz werde aufgehalten durch die bisher noch nicht überwundene ‚Systematik liberalen Denkens'. Die von Schmitt eingeleitete Kritik am Liberalismus kann daher nur dann zur Vollendung kommen, wenn es gelingt, einen Horizont jenseits des Liberalismus zu gewinnen. In einem solchen Horizont hat Hobbes die Grundlegung des Liberalismus vollzogen. Eine radikale Kritik am Liberalismus ist also nur möglich auf Grund eines angemessenen Hobbes-Verständnisses.[61]

Strauss möchte also durchaus die Liberalismus-Kritik von Schmitt fortsetzen, ja in gewisser Hinsicht vollenden, indem er zum Ursprung des Liberalismus zurückkehrt, als Hobbes ihn aus einem Fundament jenseits des Liberalismus ableitete, nämlich aus der boshaften und herrschaftsbedürftigen Natur des Menschen, eben just aus dem, was der Liberalismus später dementieren wird, wenn Locke die Macht des Staates begrenzen möchte und Rousseau den Naturmensch nicht als bösartig betrachtet. So sieht Strauss bei Hobbes folgenden Anknüpfungspunkt für eine vollendete Liberalismus-Kritik:

> Erstmals in Hobbes' politischer Doktrin wird die Macht *eo nomine* zu einem Zentralthema. In Anbetracht der Tatsache, dass nach Hobbes die Wissenschaft um der Macht willen existiert, kann man Hobbes' gesamte Philosophie als die erste Machtphilosophie bezeichnen.[62]

Hobbes trägt damit einen Gedanken zur politischen Philosophie bei, den das klassische Denken noch nicht hinlänglich beachtet, weil es den Menschen gemeinhin als soziales Wesen definiert. Doch wenn das vor dem Hintergrund der historischen Erfahrung nicht mehr möglich ist, dann stellt sich die Frage der Macht, d.h. wozu Macht dient, wohin sie führt, wie sie entsteht und vergeht.

Dabei unterscheidet Strauss zwei Aspekte:

> ‚Macht' ist ein zweideutiger Ausdruck. Er bedeutet *potentia* auf der einen und *potestas* (oder *jus*, *dominium*) auf der anderen Seite. Er bedeutet sowohl ‚physische' Macht als auch ‚rechtliche' Macht. Die Doppeldeutigkeit ist wesentlich: nur wenn *potentia* und *potestas* wesentlich

61 *Strauss* 2001, S. 238.
62 *Strauss* 1977, S. 202 (Hervorhebungen im Original).

zusammengehören, kann es eine Garantie für die Verwirklichung der rechten Gesellschaftsordnung geben.[63]

Mit Hobbes hält Strauss damit an der Fragestellung der klassischen politischen Philosophie fest, die der Liberalismus wie Carl Schmitt letztlich beide offen lassen. Allerdings wandelt sich die Fragestellung bei Strauss durch die hobbesische Konstruktion hindurch, so dass nun die Frage der Macht in den Vordergrund tritt.

Damit bleibt zwar die Parallele zu Schmitt erhalten, dass Macht zur Durchsetzung des Rechts vonnöten ist, doch stellt sich für Strauss die Frage der Legitimität, also ob die Macht das Recht nicht nur setzt, sondern selber rechtlichen Charakter besitzt.

„Der Staat ist als solcher", schreibt Strauss weiter, „sowohl die größte menschliche Macht als auch die höchste menschliche Autorität. Gesetzliche Macht ist unwiderstehliche Gewalt. Die notwendige Koinzidenz der größten menschlichen Gewalt mit der höchsten menschlichen Autorität entspricht genau der notwendigen Koinzidenz der mächtigsten Leidenschaft (Furcht vor dem gewaltsamen Tod) mit dem geheiligtsten Recht (Recht auf Selbsterhaltung)."[64]

Die Konsequenzen, die Strauss daraus zieht, sind indes andere als jene, die von Hobbes in den Liberalismus führen. Das hängt damit zusammen, dass er die Hoffnungen, die Hobbes in den *Leviathan* setzt, nicht zu teilen vermag. Die Realität, ob im 17. oder im 20. Jahrhundert, führt solchen Optimismus doch ad absurdum.

Was Hobbes „von der politischen Philosophie erwartet, ist unvergleichlich mehr, als was die klassischen Denker erwarteten. Kein scipionischer, durch eine wahre Vision vom Ganzen erleuchteter Traum erinnert seine Leser an die letztliche Vergeblichkeit alles dessen, was der Mensch tun kann. Von einer so verstandenen politischen Philosophie kann man in der Tat sagen, dass Hobbes ihr Begründer ist."[65]

Dabei insistiert Strauss darauf, dass Hobbes allem Anschein zum Trotz die politische Wissenschaft nicht als Naturwissenschaft begründete, dass sich beide sowohl methodisch als auch sachlich voneinander unterscheiden. Ja, die politische Wissenschaft sieht Hobbes von der Naturwissenschaft als wesentlich unabhängig und nicht nur das. Der vermutlich reflektierteste politische Philosoph des 20. Jahrhunderts, der daher auch dessen bedeutendster genannt werden darf, sieht nicht nur die politische Philosophie in der antik klassischen Periode gegenüber der Philosophie als vorhergehend an. Letztlich gründet für Strauss im Anschluss an Hobbes der gesamte Bereich der Geistes- und Sozialwissenschaften in der politischen Wissenschaft.

Denn „die politische Wissenschaft", so Strauss, „ist nun aber nach Hobbes' Behauptung nicht nur unabhängig von der Naturwissenschaft, sondern sie ist der eine Hauptteil des Ganzen des menschlichen Wissens, dessen anderer Hauptteil die Naturwissenschaft ist: das Ganze des

63 *Strauss* 1977, S. 202 (Hervorhebungen im Original).
64 *Strauss* 1977, S. 202.
65 *Strauss* 1977, S. 184.

> Wissens gliedert sich in die Naturwissenschaft einerseits, die politische Wissenschaft andererseits."[66]

Im Anschluss an Marx und Max Weber wandeln sich politische Philosophie und Wissenschaft in Technologien der gesellschaftlichen und politischen Organisation. Man muss sich nicht wundern, wenn sie sich dabei immer stärker an den Naturwissenschaften orientieren. Just darüber gelangt auch Carl Schmitt mit seinem Dezisionismus nicht hinaus, sondern reduziert dieser sich auf eine Technik der Herrschaft.

Mag heute einerseits der Pragmatismus vorherrschen und die Fragen nach dem richtigen Leben verdrängen. Andererseits hat sich in den letzten Jahrzehnten eine lebhafte ethische Debatte entwickelt, die keineswegs nur in eine jüdisch-christliche Prämoderne zurückkehren möchte. Wiewohl diese Leo Strauss wohl am nächsten stünde, so lässt sich doch fragen, ob sich die ethischen Werte einer multikulturellen Gesellschaft eher mit einer naturwissenschaftlich orientierten Technologie des Politischen und Sozialen als mit dem verbinden lassen, was Leo Strauss in *What is political philosophy?* programmatisch formuliert:

> Wird diese Ausrichtung explizit, erheben die Menschen es zu ihrem expliziten Ziel, Wissen um das gute Leben und die gute Gesellschaft zu erwerben, entsteht die politische Philosophie. [...] Das Thema der politischen Philosophie sind die großen Ziele der Menschheit, Freiheit und Regierung oder Herrschaft, Themen die fähig sind, alle Menschen aus ihrem ärmlichen Selbst zu erheben. Politische Philosophie ist der Zweig der Philosophie, der dem politischen Leben, dem nicht-philosophischen Leben, dem menschlichen Leben am nächsten steht.[67]

Ist das dann eigentlich noch konservativ? Oder ließe sich das partizipatorisch, multikulturell, gar individualistisch umdeuten?

66 *Strauss* 2001a, S. 20.
67 *Strauss* 1959, S. 10 (eigene Übersetzung).

LITERATUR

Hobbes, Thomas, 1984: Leviathan (1651), Frankfurt a.M.

MacIntyre, Alasdair, 1995: Verlust der Tugend – Zur moralischen Krise der Gegenwart (1981), Frankfurt a.M.

Rawls, John, 2008: Geschichte der politischen Philosophie (2007), Frankfurt a.M.

Rousseau, Jean-Jacques, 1971: Diskurs über den Ursprung der Ungleichheit unter den Menschen (1755); in: ders., Schriften zur Kulturkritik, Hamburg.

Schmitt, Carl, 1979: Politische Theologie – Vier Kapitel zur Lehre von der Souveränität, (1922) 3. Aufl. Berlin.

Schmitt, Carl, 1984: Römischer Katholizismus und politische Form (1923), Stuttgart.

Schmitt, Carl, 1991: Die geistesgeschichtliche Lage des heutigen Parlamentarismus (1923), 7. Aufl. Berlin.

Schmitt, Carl, 2005: Begriff des Politischen (1927), in: ders., Frieden oder Pazifismus? Arbeiten zum Völkerrecht und zur internationalen Politik 1924–1978, Berlin, S. 212ff.

Strauss, Leo, 1959: What is Political Philosophy and other studies, New York/London.

Strauss, Leo, 1963: Über Tyrannis – Eine Interpretation von Xenophons ‚Hieron' (1948), Neuwied/Berlin.

Strauss, Leo, 1977: Naturrecht und Geschichte (1953), Frankfurt a.M.

Strauss, Leo, 1997: Progress or Return? (1952); in: ders., Jewish Philosophy and the Crisis of Modernity – Essays and Lectures in Modern Jewish Thought, Albany 1997, S. 105.

Strauss, Leo, 2001: Anmerkungen zu Carl Schmitt, Der Begriff des Politischen (1932), in: Gesammelte Schriften Bd. 3, Stuttgart/Weimar.

Strauss, Leo, 2001a: Hobbes' politische Wissenschaft in ihrer Genesis (1935/1965), in: Gesammelte Schriften Bd. 3, Stuttgart/Weimar.

Voegelin, Eric, 1991: Die Neue Wissenschaft der Politik – Eine Einführung, (1951), 4. Aufl. Freiburg/München.

2. TEIL

CARL SCHMITTS HOBBES-INTERPRETATION

CARL SCHMITT UND THOMAS HOBBES

Wolfgang Kersting

Alle einprägsamen Formeln des Politikverständnisses von Carl Schmitt – die über den Ausnahmezustand entscheidende Souveränität, das Heraustreten der Souveränität aus dem normativen Nichts, die als kategoriales Grundgerüst des Politischen entdeckte Opposition von Freund und Feind, das Bekenntnis zum anthropologischen Pessimismus als Gütesiegel echten politischen Denkens – all diese Formeln werden in den Schriften Carl Schmitts auf die eine oder andere Weise durch Hinweise auf die politische Philosophie Hobbes' veranschaulicht und erläutert. Im Folgenden soll untersucht werden, ob und wenn ja, in welchem Ausmaß Thomas Hobbes von Carl Schmitt als Kronzeuge für seinen politischen Existentialismus und seinen mythischen Etatismus in den Zeugenstand gerufen werden kann.

I. DEZISIONISMUS UND KONTRAKTUALISMUS

Carl Schmitt unterscheidet zwei Dezisionismusgestalten: den juristischen Dezisionismus und den politischen Dezisionismus. Sie bilden als dezisionistische Ordnungsstiftung und Rechtsprechungsdezisionismus die idealtypischen Pole politisch-rechtlichen Ordnungshandelns, das sich in Form einer befriedungspraktischen Hierarchie von der einen großen Entscheidung des sich selbst autorisierenden Souveräns, von der staatspolitischen *creation ex nihilo*, über die Verfassungsentscheidung und die legislatorische Routine bis zu den unzähligen kleinen Entscheidungen der autorisierten Rechtsanwender erstreckt. Dezisionistische Entscheidungen werden auf allen Ebenen getroffen, weil in keinem Fall das normative Entscheidungsresultat, die Ordnungsstiftung nicht, nicht deren interne Verfassung, nicht die den konstitutionellen Organisationsnormen entsprechend zustande kommenden veränderlichen Gesetze und auch nicht die sich auf sie stützende Urteilspraxis der Gerichte, vollständig aus den Antezedenzbedingungen der Entscheidung abgeleitet werden kann, die Entscheidung also stets „normativ betrachtet aus einem Nichts geboren" ist.[1] Sie gleicht darin strukturell dem aus allen kausalen Zusammenhängen herausfallenden Wunder. Und wie dieses Fremde in einer deterministischen Welt von eigener ontologischer Art ist, so besitzt auch die Entscheidung handlungstheoretische „Eigenbedeutung";[2] sie ist nicht einfach das Ende eines Deliberationsprozesses, sondern etwas kategorial Anderes. Kein rational lückenloses Kontinuum besteht zwischen der Deliberation, die entweder keine

1 *Schmitt* PTh, S. 42.
2 *Schmitt* GuU, Vorbemerkung zur 2. Aufl.

Argumente oder keine Zeit mehr hat, und der Entscheidung, durch die Handeln abrupt in die Welt tritt.

Freilich besitzt diese aus dem Schatten normativer Festlegung heraustretende, sich von allen handlungskausalen Verkettungen lösende Entscheidung im juristischen und im politischen Dezisionismus verschiedene Bedeutung. Schmitts juristischer Dezisionismus bezieht vor dem Hintergrund der zeitgenössischen Rechtsanwendungsmethodologie eine begriffsjurisprudenzkritische Position.[3] Gegenüber der Vorstellung von der richterlichen Urteilsbildung als einer quasi-anonymen syllogistischen Operation innerhalb eines logisch geschlossenen Normensystems betont der juristische Dezisionismus:

1. dass die Rechtskraft des Urteils der in Übereinstimmung mit den Organisations- und Kompetenznormen des Rechtssystems gefällten Entscheidung zukommt;
2. dass die richterliche Deliberation durch die faktische Entscheidung abgebrochen wird und dem Deliberationsresultat aufgrund der Entscheidung, also als Entscheidungsinhalt, Verbindlichkeit zukommt, und schließlich,
3. dass jedes Urteil durch die vorfindlichen Normen nur geleitet, aber nicht bestimmt wird, folglich normativ Neues schafft, das Recht fortbildet und seine Orientierungskapazität vergrößert.

Der von der Generalität der Normen und dem klassifikatorischen Charakter ihrer Ausdrücke verlangte, also semantisch verursachte Anwendungsdezisionismus bietet kein Einfallstor für Willkür und Irrationalismus, ermutigt keinen Regelskeptizismus, der die Präjudizien- bzw. Gesetzesbindung leugnen könnte. Letztlich gründet Schmitts juristischer Dezisionismus in der bereits von Aristoteles bedachten Bestimmtheitsdifferenz zwischen Gesetzesformel und konkreter Anwendungssituation, die durch regelgeleiteten Verstandesgebrauch nicht zu überwinden ist,[4] die einen subjektneutralen Applikationsautomatismus nicht zulässt und nach der theorieentzogenen eubolischen Fähigkeit der Urteilskraft verlangt. Dieser juristische Dezisionismus ist nicht blind; er ist hypoleptisch und knüpft an das vorfindliche System des Rechts kreativ, es modifizierend und fortbildend, an. Er macht lediglich geltend, dass das begriffsjuristische Rechtfertigungsschema der richterlichen Urteilstätigkeit nicht angemessen ist und durch einen komplexeren, auf eine erweiterte Deliberationsbasis gestellten Begründungsdiskurs zu ersetzen ist.

Schmitts juristischer Dezisionismus ist unsensationell und wenig mehr als ein normentheoretischer Gemeinplatz. Unter der systematischen Perspektive der Philosophie betrachtet ist er lediglich ein Spezialfall dessen, was Wieland als „Applikationsaporie der praktischen Vernunft“[5] bezeichnet hat und was das Insgesamt der Schwierigkeiten umfasst, die sich aus der Notwendigkeit ergeben, generelle

3 Zur Begriffsjurisprudenz vgl. *Krawietz* (Hg.) 1976.

4 Vgl. auch Kants Diktum von der unbelehrbaren Urteilskraft und dem Mutterwitz in: *Kant* B 172.

5 *Wieland* 1989, S. 13.

Normen auf konkrete Handlungssituationen anzuwenden. Da die für die Verlegenheit verantwortliche kategoriale Heterogenität der von der praktischen Vernunft aufeinander zu beziehenden Bereiche des Allgemeinen und des Einzelnen einmal in Regulierungsabsicht und zum anderen in Rechtfertigungsabsicht überwunden werden muss, zerfällt die Applikationsaporie in eine Normierungsaporie und eine Rechtfertigungsaporie. Die Applikationsaporie ist im außerjuristischen Bereich auffälliger als im juristischen Bereich, da hier eine hochstandardisierte, auf Abstraktionen, Konstruktionen und Konventionen sich stützende Wirklichkeitsinterpretation wirksam ist, die die applikationsstörrischen kontingenten und situativen Randbedingungen des Handlungslebens konstruktiv verstellt und dadurch das für die Kontinuität des Betriebs erforderliche Ausmaß an Trivialisierung der Applikationsprobleme ermöglicht. Im moralischen Alltag hingegen findet sich eine weit weniger interpretatorisch überformte und standardisierte Wirklichkeit, zumal in Zeiten beschleunigter modernisierungsbedingter Veränderung. Gleichwohl darf auch hier das Ausmaß an Normalität nicht unterschätzt werden. Anstrengungslos überbrücken die eingelebten Anwendungs-, Entscheidungs- und Rechtfertigungsroutinen des moralischen Alltags den kategorialen Hiat der Applikationsaporie und rücken den mit ihr verbundenen strukturellen Dezisionismus des normanwendenden Handelns und Rechtfertigens außer Merklichkeitsreichweite.

Auch wenn Schmitts essayistischer Denk- und Schreibstil der mit Assoziationen und Analogien illustrierten These immer den Vorzug vor dem sorgfältigen Argument gibt und die zündende Formulierung allemal über den genauen Begriff stellt, ist sein juristischer Dezisionismus doch hinreichend unmissverständlich, um die von Schmitt in der Vorbemerkung zur Neuauflage von *Gesetz und Urteil* beklagte Polemik gegen das Dezisionismuskonzept verursacht haben zu können. Diese gilt vielmehr Schmitts politischem Dezisionismus. Und welche Elemente dieser Konzeption den Ruf einer „gefährlichen Weltanschauung“[6] eingebracht haben, zeigt besonders seine idiosynkratische Hobbes-Interpretation. Hobbes ist für Schmitt „der größte Vertreter des dezisionistischen Typus“,[7] der Theoretiker der „souveränen Entscheidung“, die den voluntaristischen Gott der Hochscholastik zu einem chaosbändigenden Staatsschöpfer säkularisiert und als „gesetz- und ordnungsschaffende Diktatur“[8] den anarchischen Zustand beendet. Gemeinsam ist beiden, dem *deus immortalis* mit der Freiheit und Willen zu ungebundener Allmacht steigernden *potestas absoluta* und seinem sterblichen Gegenstück in Raum und Zeit, dass sie in ihrer Handlungsfreiheit durch keine vorgegebenen Normen und Prinzipien eingeschränkt sind, vielmehr ihrerseits souverän und folglich für sie widerruflich festlegen, was für alle anderen als richtig und falsch, gut und böse, gerecht und ungerecht zu gelten hat. Der politische Dezisionismus der Ordnungsstiftung entdeckt sich also aus begründungstheoretischer Perspektive als

6 *Schmitt* GuU, Vorbemerkung zur 2. Aufl.
7 *Schmitt* Drei Arten, S. 24.
8 *Schmitt* Drei Arten, S. 24.

modernitätstypische naturrechtskritische Position, die die traditionalen Rechtfertigungsinstanzen außer Kraft setzt. Aber verfehlt wäre es, die leviathanische Staatsschöpfung als *creatio ex nihilo*, irrational und unbegründbar einzustufen und ihr im Zug einer regressiven Mythologisierung das Prädikat einer wunderanalogen Grundlosigkeit zu verleihen. Der, so Schmitt über Hobbes, „klassische Fall dezisionistischen Denkens" ist doch in Wirklichkeit der klassische Fall der rationalistisch-individualistischen Begründung. Schließlich war Hobbes der erste Philosoph, der auf der Grundlage leicht nachvollziehbarer methodologischer Erwägungen[9] dem aufgeklärten Selbstinteresse die Rolle des begründungstheoretischen Protagonisten in der praktischen Philosophie zugetraut hat.

Lässt man sich von den Symbolen und Allegorien des Schriftstellers Hobbes nicht ablenken, geht man sorgfältig der Argumentation des Philosophen Hobbes nach, dann tritt der personale souveräne Wille des Staates zurück, dann wird der Artefaktcharakter des Staates sichtbar, dann tritt das den Staat erschaffende und in seiner Machtausübung legitimierende und funktionalistisch begrenzende individuelle Nützlichkeitsurteil des Bürgers in den Vordergrund, dann fällt die Souveränitätsfeier, die Schmitt in seiner *Politischen Theologie*[10] anstimmt, in sich zusammen. Bereits ein kurzer Blick in die ingeniöse Einleitung des *Leviathan* genügt, um das Bild der souveränen Ordnungsstiftung als Interpretationslegende zu durchschauen. Nicht der Souverän ist der Schöpfer im Hobbesschen Drama von der Entstehung der moralischen Welt, sondern die Individuen. Der Leviathan ist nichts anderes als die Vertragsgarantiemacht, die sie etablieren, um ihrer geteilten Einsicht in die Vorzugswürdigkeit eines friedlichen Zusammenlebens, einer durch gesetzliche Regelungen geordneten Koexistenz Wirksamkeit zu verschaffen. Schmitt unterschlägt den kontraktualistischen Kontext der Entstehung des Leviathans. Die legitimationstheoretische Abhängigkeit staatlicher Macht von dem Willen der ihr Unterworfenen ist schwerlich mit dem Bild des aus dem Nichts heraustretenden einsamen und übermenschlichen Staatsschöpfers vereinbar. Schmitt löst das rationale Ergebnis eines liberalen Herrschaftsbegründungsarguments aus seiner logischen Entstehungsgeschichte und verwandelt es in ein absolutes mythisches Ereignis, vor dem wir nur erklärungslos und anbetungsvoll auf die Knie fallen können. Die Souveränität verliert den Charakter einer rational begründeten herrschaftsrechtlichen Kategorie und wird zu einer Epiphanie des Divinatorisch-Absoluten, eine geradezu christologischen Versenkung des Göttlichen in Raum und Zeit. Und dass eine derart sich aller irdischen Rationalität entziehende Erscheinung sich selbst offenbarungstheologisch auslegt und ihren Äußerungen wahrheitsdefinierende Qualität zuspricht, ist nur folgerichtig. Das unter die Menschen tretende Göttliche muss sich das absolute Recht vorbehalten, selbst zu bestimmen, was den Menschen als das Göttliche zu gelten hat.

9 Dazu *Kersting* 1988, S. 126–139; *Kersting* 2009; siehe auch die einschlägigen Beiträge in: *Kersting* (Hg.) 2008.

10 Vgl. *Schmitt* PTh.

In einer Anmerkung zum *Begriff des Politischen* hat Schmitt dieser Souveränitätskonzeption im „Hobbes-Kristall"[11] graphischen Ausdruck verliehen und damit den Unterschied zur Hobbesschen Systematik deutlich kenntlich gemacht. Während Hobbes' Souveränitätskonzeption das Ergebnis einer linear-rationalen Argumentation ist, einer Vernunftnarration, die aus den szientistisch freigelegten anthropologischen Prämissen und den vorgefundenen endlichkeitsbedingten Knappheitsregiment die Notwendigkeit institutionalisierter Herrschaft entwickelt, die ihre Naturzustandsbefriedungspolitik nur dann mit Erfolgsaussicht durchführen kann, wenn ihr in allen materiellen und immateriellen Konfliktzonen, von der Eigentumsordnung bis zu Fragen religiöser Identität, letztinstanzliche Entscheidungsgewalt eingeräumt wird, ist Schmitts Souveränitätskonzept durch eine irrational-theologische Vertikale charakterisiert. Der Kristall ist oben aufgebrochen, „offen für Transzendenz";[12] durch dieses Einfallstor des Theologisch-Irrationalen tritt der Leviathan dann in die normative Leere der Gottlosigkeit und füllt sie mit seinen Entscheidungen. Diese Souveränitätsepiphanie ist fraglos ein intellektuell faszinierendes Bild, eine eindrucksvolle geistesgeschichtliche Rezeptur, die vielerlei Bildungsingredienzien zusammenrührt. Aber sie ist eben auch nicht mehr als das. Vor allem ist sie kein argumentativ anregendes Theoriestück, das für gegenwärtige Bemühungen der politischen Philosophie und Rechtsphilosophie verwendet werden kann. Und dies nicht darum, weil es den Nationalstaat nicht mehr gibt und die tradierte Souveränität längst an den Rändern ausgefranst ist, durch internationale und supranationale Vereinbarungen und Institutionen in ihren Kompetenzen weitgehend eingeschränkt ist. Sondern weil der Schmittsche Denktypus für konstruktive theoretische Tätigkeit unbrauchbar ist. Schmitt ist ein Anti-Theoretiker; er argumentiert nicht, sondern er suggeriert. Daher ist seine Verehrung Hobbes' eigentlich unverständlich. Für den Hobbesschen Szientismus, für seinen kontraktualistischen Rationalismus hat er keinen Sinn. Daher vermag er auch nicht die innere Geschlossenheit dieses politikphilosophischen Konstrukts zu würdigen und zu respektieren. Für Schmitt ist Hobbes wenig mehr als ein alter Steinbruch, in den er auf der Suche nach wilden schönen Blumen hinabsteigt. Er löst die ihn interessierenden Stücke aus ihrer natürlichen, gänzlich ihren Sinn bestimmenden argumentativen Umgebung und verleibt sie sich ein. Dieser Vorgang ist nicht ohne Gewaltsamkeit und gibt den geraubten Lehrstücken eine Gestalt, die unverwechselbar Schmittsche Konturen zeigt, aber keinerlei theoretisches Aneignungsinteresse mehr auszulösen vermag. Hobbes ist ein gegenwartsfähiger Autor, obwohl die liberalen Ordnungsformen längst seinen Leviathan an die Kette von Verfassung, Demokratie und Menschenrecht gelegt haben. Hobbes ist modern, weil der von ihm entwickelte Argumentationstyp, weil die Begriffsformen und Gedankenexperimente seines kontraktualistischen Rechtfertigungsprogramms die Grundlagen auch noch gegenwärtiger theoretischer Begründungsbemühungen in der politischen Philosophie sind. Hobbes hat der politischen Selbstverständigung

11 *Schmitt* BdP, S. 122.
12 *Schmitt* BdP, S. 122.

der Moderne die Sprache gegeben. Schmitt hat sich nur sprachmächtig gegen diese Moderne aufgelehnt. Seine Schriften sind Dokumente der Gegenmoderne.

Die Entscheidungen, die der Hobbessche Souverän zum Zwecke der Naturzustandsbefriedung fällt, sind normativ kein „absoluter Anfang".[13] Schmitt ist in einem sicherlich Recht zu geben: Hobbes ist kein Naturrechtler, daher kann er das Handeln des Souveräns nicht in vorausgesetzten, seit je zwischen den Sternen aufgehängten Normen begründen. Und auch ein Vertreter konkreten Ordnungsdenkens ist Hobbes nicht, der staatliches Handeln nur als Ausfluss einer bereits bestehenden Ordnung deutet. Vielmehr gilt für Hobbes: *autoritas non veritas facit legem*. Nur besagt diese Formel eben nicht, dass derjenige, der Recht setzt, darum bereits auch die Autorität zur Rechtssetzung hat. Der Hobbessche Souverän besitzt Gesetzgebungsautorität nur darum, weil sie ihm vertraglich zugesprochen worden ist, seine Legitimität gründet in einer prozeduralistischen Fremdautorisierung. Nicht die souveräne Entscheidung steht am Anfang, sondern die ausdrückliche Autorisierung durch die Kontrahenten, die in einem zwischen ihnen abgeschlossenen Vertrag ihr Recht auf Selbstregierung aufgeben.[14]
Wenn Schmitt schreibt:

13 *Schmitt* Drei Arten, S. 24.

14 „Der alleinige Weg zur Errichtung einer solchen allgemeinen Gewalt, die in der Lage ist, die Menschen vor dem Angriff Fremder und vor gegenseitigen Übergriffen zu schützen und ihren dadurch eine solche Sicherheit zu verschaffen, dass sie sich durch eigenen Fleiß und von den Früchten der Erde ernähren und zufrieden leben können, liegt in der Übertragung ihrer gesamten Macht und Stärke auf einen Menschen oder eine Versammlung von Menschen, die ihre Einzelwillen durch Stimmenmehrheit auf einen Willen reduzieren können. Das heißt soviel wie einen Menschen oder eine Versammlung von Menschen bestimmen, die deren Person verkörpern sollen, und bedeutet, dass jedermann alles als eigen anerkennt, was derjenige, der auf diese Weise seine Person verkörpert, in Dingen des allgemeinen Friedens und der allgemeinen Sicherheit tun oder veranlassen wird, und sich selbst als Autor alles dessen bekennt und dabei den eigenen Willen und das eigene Urteil seinem Willen und Urteil unterwirft. Dies ist mehr als Zustimmung oder Übereinstimmung: Es ist eine wirkliche Einheit aller in ein und derselben Person, die durch Vertrag eines jeden mit jedem zustande kam, als hätte jeder zu jedem gesagt: *Ich autorisiere diesen Menschen oder diese Versammlung von Menschen und übertrage ihnen mein Recht, mich zu regieren, unter der Bedingung, dass du ihnen ebenso dein Recht überträgst und alle ihre Handlungen autorisierst.* Ist dies geschehen, so nennt man diese zu einer Person vereinte Menge *Staat*, auf lateinisch *civitas*. Dies ist die Erzeugung jenes großen *Leviathan* oder besser, um es ehrerbietiger auszudrücken, jenes *sterblichen Gottes*, dem wir unter dem unsterblichen Gott unseren Frieden und Schutz verdanken. Denn durch diese ihm von jedem einzelnen im Staate verliehene Autorität steht ihm so viel Macht und Stärke zur Verfügung, die auf ihn übertragen worden sind, dass er durch den dadurch erzeugten Schrecken in die Lage versetzt wird, den Willen aller auf den innerstaatlichen Frieden und auf gegenseitige Hilfe gegen auswärtige Feinde hinzulenken. Hierin liegt das Wesen des Staates, der, um eine Definition zu geben, *eine Person ist, bei der sich jeder einzelne einer großen Menge durch gegenseitigen Vertrag eines jeden mit jedem zum Autor ihrer Handlungen gemacht hat, zu dem Zweck, dass sie die Stärke und Hilfsmittel aller so, wie sie es für zweckmäßig hält, für den Frieden und die gemeinsame Verteidigung einsetzt*" (*Hobbes* 1966, Kap. 17, S. 134f.

> Bei Hobbes wird die logische Struktur des Dezisionismus am besten deutlich, weil der reine Dezisionismus eine Unordnung voraussetzt, die nur dadurch in Ordnung gebracht wird, dass (nicht: wie) entschieden wird,[15]

dann ist das barer Unsinn.

Eine inhaltsindifferente, rein tautologisch nur sich selbst als ihren Grund anführende Dass-Entscheidung vermag in einem Unordnungs- und Ausnahmezustandsszenario nichts auszurichten. Eine einfache Überlegung zeigt, dass wir von folgenden Merkmalen der dezisionistischen Situation auszugehen haben:

(1) Die Ausgangssituation wird als Zustand der Unordnung, als Anarchie und Chaos charakterisiert;
(2) es besteht eine alle Präferenzhierarchien nivellierende, allgemein geteilte und für jeden erstrangige Ordnungspräferenz; der Unordnungszustand wird also als ein zu überwindender bewertet,
(3) eine mit dieser Bewertung konforme und sich um ihren Erfolg sorgende Ordnungsstiftung, die der Situation politisch gerecht werden will und die Abwesenheit von Ordnung nicht als Vorwand aktionistisch-expressiver Selbstdarstellung, nicht als Medium einer ästhetischen Souveränitätsmanifestation benutzt, muss konsequenterweise eine Klassifikation der möglichen Alternativen nach Kriterien der Befriedigungstauglichkeit vornehmen.

Nur dann wird die Unordnung in Ordnung umgewandelt werden können, wenn der Souverän sich durch die ordnungspolitischen Imperative gebunden weiß, genauso wie sich der mit weniger dramatischen Aufgaben betraute Herrscher des Naturrechts bei der Herstellung einer gerechten Ordnung durch die objektiven Prinzipien naturrechtlicher Gerechtigkeit gebunden sieht. Es gibt einen von aller gerechtigkeitstheoretischen Qualifizierung unabhängigen ordnungspolitischen Minimalismus,[16] der die Ordnungsstiftung des Souveräns anleiten muss, wenn dieser nicht versagen will.

Hobbes' politische Philosophie ist nicht der Ort eines Paradigmenwechsels vom Normativismus zum Dezisionismus, sondern von der substantiellen Sittlichkeit des teleologisch-theologischen Naturrechts zum interessefundierten Instrumentalismus der Zweckrationalität; keine grundlose Entscheidung tritt an die Stelle der objektiven Vernunft, sondern der Rationalitätstyp der Begründungstheorie wechselt. Die Ordnung tritt nicht aus einem normativen Nichts heraus, sondern sie erweist sich als für jeden vorteilhaft und damit das sie herbeiführende leviathanische Handeln als vor der einzigen unter Neuzeitbedingungen rechtfertigungstheoretisch zählenden Instanz des Individuums legitimiert. Schmitt liest Hobbes' Theorie nicht als klassischen Text der rational-individualistischen Politikphilosophie, in der der Staatsbeweis nach den Regeln eines Gefangenendilemmasuperspiels erbracht wird, sondern als einen machiavellistischen Roman, in dem ein aus

15 *Schmitt*, in: Koch (Hg.) 1977, S. 381.
16 Vgl. hierzu auch H. L. A. Harts Ausführungen zum „minimum content of natural law" in: *Hart* 1961, S. 182–195.

theologischem Nebel auftauchender Übermächtiger der unübersichtlichen Hinterlassenschaft einer in Chaos versinkenden Welt seinen Ordnungswillen aufzwingt.

Schmitts Dezisionismus ist nicht als kritische begründungstheoretische Position in Verruf geraten, die rechtfertigungsskeptisch auf die vom Traditionszusammenbruch freigesetzten modernitätstypischen begründungstheoretischen Neuerungen reagiert. Schmitt ist kein Weberianer. Sein Dezisionismus erinnert auch nicht wie Lübbes Entscheidungstheorie[17] daran, dass Menschen im Privaten wie im Öffentlichen Entscheidungsflucht ebenso wie vollständige Rationalität verwehrt ist, dass wir aus trivial-anthropologischen Gründen zu deliberationsabbrechenden Entscheidungen verurteilt sind, da wir als endlichkeitsbedingte Lebewesen nun einmal unter unaufhörlichem Zeitdruck leben und uns eine totalrationale Ausleuchtung der gesamten Folgenmenge unserer Optionen nie möglich ist. Schmitts Dezisionismus ist philosophischer Extremismus[18] der Antimoderne, der, von antiliberalen, antidemokratischen, antiintellektuellen und antibürgerlichen Affekten und Motiven getrieben, sich als diktatorischer Gegenentwurf zur politischen Ordnung des vernunftbegründeten und revolutionsgeborenen Menschenrechts artikuliert, ist theoretischer Ausdruck einer politisch-existentiellen Haltung, einer normalitäts- und kompromissverachtenden Ästhetik der Ernstfalleigentlichkeit.

II. ORDNUNGSPOLITISCHER MINIMALISMUS UND NATÜRLICHE GERECHTIGKEIT

Hobbes bezeichnet den ordnungspolitischen Minimalismus, der als Grammatik jeder Ordnung zugrunde liegt, als „natürliche Gerechtigkeit". Dieser Begriff umschreibt die rationalen Erwartungen, die die Naturzustandsbewohner in ihrem regelegoistischen Vertragsszenario leiten. Der Souverän wird bei Hobbes nicht nur geltungstheoretisch an die Kette kontraktualistisch organisierter Zustimmung gelegt; seine Herrschaftsausübung ist auch funktionalistisch eingeschränkt.[19] Leviathanische Herrschaft ist zweckgebundene Herrschaft. Näher betrachtet verbirgt sich hinter dem Begriff der natürlichen Gerechtigkeit bei Hobbes das gesamte Regelwerk der Vernunft, das nach Zählung des *Leviathan* immerhin neunzehn Regeln umfasst, die höchst heterogen sind und teils dem Bereich des justiziablen und in positives Recht zu gießenden natürlichen Rechts, teils dem Bereich der nicht justiziablen und nicht in die Form sanktionierenden Rechts zu bringenden natürlichen Moral angehören. Der Kern dieses Regelwerks ist natürlich das Friedensgebot. Aber es enthält auch noch andere Vorschriften, deren anspruchsvollste sicherlich das neunte Naturgesetz ist, das in Vorwegnahme des menschenrechtlichen Egalitarismus verlangt: „Alle sollen einander als von Natur aus Gleiche anerken-

17 *Lübbe* 1971, S. 7–31.

18 Zum „philosophischen Extremismus zwischen den Weltkriegen" vgl. *Bolz* 2003.

19 Ausführlich dazu *Kersting* 1998, S. 352–376.; *Kersting* 2009, S.195–203; *Kersting* 2000a, S. 275–303.

nen".[20] Insgesamt mag man diese Regeln als Verfassung gedeihlicher Mitmenschlichkeit bezeichnen, denn sie gehen über den Zweck der Gewaltabwendung und Befriedung beträchtlich hinaus.

So heterogen wie ihr Zweckprofil ist auch ihr Status: zum einen sind sie die durch rationale Analyse der Ursachen der Unerträglichkeit des Naturzustands zu ermittelten Bedingungen, Regeln und hypothetische Imperative, die genau das Verhalten benennen, das zur Überwindung der Naturzustandsmisere führt. Zum anderen beschäftigen diese Regeln aber nicht nur die Klugheit, sondern ihnen eignet nach Hobbes auch eine genuine moralische Verbindlichkeit. Diese Zwielichtigkeit, dieses Oszillieren zwischen der traditionellen, tugendethischen Naturrechtssprache und dem neuen Rationalitätsidiom der Klugheit ist in den einschlägigen Passagen auf Schritt und Tritt anzutreffen. Hobbes philosophiert auf einer Epochenschwelle, die auch eine rechtfertigungsmethodologische und rationalitätstheoretische Wasserscheide darstellt. Der Schwellenbewohner ist januskópfig und vermag mit synoptischer Unbekümmertheit noch Dinge zusammenzubringen, die Spätergeborene pünklichst auseinanderhalten. Wo zum Beispiel Kant mit großer methodologischer Empfindlichkeit Trennungen vornimmt, schiebt Hobbes noch eins ins andere und expliziert die traditionellen tugendethischen Termini mit den neuen Begriffen der nutzenmaximierenden Klugheit. So wird ihm die von den natürlichen Gesetzen auferlegte moralische Verpflichtung *in foro interno* zum rationalen Wunsch, dass sie gelten mögen; und so expliziert er die naturrechtsübliche Unveränderlichkeit und Ewigkeit der Geltung der natürlichen Gesetze mit der ebenso analytischen wie empirischen Wahrheit, dass nie der Krieg Leben erhält und nie der Frieden Leben vernichtet.[21] Und da Menschen immer ihr Überleben wollen, wollen sie immer auch die es sichernden Mittel und das Mittel aller friedensichernden Mittel, den Staat.

Wie weit Schmitts dezisionistischer Deutungsansatz in die Irre führt, wie sehr er die eigentliche Leistung der Hobbesschen Philosophie verkennt, nämlich die Ersetzung des traditionellen naturrechtlichen Rechtfertigungsschemas durch regelegoistische Begründungsargumente, zeigt folgende Passage aus dem *Leviathan*:

> Das Gesetz der Natur und das bürgerliche Gesetz schließen sich gegenseitig ein und sind von gleichem Umfang. Denn die Gesetze der Natur, die in Billigkeit, Gerechtigkeit, Dankbarkeit und anderen von ihnen abhängenden moralischen Tugenden bestehen, sind im reinen Naturzustand [...] keine eigentlichen Gesetze, sondern Eigenschaften, die die Menschen zu Frieden und Gehorsam hinlenken. Wenn einmal ein Staat errichtet ist, dann sind sie wirkliche Gesetze, nicht vorher, da sie staatliche Befehle und somit auch bürgerliche Gesetze sind. Denn sodann ist es die souveräne Gewalt, die die Menschen verpflichtet, ihnen zu gehorchen. Denn um in den Streitigkeiten zwischen den Privatleuten erklären zu können, was Billigkeit, Gerechtigkeit und moralische Tugend ist und um ihnen bindende Kraft zu verleihen, bedarf es der Anordnungen der souveränen Gewalt und der Strafandrohungen gegen alle, die ihnen zuwiderhandeln, weshalb diese Anordnungen Bestandteil des bürgerlichen Gesetzes sind. Daher

20 *Hobbes* 1966, Kap.15, S. 118.
21 Vgl. *Hobbes* 1966, Kap.15, S. 121f.

> ist auch das Gesetz der Natur in allen Staaten der Welt ein Teil des bürgerlichen Gesetzes. Umgekehrt ist das bürgerliche Gesetz ein Teil der Anordnungen der Natur. Denn Gerechtigkeit, das heißt Erfüllung von Verträgen und jedem das Seine geben, ist eine Anordnung des natürlichen Gesetzes. Es hat sich aber jeder Untertan eines Staates zur Beachtung des bürgerlichen Gesetzes vertraglich verpflichtet [...] Und deshalb ist der Gehorsam gegen das bürgerliche Gesetz ebenfalls Teil des natürlichen Gesetzes.[22]

In vielfältiger Weise sind die natürlichen Gesetze und die bürgerlichen Gesetze bei Hobbes verschränkt. Zum einen wird die staatliche Gesetzgebung als Vehikel der Institutionalisierung und Verrechtlichung der natürlichen Gesetze angesehen. Vorher, ohne die Positivierungsleistungen des Staates sind sie lediglich moralische Regeln bzw. Tugenden, also Beschreibungen friedensförderlicher Verhaltensdispositionen. Erst wenn sich der Geltungswille des Souveräns des Vernunftgebotenen mit all seiner Macht annimmt, wird aus dem, was die Vernunft durch Naturzustandsanalyse als ratsames Verhaltensmuster ermittelt hat, ein Gesetz. Diese Verrechtlichung ist freilich immer auch eine Interpretation, die die notwendig abstrakte Verhaltensregel konkretisiert. Eine derartige interpretative Festlegung ist notwendig, da zum einen die normativen Orientierungen der natürlichen Gesetze abstrakt und daher kontrovers auslegbar sind, und zum anderen der Regulationsbedarf und der Regulationszweck der Situation, die der Gesetzgeber vorfindet, berücksichtigt werden muss. Die durch die Gesetze festgelegten Gerechtigkeitsbedeutungen sind folglich situationsangepasste Konkretisierung der allgemeinen natürlichen Gerechtigkeitskonzeption. Und verbunden werden beide Bereiche durch den Vertrag, der nicht nur das staatsrechtliche Schema installiert und durch Autorisierung und Selbstverpflichtung eine legitime legislatorische Macht und gehorsamsverpflichtete Bürger erzeugt, sondern auch den Gerechtigkeitszweck, den Zweck der Verrechtlichung der natürlichen Gerechtigkeit als herrschaftsorientierende Aufgabe festschreibt.

Freilich übersieht das Hobbessche Argument von dem wechselseitigen Enthaltensein der bürgerlichen und der natürlichen Gesetze, dass nicht alle neunzehn natürlichen Gesetze juridifizierbar sind. Daher können auch nicht alle Inhalte des Regelwerks der natürlichen Gerechtigkeit in den Staatskatalog eingehen, sondern nur die, die durch das Instrument genereller Freiheitseinschränkung verwirklicht werden können. Alle anderen, die nicht durch negative Vermeidungshandlungen, sondern nur durch positive Begehungshandlungen und auf dem Wege verlässlicher Absichtsbildung und dauerhafter Zwecksetzung realisiert werden können, müssen weiterhin der moralischen Tugendhaftigkeit der Bürger überantwortet bleiben und können nie die Unterstützung rechtlicher Geltung erhalten. Implizit trägt Hobbes jedoch dieser nur selektiven Verrechtlichung der natürlichen Gesetze Rechnung: Der leviathanische Katalog der Staatsaufgaben nimmt die ethisch-moralischen Elemente des Regelwerks der natürlichen Gerechtigkeit nicht auf und erblickt hauptsächlich in der Gewährleistung des inneren Friedens, der Etablierung eines Rechtssystems und der Sicherung der gewaltfreien Koexistenz

22 *Hobbes* 1966, Kap. 26, S. 205.

der Bürger sein verbindliches Ziel. Alle über diese staatlichen Rechtssicherungsleistungen hinausreichenden Beiträge zu einer gedeihlichen Mitmenschlichkeit müssen die Bürger durch moralische Eigeninitiative erbringen.

Der Hobbessche Souverän ist ein Mandatar, der eine zweckgebundene Herrschaft ausübt.

> Die Aufgabe des Souveräns, ob Monarch oder Versammlung, ergibt sich aus dem Zweck, zu dem er mit der souveränen Gewalt betraut wurde, nämlich der Sorge für die Sicherheit des Volkes. Hierzu ist er kraft natürlichen Gesetzes verpflichtet [...] Mit ‚Sicherheit' ist hier aber nicht die bloße Erhaltung des Lebens gemeint, sondern auch alle anderen Annehmlichkeiten des Lebens, die sich jedermann durch rechtmäßige Arbeit ohne Gefahr oder Schaden für den Staat erwirbt.[23]

Der Souverän ist nur zu solcher Herrschaftsausübung autorisiert, die die Sicherheit des Volkes nicht gefährdet; und da wir hier im Rahmen eines individualistischen Alphabets denken, ist die Sorge um die Sicherheit des Volkes letztlich identisch mit der Sorge um die Erhaltung jedes Einzelnen. Das vorzügliche Medium der Herrschaftsausübung ist die Legislation. Damit erweisen sich nur die Gesetze als durch die Autorisierung gedeckt, können nur die Gesetze legitim Gehorsam beanspruchen, die dieser Sicherungsfunktion entsprechen. Aber dieser Sicherheitsbegriff darf nicht in einem minimalistischen Sinne verstanden werden. Er umfasst alles, was zur Bedeutung der natürlichen Gerechtigkeit gehört. Aufgabe des Staates ist es, die natürliche Gerechtigkeit in positive Gesetze zu gießen, ihr rechtliche Bestimmtheit und soziale Geltung zu verschaffen.

Um dem so dezidiert anti-dezisionistischen Hobbesschen Lehrstück von kontraktualistischer Autorisierung und funktionalistischer Staatszweckbestimmung zusätzliche Kontur zu geben, soll ein kurzer Blick auf Kelsens Lehre von der Grundnorm geworfen werden. Die Eigentümlichkeit der Grundnormlehre zeigt sich darin, dass sie an den begründungstheoretischen Formalitäten des traditionellen Naturrechts festhält, jedoch auf dessen inhaltliche Unterscheidungsleistungen verzichtet, zwar einen Geltungsgrund bereitstellt, diesen aber von aller normativen Bestimmtheit unabhängig macht. Der erkenntnislogischen Forderung, den rekursiven Begründungsgang zum Stillstand kommen zu lassen und einen geltungsstiftenden Anfang zu setzen, wird nachgekommen; jedoch wird dieses Begründungsgeschäft in völliger Wahrheitsferne betrieben. Widerstandslos überlässt die Theorie es den geschichtlichen kontingenten Umständen, was unter den Einfluss des geltungslogischen Parameters gerät und als rechtliches Sollen auftritt. Sie selbst hält keinerlei Kriterien bereit, um im Namen der Wahrheit und Gerechtigkeit Einspruch zu erheben. Was immer die Macht will, macht diese Theorie zu Recht.[24]

Es gibt hier eine offensichtliche Gemeinsamkeit zwischen dem Hobbesschen und dem Kelsenschen Denken. Beide rücken von einem Vertikaldezisionismus

23 *Hobbes* 1966, Kap. 30, S. 255.
24 Vgl. *Kersting* 2000b, S. 334–394.

Schmittscher Provenienz, von einer Epiphanietheorie der Souveränität ab. Beide zollen dem begründungstheoretischen Imperativ Tribut und suchen nach einer transpositiven, dem rechtlichen Arrangement des gegebenen Staates logisch vorausliegenden Instanz. Dieselbe Alchemie, die aus nicht-normativen Beständen normative Bestimmungen gewinnt, ist auch bei der Hobbesschen Autorisierung am Werk. Auch die Autorisierung betreibt eine Verwandlung von Macht in Recht, von subjektiver Willensäußerung in objektive Norm. Jedoch leistet sie noch viel mehr. Das wird sofort sichtbar, wenn wir den kontraktualistischen Kontext berücksichtigen, der die Autorisierungsformel umfasst und ihr eine Bedeutung verleiht, die über alle transzendentallogische Sollenskonstitution hinausgeht. In der Hobbesschen Theorie tritt der Vertrag als originäre Ermächtigungsnorm auf und versieht die gesetzgebende Instanz mit einer transpositiven rechtlichen Autorität; verbunden ist damit eine rechtliche Verbindlichkeit begründende Obligationstheorie, die die Gehorsamsverpflichtung der Bürger auf eine transpositive Verpflichtung zurückführt. Aufgrund des kontraktualistischen Hintergrundes ist der Verrechtlichungsakt nicht, wie bei Kelsen, geltungslogisch isoliert, sondern von einem komplementären Selbstbindungsakt begleitet. Transpositiv sind diese beiden Akte, sind Autorisierung und Verpflichtung, weil ihr Grund nicht hinwiederum in Regeln positiven Rechts zu finden ist, sondern allein in dem kontraktualistischen Gedankenexperiment rationaler Selbstbindung. Normativ gehaltvoll ist die dem setzungsorientierten Rechtsbegriff vorgeschaltete Autorisierung und Obligation aber noch in einem anderen und diesmal sogar stärkerem Maße: da Autorisierung und Verpflichtung darum erfolgen, weil sie den Menschen als vernünftige Mittel erscheinen, einen allseits unerwünschten Zustand zu überwinden und einen allseits erwünschten Zustand zu erreichen, ist anzunehmen, dass sich diese Logik der Zweckrationalität limitativ im Legitimationsprozess selbst bemerkbar macht, als eine ihm eingeschriebene Bestimmung, die eng mit dem Berechtigungs- und Verpflichtungsvorgang verbunden ist. Während die Kelsensche Grundnorm Geltung *ex nihilo* konstituiert, ist die Hobbessche Autorisierung also gleich doppelt kontextualisiert: einmal ist sie in die selbst normative Figur des Vertrages geltungslogisch eingebettet, zum anderen ist sie in der rationalen Strategie der Staatsgründung und Herrschaftserrichtung verankert.

Auch wenn die Individuen sich im staatsgründenden Vertrag all ihrer Freiheit und all ihrer Macht entäußern, hält der Leviathan keine Blankovollmacht in den Händen; er kann beileibe nicht tun, was er will. Die Logik seiner Entstehung, seine Instrumentalität gibt ihm einen Handlungsspielraum vor, dessen Grenzen er nicht überschreiten darf. Der Leviathan ist eine Friedensmaschine; die natürlichen Gesetze, die jeder durch rationale Analyse seiner basalen Interessen in sich selbst findet, sind in den Überlegungen, Einstellungen, Motiven und Entscheidungen der staatsgründenden Naturzustandsbewohner anwesend; sie bilden die Grammatik der Autorisierung und damit das Telos staatlicher Herrschaftsausübung. Wenn die natürlichen Gesetze, die allesamt Befriedungsregeln und friedenstechnische Bedingungen formulieren, als rationale Motive der Naturzustandsbewohner die Grammatik der Autorisierung bilden, dann ist es verständlich, wenn Hobbes sagt, dass die natürlichen Gesetze selbst Bestandteil der bürgerlichen Gesetze werden, denn wenn das leviathanische Gesetzeswerk ordnungspolitisch und friedenspolitisch gelingt, werden die natürlichen Gesetze mit den bürgerlichen Gesetzen und durch die bürgerlichen Gesetze verwirklicht.

Hobbes entwickelt sein Konzept der Autorisierung durch doppelt rationale Selbstbindung. Doppelt rational ist die Selbstbindung, weil sie unter zwei unterschiedlichen Rationalitätsbedingungen erfolgt, einer materialen und einer formalen. Die materiale Rationalitätsbedingung ist die natürliche Friedensverfassung, die zu verwirklichen die Individuen auf ihre natürliche Freiheit, auf ihr *ius in omnia et ad omnes* verzichten. Die formale Rationalitätsbedingung ist die garantierte Wechselseitigkeit, also die durch eine unwiderstehliche Garantiemacht sichergestellte Wechselseitigkeit der Verpflichtung. Ein Vergleich dieser Konzeption der Autorisierung durch doppelt rationale Selbstbindung mit dem voluntaristischem Naturrecht ist erhellend.

Die Grundthese des naturrechtlichen Intellektualisten lautet: Gott hat das Recht gesetzt, weil es Recht ist. Die Grundthese des Voluntaristen lautet hingegen: Das Recht ist Recht, weil Gott es gesetzt hat. Während die intellektualistische These impliziert, dass Gott nichts Anderes setzen kann als das Recht, impliziert die voluntaristische These, dass Gott prinzipiell alles, somit etwas genauso gut wie sein Gegenteil, setzen kann und dieses immer Recht ist und dies allein darum, weil Gott es gesetzt hat. Der berühmte Hobbessche Ausspruch „sed auctoritas, non veritas, facit legem" gilt nicht nur für den Leviathan, sondern auch für seinen göttlichen Urahn, den Gott der Hochscholastik. Denn genau das ist die Pointe der naturrechtlichen Vorstellungen der Scotisten und Ockhamisten: der Voluntarismus nimmt eine verbindlichkeitstheoretische Umstellung vor und erblickt den Verbindlichkeitsgrund nicht mehr in einer objektiv gültigen Wahrheit, sondern im blanken, absoluten Gewolltsein durch Gott. Insofern die Satzungen Gottes genau das sind, was auch die Gesetze des Leviathans, die von Hobbes so genannten: bürgerlichen Gesetze sind, nämlich Direktiven, mit deren Hilfe Recht und Unrecht, das Gerechte vom Ungerechten, das Richtige vom Falschen, unterschieden werden kann, insofern beide also eine allgemeingültige kriteriengestützte Orientierung liefern und daher definieren, was im Geltungsbereich dieser Setzungen als praktische Wahrheit und rechtfertigender Grund zu gelten hat, kann man die Hobbessche Formel auch folgendermaßen zuspitzen: nicht die Wahrheit macht den Willen, sondern der Wille macht die Wahrheit.

Freilich geht es weder hier noch dort um irgendwelche Setzungen, sondern es geht immer nur um Setzungen von zur Setzung Autorisierten; nicht jeder darf seinen Willen, seine Vorstellungen von Recht und Unrecht in die Form des Gesetzes gießen, sondern nur der, der dazu befugt ist. Bei Gott sind die Dinge klar; Gott ist nicht irgendwer. Bei den Menschen hingegen bedarf es näherer Bestimmungen, um festzulegen, wer zur Setzung befugt ist. Hier zeigt sich der große Unterschied zwischen dem *deus mortalis* und dem *deus immortalis*. Der *deus immortalis* ist wahrer, selbstmächtiger Schöpfer, der mit seinem ‚Fiat' eine Welt aus dem Nichts erzeugt. Der sterbliche Gott des Staates hingegen schafft nichts aus dem Nichts, er ist selbst nur Geschöpf, Instrument, und sein legislatorisches Fiat erstreckt sich nur auf das System positiver Gesetze; *in seinem Fiat hallt das grundlegende Autorisierungs-Fiat der Bürger wie ein legitimationstheoretischer cantus firmus wider.* Sein Schöpfer ist der Mensch, sind die sich vertraglich bindenden menschlichen Individuen. Der sich vertraglich bindende Mensch, nicht der Leviathan, bildet das Gegenstück zum göttlichen Verbindlichkeitsquell des voluntaristischen Naturrechts. Die Selbstverpflichtung des Menschen ist in der Hobbesschen Philosophie die verbindlichkeitstheoretische Urszene, der Schöpfungsakt der moralischen Welt. Die Selbstverpflichtung ist der höchste Punkt, an dem der gesamte Gebrauch der moralischen Sprache hängt. Von ihm aus kommen die Begriffe des Rechts und der Pflicht, der Autorisierung und der Obligation in die Welt, mit deren Hilfe politisches Handeln und individuelles Handeln vermessen und strukturiert werden kann. Nur wenn man sich auf den verbindlichkeitsgenerierenden Standpunkt des Kontraktualismus stellt, kommt der Staat als moralische Person, kommen Institutionen als verpflichtende Regelsysteme in den Blick.

Hobbes' Fiat-Passage hat aber noch eine weit tiefere Bedeutung, geht es hier doch darum zu klären, wie in eine gottentleerte, auf naturwissenschaftlich beschreibbare Tatsächlichkeit reduzierte Wirklichkeit Verbindlichkeit eingeführt werden kann. Denn Verbindlichkeit kommt in der Physik nicht vor, daher ist die uns vertraute gesellschaftliche Praxis der Verantwortlichkeitszuschreibungen und Verbindlichkeitsunterstellungen zumindest dann in hohem Maße erklärungsbedürftig, wenn eine materialistische Ontologie nur das als Wirklichkeit zulässt, was mit physikalischen Prädikaten beschreibbar ist. Woher also kommt in der *aetas physica,* im Zeitalter Galileis und Newtons, die Verbindlichkeit? Die großartige Einleitung in den *Leviathan* versucht eine Antwort vorzuführen. In ihr wird die Anatomie des künstlichen Menschen beschrieben, der durch das schöpfungsimitierende und gottgleiche ‚Fiat' der Menschen, durch ihr „Lasst uns einen künstlichen Menschen, einen Staat machen", ins Leben gerufen wird:

> Lastly, the *Pacts* and *Covenants*, by which the parts of the Body Politique were at first made, set together, and united, resemble that *Fiat*, or the *Let us make man*, pronounced by God in the Creation[25].

Und an anderer Stelle heißt es:

> Before convenants and laws were drawn up, neither *justice* nor *injustice*, neither public good nor public evil, was natural among men any more than it was among beasts.[26]

Der Verbindlichkeitsanspruch der Welt der Normen ist ohne allen objektiven ontologischen Rückhalt; Moral und Recht sind bei Hobbes kollektive Inventionen, entstammen einer verbindlichkeitstheoretischen *creatio ex nihilo*. Die verbindlichkeitstheoretische Urhandlung, die zur Erschaffung der moralischen Welt führt,

25 *Hobbes* 1996, S.9/10.

26 *Gert* (Hg.) 1972, Kap. X, § 5, S.40/1.

ist die in der Fähigkeit providentieller Zukunftsverfügung gründende Selbstbindung, die nur im Medium der promissiv-kontraktualistischen Sprache Bedeutung gewinnen kann: „there being no obligation on any man, which ariseth not from some Act of his own".[27] Die moralische Welt ist zwischen den Prädikaten der moralisch-rechtlichen Verpflichtungsprache aufgehängt, denen durch die inventiven promissorisch-kontraktuellen Sprechakte der Selbstverpflichtung und autorisierenden Rechtsübertragung Verbindlichkeit zuwächst. So wie in der traditionellen Sichtweise der Wille Gottes zu den Gesetzen hinzutreten muss, um ihnen Verbindlichkeit zu verleihen, so tritt bei Hobbes jetzt der sich vertragssprachlich artikulierende Wille der Menschen zu den Klugheitsregeln und nutzenmaximierenden Strategien hinzu, um ihnen die zusätzliche, aus ihrer inhaltlichen Beschaffenheit selbst nicht zu gewinnende Eigenschaft verbindlicher Normativität zu verleihen. Das genau meint Hobbes' berühmte Formel vom Menschen, der durch vertragliche Selbstbindung, durch Eingliederung in die von ihm selbst geschaffene moralische Welt dem Menschen zum Gott wird.

Hobbes war sich der Zumutungen der Moderne bewusst und über die verbindlichkeitstheoretischen Auswirkungen einer gottentleerten Welt, einer entfinalisierten Natur im Klaren. Zur Illustrierung des Problems greift er jedoch ironischerweise auf die begrifflichen Requisiten und mythischen Bilder der abgelegten Weltanschauung zurück und inszeniert die Entstehung einer moralischen Welt aus menschlicher Selbstmächtigkeit als Wiederholung des göttlichen Kreationismus. In der Verbindlichkeitstheorie nimmt der Mensch eine gottgleiche Schöpferrolle ein: so wie Gott die natürliche Welt geschaffen hat, so schafft der Mensch die von der natürlichen Welt getrennte, nicht auf sie zurückzuführende moralische Welt. Deutlicher könnte der Abstand des Hobbesschen Denkens zur naturrechtlichen Tradition nicht zum Ausdruck gebracht werden. Es gibt nicht mehr die eine, in sich normativ verfasste und daher auch für menschliche Lebensverhältnisse vorbildlich-verbindliche Seins- und Naturordnung; die Natur, die sich den modernen Menschen in der Auslegung der mathematischen Naturwissenschaften zeigt, ist sinnleer, verbindlichkeitsfrei, pure Tatsächlichkeit; aller normativer Orientierungssinn ist aus ihr entschwunden. Dem Menschen bleibt damit nur die Wahl, sich entweder in die Tatsächlichkeit der Natur zu schicken und sich ausschließlich als Teil der Natur zu erblicken, oder eine moralische Welt selbstmächtig aus sich herauszuspinnen und der Natur entgegenzustellen. Daher erzählt die Hobbessche Philosophie die Geschichte von den zwei parallelen Schöpfungen, von der Schöpfung der natürlichen Welt durch Gott, die durch die Physik rekonstruiert werden kann, und von der Schöpfung der moralischen Welt durch den Menschen, die in dem Hobbesschen Kontraktualismus nacherzählt wird.

Was der voluntaristische Gott der Hochscholastik gewollt hat, wissen die Menschen, nicht jedoch, was er sich dabei gedacht hat, welche Zwecke er mit seinem natürlichen und moralischen Ordnungsentwurf verfolgt hat. Die Vernünftigkeit des göttlichen Willens kann von ihnen allenfalls unterstellt werden, obwohl

27 *Hobbes* 1996, S. 150.

der Sinn einer solchen Unterstellung kaum auszumachen ist. Fatalismus oder Rebellion sind allemal näherliegende Reaktionsformen. Was der kontrahierende Staatsschöpfer jedoch mit seiner Erfindung bezweckte, wissen die Menschen genau, sind sie es doch selbst, die aus sich selbst heraus die Welt schaffen, die all die Überlebensrisiken und Entwicklungshindernisse beseitigt, von denen der natürliche Zustand so voll ist. Die Vernünftigkeit des menschlichen Willens muss nicht unterstellt werden, sie liegt offen zu Tage und das ganze Streben der Hobbesschen Philosophie ist darauf gerichtet, den Menschen die Vernünftigkeit des menschlichen Staatsgründungswillens, die Vernünftigkeit der Schaffung einer moralischen Welt zu zeigen und den einsichtigen politischen Gehorsam als vernünftiges Verhaltensmuster innerhalb dieses menschengemachten, normativen Kosmos zu loben und als Tugend zu preisen.

III. NATURZUSTAND UND POLITIK

Politisches Denken ist in der Krise geboren. Das gilt bereits für seinen Begründer, den sophokratischen Träumer Platon, der einer korrupten, von Sophisten, Demagogen und Tyrannen beherrschten politischen Welt durch Philosophie und Ideenschau Wahrheit und Gerechtigkeit bringen wollte. Das gilt noch mehr für das politische Denken der Neuzeit, das in seinen vertragstheoretischen Legitimationsargumenten immer wieder die Geschichte der Erschaffung des Staates aus Angst, Anarchie und Chaos erzählt. Während jedoch Platon den philosophischen Retter als überirdischen Fremden und gottgleichen Heilsbringer schildert, der sich der krisengeplagten menschlichen Wirklichkeit von außen nähert, bleibt die politische Philosophie der Neuzeit in der Immanenz der Krise und entwickelt alle krisenüberwindenden Maßnahmen intern, durch die Analyse der menschlichen Natur und der Bedingungen ihrer natürlichen Lebenssituation. Der Protagonist dieses serologischen Unternehmens ist die hellsichtig gewordene Furcht, die sich in einem kollektiven Vernunftakt staatlicher Herrschaft unterwirft, um den Lebenserhaltungsrisiken der Gesetzlosigkeit zu entgehen. Denn die Krise, die das politische Denken in der Neuzeit herausfordert, ist nicht mehr ethischer Natur, ist nicht durch Wahrheitsferne und Heillosigkeit charakterisiert; sie ist existentieller Natur; in ihr steht das nackte Leben auf dem Spiel. Daher geht es der politischen Philosophie auch nicht mehr darum, die teleologische Ratlosigkeit zu überwinden, das Wissen um das Ziel bürgerlichen Lebens, das Wissen um das höchste politische Gut zu erneuern, sondern darum, die Voraussetzungen jeder sinnvoller Lebensgestaltung überhaupt zu sicherzustellen, die Gewalt aus dem Leben der Menschen zu verbannen und die Gesellschaft zu befrieden.

Die Hobbessche Naturzustandskonzeption ist ein Traktat über die Hellsichtigkeit der Furcht. Denn folgen wir der semantischen Konvention und betrachten Angst als ein diffuses Gefühl, das wesentlich durch Unkenntnis einer unübersichtlichen und auch in ihren Grenzen undeutlichen Gefährdungssituation ausgelöst wird, Furcht hingegen als ein wissendes Gefühl, das seinen Gegenstand kennt und ihn daher rational zu traktieren vermag, dann ist der Naturzustand nicht ein Zustand der Angst, sondern der Furcht. Angst lähmt, der Sich-Ängstigende wird von der Situation übermannt, ist wehrlos. Nicht jedoch der Sich-Fürchtende. Er kann den furchteinflößenden Gegenstand identifizieren, seine Ursachen und Wirkungen analysieren und darum Vorkehrungen treffen und wirksame Abhilfe schaffen. Furcht vermag gestaltendes Handeln zu motivieren. Daher ist die Hobbessche Naturzustandskonzeption eben nicht nur ein Traktat über die Furcht, sondern über die Hellsichtigkeit der Furcht. Ihr argumentativer Gehalt lässt sich als dreiphasiger Lernprozess der natürlichen menschlichen Vernunft verstehen. Die in der Klugheitsfalle des Naturzustandes eingeschlossene Vernunft lernt, dass durch stetige Vergrößerung des individuellen Selbstbehauptungspotentials der Kriegszustand keinesfalls beendet werden kann. Sie gewinnt weiterhin die Erkenntnis, dass die allgemein gewünschte Verbesserung der Lebensverhältnisse, ein Zustand des gesellschaftlichen Friedens, nur dann erreicht werden kann, wenn alle sich allgemeinen Gesetzen unterwerfen. Freilich ist damit das Misstrauen noch nicht beseitigt. Die hellsichtige Furcht erkennt, dass niemandem Gesetzestreue und Friedfertigkeit angeraten werden kann, wenn nicht sichergestellt ist, dass sich auch alle wirklich an die Regeln halten. Sie erkennt, dass durch einseitige Abrüstungsvorleistungen der Kriegszustand nicht überwunden wird, dass es dem vorausgesetzten Fundamentalzweck der Selbsterhaltung geradezu widerstreiten muss, die Einhaltung der Friedensvorschriften zu verlangen, wenn deren allgemeine Beachtung nicht wirksam garantiert ist.

Sie leitet aus dieser Einsicht die Aufgabe ab, die Umstände so zu verändern, dass eine allgemeine Befolgung der Friedensregeln gewährleistet ist und somit auch der Einzelne risikolos das tun kann, was ihm seine Vernunft im Interesse der Sicherung seines Lebens und der Beförderung seines Glücks vorschreibt. Und dies kann er erst dann ungefährdet tun, wenn eine unwiderstehliche Zwangsgewalt den klugen Regeln des gesellschaftlichen Friedens Wirksamkeit verschafft und die Einhaltung aller Abmachungen sichert.

> Die bloße Übereinstimmung oder das Übereinkommen zu einer Verbindung ohne Begründung einer gemeinsamen Macht, welche die einzelnen durch Furcht vor Strafe leitet, genügt daher nicht für die Sicherheit, welche zur Übung der natürlichen Gerechtigkeit nötig ist.[28]

Das vitale Interesse an friedlichen Verhältnissen und einem zufriedenstellenden Leben ist nur um den Preis der Etablierung eines wirksamen Zwangssystems, eben des Leviathans, zu verwirklichen.

Der Staat ist die Bedingung, unter der die Einsicht der Menschen in die rationale Vorzugswürdigkeit der Kooperation wirksam werden kann. Er stattet die Kooperationsvernunft mit Macht aus und verschafft ihr reale Geltung. Und weil ohne ihn nur die Unvernunft des Naturzustandes existieren würde, ist er selbst die Wirklichkeit der Vernunft. Freilich kann er nach Hobbes nur dann die Wirklichkeit der Vernunft verbürgen, wenn er absolute Macht besitzt, in seiner Machtausübung weder durch Naturrechtsregeln noch durch unveräußerliche individuelle

28 *Hobbes* 1959, S. 127.

Grundrechte, weder durch Gerechtigkeitsprinzipien noch durch ein herrschaftsmäßigendes konstitutionelles Regelwerk eingeschränkt ist. Bürgerkriegsvermeidung, das ist die leviathanische Staatsräson. Und der konfessionelle Bürgerkrieg hat Hobbes gelehrt, dass die Staatsräson mit einem Machtmonopol allein noch nicht hinreichend ausgestattet ist, um den Pazifikationszweck zu erfüllen. Sie bedarf darüber hinaus auch des Interpretations- und Definitionsmonopols; sie muss die Bedeutungen der Wörter festlegen und bestimmen, welche Überzeugungen als zulässige Wahrheiten gelten dürfen und welche anderen als Irrlehren zu verbieten sind. Denn der konfessionelle Bürgerkrieg war ein Krieg der Ideologien, ein Kampf konkurrierender Wahrheiten um die absolute Macht, ein Kampf der Interpretationen und Bedeutungen. Eine Strategie der Bürgerkriegsvermeidung muss daher die Verfügung über die Semantik handlungsrelevanter normativer und religiöser Begriffe beinhalten.

Der Ort der politischen Vernunft des Leviathan liegt nicht in einem der Macht vorgegebenen und aufgegebenen rechtlichem Regelwerk, sondern in dem durch keinerlei vorgeordnete Prinzipien eingeschränkten absoluten Willen. Politische Herrschaft kommt in dem Hobbesschen Absolutismus nicht in einer Verfassung zur Ruhe; die politische Vernunft verfestigt sich nicht in einem nomothetischen Werk, das selbstmächtig das Leben der Bürger koordinierte, hinter dem der Machthaber zurücktreten könnte. Sicherlich ist der Hobbessche Staat in einem grundlegenden Sinne Rechtsstaat, regelsetzender und durch Regelsetzung Kooperation ermöglichender Staat. Auch ist es legitim, Naturzustand und Vertrag in der Hobbesschen Staatsphilosophie als spieltheoretische Musterargumentation avant la lettre zu lesen.[29] Aber all diese Zugangsweisen verfehlen die genuin politische Dimension der Hobbesschen Theorie. Der Leviathan, da ist Carl Schmitt uneingeschränkt zuzustimmen, hat einen sperrigen machtpolitischen Kern, der sich weder dem glatten Rationalitätsprogramm der politischen Ökonomie noch dem Maschinenwerk des rechtsstaatlichen Instrumentalismus fügt. Er ist, genauso wie es die emblematische Darstellung des berühmten Titelblatts der Erstausgabe von 1651 zeigt, eine politische Vereinigung, die sich ihre Einheit bewahren und gegen Zerfall schützen muss. „Eintracht ist Gesundheit, Aufruhr, Krankheit und Bürgerkrieg Tod".[30] Wie die natürlichen Körper der Naturzustandsbewohner ist auch der politische Körper des Leviathan vor allem anderen an seiner Selbsterhaltung interessiert. Der Bewahrung der Eintracht gilt seine größte Sorge. Bereits die kleinsten Anzeichen von Dissoziation, von öffentlich sich äußerndem Eigensinn, von nachlassendem Gehorsam, Legitimitätsskepsis und Rechtmäßigkeitszweifel alarmieren ihn, verlangen sein unmittelbares Eingreifen. Denn der Leviathan ist verwundbar, und keine Verfassung, kein Regelwerk kann ihn schützen. Daher muss er die liberale Befriedungskultur des Rechtsstaats unter den leviathanischen Vorbehalt politischer Selbsterhaltung stellen.

29 Dazu *Kersting* 2009, S. 118ff.

30 *Hobbes* 1966, S. 5.

Die Menschen mögen Bürger werden und den Naturzustand hinter sich lassen. Der Leviathan kann jedoch aus dem Schatten des Naturzustandes nicht heraustreten, die Logik seiner Entstehungssituation prägt sein ganzes Handeln. Gerade weil er seine Bürger vor den Gefahren des Naturzustandes schützen will, muss er seine Gefährlichkeit stets vor Augen haben und sich ein naturzustandstaugliches Strategierepertoire zulegen. Er lebt darum in steter Furcht vor dem Bürgerkrieg, vor einem erneuten Bruch der Ordnung und einen Rückfall in Anarchie und Chaos. Immer sieht er seine Herrschaft durch die Konfliktdynamik des Naturzustandes angefochten. Er ist misstrauisch, immer auf der Hut, wähnt sich von Feinden belauert, erblickt in jedem Bürger ein Ordnungsrisiko, muss sich darum in allen ordnungspolitischen Belangen letzte Entscheidungskompetenz vorenthalten. Normalität ist der staatlichen Macht verwehrt, nie kann sie in der alltäglichen Routine situationskluger Regelanwendung unsichtbar werden. Sie befindet sich in einem fortwährenden Ausnahmezustand und übernimmt das Selbsterhaltungsprogramm der Naturzustandsbewohner. Angstvoll drängen sich die Menschen zum Staat zusammen. Das Schwert des Leviathan bietet ihnen Sicherheit, sie können ihre Furcht vergessen und unter dem Schutz der absoluten Herrschaft anfangen, ein Leben zu führen. Doch die Furcht ist nicht verschwunden, sie ist noch da. Das Herz des schrecklichen Leviathans ist voller Furcht. Und diese Furcht hat einen Namen. Der Leviathan fürchtet sich vor seinem Zwillingstier und Gegengeschöpf, vor dem Anti-Staat, vor Behemoth, der Anarchie, Unordnung und ungezügelte Gewalttätigkeit verkörpert. Ihm gegenüber muss er sich behaupten. Und nur dann gelingt es ihm, sich zu behaupten, wenn er genau so furchterregend und Schrecken einflößend ist wie dieses Ungeheuer und kein Bürger es wagt, die Regeln zu brechen. Denn nur durch omnipräsente Einschüchterung kann in einem weltlichen Gemeinwesen die Verpflichtungswirkung der Regeln sichergestellt werden. Nur wenn die Furcht vor Bestrafung allgegenwärtig ist, kann die Ordnung vor den destruktiven Auswirkungen des vorteilhaften Regelbruchs geschützt werden.

Politik, das ist die Hoffnung des Bürgers, der mit seinesgleichen sich eine staatliche Ordnung gibt, ist die dauerhafte Beendigung von Ausnahmezustand und Grenzsituation. Daher kann der Wechsel vom *status naturalis* zum *status civilis* auch als Übergang von der Notwendigkeit der Überlebenssicherung zur Möglichkeit der Lebensführung charakterisiert werden. Die politische Ordnung setzt die Herrschaft der Normalität durch; und Normalität herrscht dann, wenn durch die staatlichen Sicherheitsleistungen und die Festigkeit der Institutionen die basalen Voraussetzungen für menschliches Glück und Handlungserfolg, für personale Selbstentwicklung und ethische Selbstverwirklichung zur unauffälligen Selbstverständlichkeit geworden sind, wenn Gewalt aus dem zwischenmenschlichen Raum verbannt ist, Zukunftsvertrauen besteht, Erwartungen handlungsleitende Stabilität gewinnen und wechselseitige Verlässlichkeit herrscht. Aufgrund der gegenwärtig weit verbreiteten Neigung, die politische Philosophie zu ethisieren, sie, sei es gerechtigkeitsmoralisch, sei es identitätsmoralisch zu verkürzen und mit Eifer immer neue Vollendungsgestalten liberaler Wohlordnung, erfüllender Gemeinschaftlichkeit, wahrheitszieliger Deliberation und beteiligungsstarker Demokratie zu modellieren, erfahren diese fundamentalen Zivilisierungsleistungen der staatlichen Ordnung selten die Aufmerksamkeit und Wertschätzung, die sie verdienen. Aber normative Hochgestimmtheit darf nicht dazu führen, die grundlegenden ordnungspolitischen Voraussetzungen aller gerechtigkeitsethischen oder gemeinschaftsethischen Optimierung zu vernachlässigen.

Carl Schmitt hat für diese liberale Hoffnung nur Spott übrig. Politik ist für ihn nicht Beendigung des Naturzustandes, sondern Annahme des Naturzustandes, Ausrichtung auf den Naturzustand. Der Naturzustand ist nicht das natürliche Schicksal der Menschen, das durch die Schaffung der künstlichen Welt des Staates abgewendet werden soll, er ist auch nicht das Verhängnis, dem nicht auszuweichen ist, das alle politischen Ordnungsbestrebungen als Illusion erweist. Abwendbares Schicksal, unabwendbares Verhängnis – in beiden Fällen wäre der Naturzustand etwas Negatives. Der Unterschied wäre nur der, dass im ersten Fall die Politik von der Zuversicht erfüllt ist, das Naturzustandsschicksal abwenden und den Bürgerkrieg vermeiden zu können, im zweiten Fall hingegen diese Zuversicht als anthropologische Illusion durchschaut wird und einer politischen Resignation Platz macht. Carl Schmitt will mit seiner Politikdefinition den hoffnungsvollen Pazifisten nicht einreden, dass Frieden und ein hostilitätsfreies Zusammenleben eine moralische Chimäre sei. Er will vielmehr den Naturzustand bejahen[31] und erblickt in dieser Bejahung den einzigen Weg, auf dem Politik zu sich selbst kommen kann. Diese Bejahung ist mehr und letztlich anderes als die oben beschriebene Wachsamkeit des Leviathans, ist anderes als eine Politik der Bürgerkriegsprophylaxe. Denn dieser Politik gilt der Naturzustand als ordnungspolitisches *summum malum*. Auch wenn in der Fixierung auf seine Abwendung dieses höchste politische Übel Macht über die Politik gewinnt, ist diese paradoxale Dauerpräsenz des politischen Negativs in den Maßnahmen seiner Abwendung ganz etwas Anderes als seine Schmittsche Umarmung, in der das Negative des Naturzustandes in ein politisch Positives umgewandelt wird.

Man darf sich von der Hostilitätsrhetorik nicht verwirren lassen. Dass Hobbes seinen Naturzustand als *status belli* charakterisiert, dessen Gegebenheiten dem rationalen Individuum keine andere Wahl lassen als „jederzeit in der Kriegsrüstung zu seyn",[32] und Schmitt die Freund-Feind-Unterscheidung zum konzeptuellen Rückgrat des Begriffs des Politischen erklärt, bedeutet keinesfalls, dass in den Hobbesschen und Schmittschen Feindseligkeitsszenarien von demselben die Rede ist. Der Schmittsche Feind ist der politische Feind, der Adressat einer souveränen Feinderklärung aus politischer Perspektive, aus politischem Interesse. Dieses Feindkonzept setzt staatliche Souveränität voraus, so wie umgekehrt Souveränität durch entschiedene Feindfähigkeit zu sich kommt: nur die politische Macht ist wahrhaft souverän, die frei festzulegen vermag, wer Freund und wer Feind ist. Die Feinderklärung der Souveränität ist ein unerlässliches Mittel der politischen

31 „Schmitt stellt die Bejahung des Naturzustandes der Hobbesschen Verneinung des Naturzustandes entgegen" (*Strauss* 2001, S. 235).

32 *Kant* Bd. XIX, Refl. 7646.

Selbsterhaltung. Der Schmittsche Feind ist der Revolutionär, der nach der Macht greift und die bestehende Ordnung umstürzen will, der Sezessionist, der Landesteile aus dem Staatsgebiet herauslösen möchte, die fremde Macht, die ins Land einfallen will. Schmitts Feinde sind allesamt politische Figuren, politikimmanente Gestalten, die auf unterschiedliche Weise die bestehende Ordnung bedrohen. Im Hobbesschen Naturzustand hingegen, dessen Radikalität von Schmitt völlig verkannt wird, ist jedermann jedermanns Feind – und dies allein darum, weil er existiert. Denn als Existierender ist er Konkurrent im knappheitsbedingten Kampf ums Überleben, um Güter und Macht. Der Jedermannsfeind des Hobbesschen Naturzustandes ist eine methodologische Konstruktion, ein Gedankenexperiment. Er ist der Protagonist des kontraktualistischen Staatsbegründungsarguments. Um die strukturelle Hostilität des Naturzustandes zu überwinden, wird das staatliche Reich der Politik begründet.

Ersichtlich trägt Schmitts Politikbegriff zu einem besseren Hobbes-Verständnis nichts bei, legt in der Hobbesschen Philosophie auch keine überraschenden Bedeutungsschichten frei, die die Hobbes-Interpretation in ihrer Forschungsroutine übersehen hätte. Denn das Hobbessche Politikverständnis und das Schmittsche Politikverständnis sind einander diametral entgegengesetzt. Natürlich ist auch der Hobbessche Souverän an politischer Selbsterhaltung interessiert und verfolgt darum unnachgiebig alle, die durch Schriften, Reden und Taten ihn gefährden könnten. Und natürlich behält er sich auch das Recht vor, selbst zu entscheiden, wer zu seinen Feinden gehört. Das ist aber alles nur integraler Bestandteil rationaler Naturzustandsprophylaxe. Schmitts Nobilitierung des Naturzustandes, seine Aufwertung der Hostilitätsatmosphäre des Natuzustandes zum wahren Biotop des Politischen hat im Grunde mit Hobbes nichts, mit dem von Schmitt zugleich perhorreszierten und verachteten Liberalismus jedoch alles zu tun.[33] Das Zeitalter des Liberalismus ist für Schmitt das „Zeitalter der Neutralisierungen und Entpolitisierungen".[34] Der Liberalismus ist politikvergessen, hat die gefährliche Wahrheit der Unentrinnbarkeit, der Schicksalhaftigkeit des Politischen verdeckt durch das Lob zivilisatorischer Errungenschaften, hat die Härte des Kampfes durch die kulturpolitische Milde, durch Verständigungsrhetorik und ökonomisches Verhandeln vergessen gemacht, ist eine einzige Inszenierung des anthropologischen Irrtums von der Ungefährlichkeit des Menschen. Er feiert den Frieden und den Fortschritt, den Reichtum und das Wohlleben. Im Liberalismus kommt den Menschen der Ernst abhanden, wird das Leben zur Unterhaltung. Schmitt macht es sich zur Aufgabe, an die Wahrheiten zu erinnern, die durch liberalen Pazifismus und Progressismus übertüncht werden, an die Politik und den Lebensernst, der weiß, dass Opfer gebracht werden müssen, dass man zum Töten und Sterben bereit sein muss, wenn der Staat ruft. Und diese Rückbesinnung auf das fundamental Existentielle der Politik verlangt auch, sich von Hobbes zu distanzie-

33 „Während Hobbes in einer illiberalen Welt die Grundlegung des Liberalismus vollzieht, unternimmt Schmitt in einer liberalen Welt die Kritik des Liberalismus" (*Strauss* 2001, S. 225).

34 *Schmitt* BdP, S.79–95.

ren. Denn insofern Hobbes den Staat als herrschaftstechnische Bändigung der Gefährlichkeit des Menschen und als Ermöglichung kulturellen Fortschritts entworfen hat, ist der Antiliberalismus Schmitts im Kern auch Anti-Hobbesianismus,

> Der Liberalismus, geborgen und befangen in einer Welt der Kultur, vergißt das Fundament der Kultur, den Naturzustand, d.h. die menschliche Natur in ihrer Gefährlichkeit und Gefährdetheit. Schmitt geht wider den Liberalismus auf dessen Urheber, auf Hobbes zurück, um in Hobbes' ausdrücklicher Negation des Naturzustandes die Wurzel des Liberalismus zu treffen.[35]

IV. PROVIDENTIELLE VERNUNFT UND MENSCHLICHE GEFÄHRLICHKEIT

> Man könnte alle Staatstheorien und politischen Ideen auf ihre Anthropologie prüfen und danach einteilen, ob sie, bewußt oder unbewußt, einen ‚von Natur bösen' oder einen ‚von Natur guten' Menschen voraussetzen.[36]

Und dass ein Schriftsteller, der das politische Bewusstsein vordringlich als feindfähiges, polemisches Bewusstsein versteht, nur den Theorien, die von einer natürlichen und daher offensichtlich unausrottbaren, durch keinerlei institutionelles Arrangement überformbaren Bosheit der Menschen ausgehen, ein sachangemessenes Verständnis des Politischen bescheinigen kann, versteht sich. An der

> merkwürdige(n) und für viele sicher beunruhigende(n) Feststellung, dass alle echten politischen Theorien den Menschen als ‚böse' voraussetzen, d.h. als keineswegs unproblematisches, sondern als ‚gefährliches' und dynamisches Wesen betrachten,[37]

führt für Schmitt kein Weg vorbei. Die These selbst ist freilich alles andere als selbstverständlich. Dass Anarchisten der Überzeugung sein müssen, dass der Staat die menschliche Natur korrumpiert und Menschen, nachdem ihnen die staatliche Deformation aus dem Denken, Handeln und Fühlen herausgewaschen worden ist, ein friedvolles und gedeihliches Zusammenleben spontan und allein der Koordinationsleistung ihrer moralischen Natur vertrauend zuwege bringen können, ist fraglos richtig. Aber auch Rousseau meinte, dass der Mensch von Natur aus gut und durch den fortschreitenden Vergesellschaftungsprozess all seiner sittlichen Lauterkeit beraubt worden sei, hat aber gleichwohl an der Gründung eines Staates festgehalten, der sich nur dadurch vom Hobbesschen Leviathan unterscheidet, dass die Souveränitätsposition ausschließlich von dem sich vertraglich einigenden Volk selbst eingenommen werden kann.[38]

35 *Strauss* 2001, S. 225.
36 *Schmitt* BdP, S.59.
37 *Schmitt* BdP, S. 61.
38 Vgl. *Kersting* 2002, *Kersting* (Hg.) 2003.

> Klare Wörter sind das Licht des menschlichen Geistes, aber nur, wenn sie durch exakte Definitionen geputzt und von Zweideutigkeiten gereinigt sind. Die Vernunft ist der Schritt, die Mehrung der Wissenschaft der Weg und die Wohlfahrt der Menschheit das Ziel. Und im Gegensatz dazu sind Metaphern und sinnlose und zweideutige Wörter wie Irrlichter, und sie dem Denken zugrunde legen heißt durch eine Unzahl von Widersinnigkeiten wandern, und an ihrem Ende stehen Streit und Aufruhr oder Ungehorsam.[39]

Hätte Schmitt nur diese Hobbessche Warnung beherzigt! Man könnte sicherlich mehr mit der Schmittschen These anfangen, wenn ihr Grundvokabular eine klarere semantische Kontur besäße. Das ist aber nicht der Fall. Der Begriff des Bösen vereinigt die unterschiedlichsten Bedeutungsfacetten: ‚von Natur aus böse' kann meinen: unentrinnbar ‚problematisch', ‚gefährlich', ‚dynamisch', ‚riskant'. Daneben finden wir eine Definitionskette, die als eher traditioneller Lasterkatalog daherkommt:

> Die ‚Bosheit' kann als Korruption, Schwäche, Feigheit, Dummheit oder auch als ‚Rohheit', Triebhaftigkeit, Vitalität, Irrationalität usw. erscheinen.[40]

Diese verwirrende Vielfalt lässt sich freilich auf eine Grundbedeutung zurückführen, wenn wir Schmitts Überzeugung von den verwandten Denkvoraussetzungen von Theologie und Politik berücksichtigen. All diese vielen Bilder der Bosheit wären dann unterschiedliche Ausprägungen der „Sündhaftigkeit der Welt und der Menschen",[41] die Bosheitsthese der politischen Anthropologie dann das Gegenstück zum theologischen Dogma von der Erbsünde. Und Politik hat mit dieser Bösartigkeit zu rechnen, hat sich dem Feind, dem in den Nebeln der politischen Theologie die Gestalt des Antichrist annehmenden Feind zu stellen, hat sich in existentiellem Ernst, opferbereit, hingebungsvoll und entschlossen für den Glauben eintretend zu bewähren und all den technizistischen Versprechen und eudämonistischen Versuchungen des liberalen Herrn der Erde, der den Erdball befrieden will und ein „Zeitalter der Sekurität"[42] verspricht, aus tiefstem Herzen zu misstrauen. [43]

Aber eine Untersuchung der These, dass alle echte politische Philosophie von der Annahme der menschlichen Bösartigkeit ausgehe, muss von dieser theologischen Deutung der Bösartigkeit absehen. Denn es ist evident, dass die von Schmitt zu seinen wichtigsten Gewährsmännern gezählten Machiavelli und Hobbes Vertreter einer autonomen, sich von allen metaphysischen und politischen Voraussetzungen unabhängig machenden Politikkonzeption sind. Daher muss die Bösartigkeitsthese theologisch neutral reformuliert werden. Und das heißt: sie muss entmoralisiert werden. Dann aber bleibt als Bösartigkeitsausweis nur eine in der Triebhaftigkeit, in der plastischen Begehrlichkeit verankerte Gefährlichkeit übrig,

39 *Hobbes* 1966, Kap. 4, S. 37.

40 *Schmitt* BdP, S. 59.

41 *Schmitt* BdP, S. 64.

42 *Schmitt* 1916, S. 66.

43 Zur politischen Theologie Carl Schmitts siehe *Meier*, S. 9–96.

ein Konflikte erzeugendes und Unordnung herbeiführendes Streben nach Macht und Herrschaft, eine Neigung zur Pleonexie. All das sind sicherlich keine Eigenschaften, die friedliches Zusammenleben ermöglichen; entsprechend erweist sich eine derart boshafte menschliche Natur als in hohem Maße staats- und herrschaftsbedürftig, denn allein die Etablierung staatlicher Macht vermag einer derart getriebenen Menschennatur Lenkung und Orientierung zu geben.

Aber die Anthropologie Hobbes' stützt nicht im Mindesten dieses Bild einer triebhaften menschlichen Bösartigkeit, einer im Blut und den Genen steckenden Gefährlichkeit. Gefährlich ist der Mensch, wolfsgefährlich. Aber diese Gefährlichkeit ist das Resultat einer selbsterhaltungsrationalen Analyse seiner natürlichen Lebenssituation, einer Zusammenarbeit von Selbsterhaltungswunsch und Vernunft unter Naturzustandsbedingungen. Die Hobbessche Vernunft ist vor allem Planungskompetenz und praktisches Zukunftsbewusstsein. Sie befähigt zu mittel- und langfristigen, direkten und indirekten Befriedigungsstrategien. Sie ist Voraussicht, antizipiert die Folgen von Handlungen und Ereignissen und sorgt vor. Die Vernunft lehrt, mit Zukünftigem und Möglichen zu rechnen. Nur weil wir Vernunft haben, macht uns auch der zukünftige Hunger hungrig,[44] besitzt der Mensch ein komplexes Kausalkonzept, das über das immer an das präsentische Wahrnehmungsfeld gebundene Reiz-Reaktions-Schema hinausgeht und auch antizipierten Bedürfnissen und Interessen, Erwartungen und Befürchtungen handlungs-motivierende Kraft verleiht. Er vermag seine Präferenzen zu ordnen und die Verwirklichung seiner Interessen einem um Nutzenmehrung bemühten, erfahrungsbelehrten Klugheitskalkül zu unterwerfen. Unter Naturzustandsbedingungen reduziert sich die vernünftige Verwaltung der menschlichen Interessen auf Machtakkumulation um der Selbsterhaltung willen. Der Steigerung der Macht, der Mehrung der selbsterhaltungsdienlichen Mittel gilt ihr vorzügliches Interesse.

> Ich halte [...] ein fortwährendes und rastloses Verlangen nach immer neuer Macht für einen allgemeinen Trieb der gesamten Menschheit, der nur mit dem Tod endet.[45]

Dieser vielzitierte Satz ist häufig missverstanden worden. Man hat in der Physiognomie des Hobbesschen Menschen Züge des Machiavellischen Fürsten oder des Shakespeareschen Schurken ausgemacht, entweder moralisierend über das zynisch-düstere Menschenbild Hobbes' lamentiert oder psychoanalysierend Hobbes eine prä-freudianische Entdeckung eines Machttriebes unterstellt, der aus dem libidinösen Unbewussten heraus den Menschen unerbittlich vorwärts hetze. All diese Deutungen haben sich nicht des systematischen Kontextes versichert, aus dem heraus dieser Satz allein angemessen, jenseits von moralischer Entrüstung und pathologischem Befund, zu verstehen ist.

Hobbes' Satz über das fortwährende und ruhelose Verlangen der Menschen nach immer mehr Macht ist ohne jede Schwierigkeit aus den systematischen Voraussetzungen seines politischen Denkens ableitbar. Gesetzt, der Mensch ist eine

44 *Hobbes* 1955, S. 17.
45 *Hobbes* 1966, Kap. 11, S. 75.

so komplexe Bewegungsmaschine, dass er nicht nur wie die anderen tierischen Bewegungsmaschinen bedürftig ist, sondern darüber hinaus auch noch über die Eigenschaft der Vernunft verfügt, die ihn in Stand setzt, nicht nur gegenwärtige Bedürfnisse zu befriedigen, sondern sich auch immer, während der Befriedigung gegenwärtiger Bedürfnisse, von zukünftigen Bedürfnissen beunruhigen zu lassen und die Befriedigung gegenwärtiger Bedürfnisse mit der aktiven Sorge für die Befriedigung zukünftiger Bedürfnisse in Übereinstimmung zu bringen; und gesetzt drittens, dass Macht die gegenwärtig verfügbaren Mittel sind, um einen angenehmen Zustand in der Zukunft zu sichern; und gesetzt viertens, dass für Menschen die Zukunft kognitiv unverfügbar ist und den Erwartungen und Befürchtungen immer nur eine subjektive Wahrscheinlichkeit anhaftet, die für die Person jedoch notwendigerweise immer eine ausreichende Handlungsgrundlage sein wird, dann folgt daraus mit logischer Notwendigkeit, dass Menschen nie aufhören werden, sich um die Größe ihrer Macht zu sorgen und ihre Macht zu vermehren, so lange sie leben.

Hobbes' Menschenbild ist nicht von Verruchtheit, Bösartigkeit und Machtgier bestimmt, sondern von Zukunftsangst. Das Machtstreben, das präventive Streben nach immer mehr Macht, hat seinen Grund darin, dass der Mensch einmal ein bedürftiges Wesen ist und zum anderen ein providentielles Wesen ist. Ein zugleich bedürftiges und providentielles Wesen wird sein Leben so gestalten, dass zu jedem Zeitpunkt eine hinreichend zufriedenstellende Befriedigungsrate seiner Bedürfnisse gewährleistet ist, wird folglich für zukünftige Bedürfnisbefriedigungen planen. Denn es ist

> Gegenstand menschlichen Verlangens, nicht nur einmal und zu einem bestimmten Zeitpunkt zu genießen, sondern sicherzustellen, dass seinem zukünftigen Verlangen nichts im Wege steht. Und deshalb gehen die willentlichen Handlungen und Neigungen aller Menschen nicht nur darauf aus, sich ein zufriedenes Leben zu verschaffen, sondern auch darauf, es zu sichern.[46]

Auch Leo Strauss verkennt Hobbes' Anthropologie. Man kann die Gefahr, die die Menschen im Naturzustand für einander darstellen, nicht als Ausdruck einer tierischen und daher unschuldigen Bosheit verstehen, gleichsam als biologisches Gegenstück zur theologischen Erbsünde.[47] Gefährlich ist der Mensch für den Menschen, weil ihm unter Naturzustandsbedingungen nichts anderes übrig bleibt, als um seiner Selbsterhaltung willen möglichen Gewalthandlungen Anderer zuvorzukommen. Die Vernunft und ausschließlich die Vernunft ist der Quell menschlicher Gefährlichkeit, nicht seine Triebhaftigkeit. Also gerade nicht im mit dem Rest der lebendigen Schöpfung geteilten Animalischen ist der Grund der Unerträglichkeit der natürlichen Menschenexistenz zu suchen und zu finden, sondern in

46 *Hobbes* 1966, Kap. 11, S. 75.

47 „Und versteht man einmal die Bosheit des Menschen als unschuldigen ‚Bosheit' des Tieres [...]. Während bei Hobbes die natürliche und darum unschuldige ‚Bosheit' zuletzt darum hervorgehoben wird, damit sie bekämpft werden kann [...]"(*Strauss* 2001, S. 231).

der spezifischen, den Menschen vom Schöpfungsrest trennenden Vernünftigkeit. Daher ist der Staat auch nicht ein Unternehmen, das, wie Strauss meint, die Bösartigkeit bekämpft, sondern die Randbedingungen menschlicher Existenz so ändert, dass die nach wie vor den Menschen beschäftigende vernünftige Verwaltung seiner Interessen auf die überlebensriskanten gewaltanwendenden Strategien des Naturzustandes verzichten kann.

Ein Wolf ist der Mensch für den Menschen, weil seine Vernunft unter Naturzustandsbedingungen von ihm die Entwicklung und Anwendung einer Strategie der gewaltbereiten Selbstbehauptung und des offensiven Misstrauens verlangt. Dieselbe Klugheit jedoch, die dem Menschen unter Naturzustandsbedingungen zur Falle wird, da er durch Anstrengungen seiner subjektiven Rationalität den objektiven Zustand und damit auch seine eigenen Lebensbedingungen unvermeidlicherweise verschlechtert, weist ihm jedoch auch einen Ausweg aus diesem Rationalitätsdilemma: die Kooperation mit allen Anderen, ein Vertrag zur Gründung des Staates. Der Mensch ist nicht schlechthin dem Menschen ein Wolf: nur im Rationalitätsdilemma des Naturzustandes erweist er sich als solcher, nur im Klima ungehemmter Selbsterhaltungskonkurrenz. Im Rahmen kooperativer Verhältnisse jedoch erweist er sich als Partner des zivilisatorischen Fortschritts; kooperierend, die Verfolgung der eigenen Interessen dem friedenstiftenden Regelwerk des Staates anpassend, ist der Mensch dem Mensch ein Gott – „homo homini deus".[48]

Diese beiden anthropologischen Formeln Hobbes' bieten eine eindrucksvolle Verdichtung der ungesellig-geselligen Grundspannung des modernen Individuums. Sie geben dem Rationalitätsabstand zwischen den Strategien der absoluten Konkurrenz und der Kooperation stärksten Ausdruck. Entscheidend aber ist, dass sich die Negativität der Wolfs-Formel und die Positivität der Gottes-Formel derselben menschlichen Vernunft verdanken. Nur ist diese Vernunft als Vernunft des Wolfs-Menschen eine reagierende, auf die vorfindliche Lebenssituation des Naturzustands antwortende Vernunft, während sie als Vernunft des Gottes-Menschen zu einer konstruktiv-schöpferischen wird, die die Naturzustandsbedingungen durch selbstgemachte, spezifisch menschliche Lebensumstände ersetzt und damit die Voraussetzungen für Frieden, individuelles Glück und zivilisatorischen Fortschritt schafft. Zwischen beiden erstreckt sich der Lernprozess der hellsichtigen Furcht. Der Mensch ist dem Menschen ein Gott, indem er zusammen mit Seinesgleichen die Selbsterhaltungsfurcht besiegt, in dem er zusammen mit Seinesgleichen den Schöpfungsakt Gottes wiederholt und sich eine künstliche Welt, eine zweite Natur schafft, in der, anders als in der natürlichen Welt, in der ersten Natur, es sich für Menschen leben lässt.

In einer Hinsicht ist Strauss jedoch zuzustimmen: während Hobbes' politische Philosophie darauf aus ist, die rationale Vorzugswürdigkeit staatlicher Ordnungspolitik und bürgerlichen Gehorsams zu erweisen, also durch die Institution des Staates die Lebensverhältnisse so zu ändern, dass die Gewalt aus dem zwischenmenschlichen Leben verschwindet und die Menschen keinerlei Furcht mehr ha-

48 *Hobbes* 1959, S. 59.

ben, keinerlei Angst vor einander mehr haben müssen, ist Schmitt daran gelegen, die Gefährlichkeit, die Bosheit des Menschen zu erhalten. Gerade weil sie dem Menschen als solchem eigen ist, erweist sie sich als resistent, als immun gegenüber allen institutionalistischen Disziplinierungsversuchen und kulturellen und moralischen Domestikationsanstrengungen, bedarf es der Politik, der souveränen Entscheidungsfreiheit, der kraftvoll autoritären Handlung, die nicht Gefahr läuft, der liberalen Illusion von den Koordinationsleistungen institutioneller anreizkompatibler Rahmenordnungen aufzusitzen. Schmitt halbiert die Hobbessche Anthropologie, verabsolutiert die ausschließlich im Naturzustand geltende *homo-homini-lupus*-Komponente und unterschlägt die *homo-homini-deus*-Komponente. Denn diese bereitet dem verächtlichen Liberalismus, der ekelerregenden Ökonomisierung des Lebens den Weg, verwandelt den Menschen in einen

> Bourgeois […], der die Sphäre des unpolitisch risikolosen Privaten nicht verlassen will, der im Besitz und in der Gerechtigkeit des privaten Besitzes sich als einzelner gegen das Ganze verhält, der den Ersatz für seine politische Nullität in den Früchten des Friedens und des Erwerbs und vor allem ‚in der vollkommenen Sicherheit des Genusses derselben findet', der infolgedessen der Tapferkeit überhoben und der Gefahr eines gewaltsamen Todes entnommen bleiben will.[49]

49 *Schmitt* BdP, S. 62. – Das Zitat paraphrasiert und zitiert Passagen aus Hegels Schrift *Über die wissenschaftlichen Behandlungsarten des Naturrechts* von 1802.

LITERATUR

Bolz, Norbert, 2003: Auszug aus der entzauberten Welt. Philosophischer Extremismus zwischen den Weltkriegen, München.

Gert, Bernard (Hg.), 1972: Man and Citizen. Thomas Hobbes's De Homine and De Cive, Humanities Press 1972

Hart, Herbert Lionel Adolphus, 1961: The Concept of Law, Oxford.

Hobbes, Thomas, 1959: Vom Menschen – Vom Bürger, Hamburg.

Hobbes, Thomas, 1966: Leviathan, Neuwied/Berlin.

Hobbes, Thomas, 1996: Leviathan, hg. v. Richard Tuck, Cambridge.

Kant, Immanuel: Kritik der reinen Vernunft, B 172.

Kant, Immanuel: Gesammelte Schriften, Akademie-Ausgabe.

Kersting, Wolfgang, 1988: Erkenntnis und Methode in Thomas Hobbes' Philosophie, in: Studia Leibnitiana XX/1988, S. 126–139.

Kersting, Wolfgang, 1998: Rechtsverbindlichkeit und Gerechtigkeit bei Thomas Hobbes, in: Archiv für Rechts- und Sozialphilosophie 84/3/1998, S. 352–376.

Kersting, Wolfgang, 2000a: Positives Recht und Gerechtigkeit bei Hobbes, in: ders., Politik und Recht, Weilerswist 2000, S. 275–303.

Kersting, Wolfgang, 2000b: Neukantianische Rechtsbegründung. Rechtsbegriff und richtiges Recht bei Cohen, Stammler und Kelsen, in: ders., Recht und Politik, Weilerswist 2000, S. 334–394.

Kersting, Wolfgang, 2002: Jean-Jaques Rousseaus „Gesellschaftsvertrag", Darmstadt.

Kersting, Wolfgang (Hg.), 2003: Die Republik der Tugend. Jean–Jacques Rousseaus Staatsverständnis, Baden–Baden.

Kersting, Wolfgang (Hg.), 2008: Thomas Hobbes: Leviathan, Klassiker Auslegen Bd. 5, 2. Aufl. Berlin.

Kersting, Wolfgang, 2009: Thomas Hobbes zur Einführung, 4. Aufl. Hamburg.

Krawietz, Werner (Hg.), 1976: Theorie und Technik der Begriffsjurisprudenz, Darmstadt.

Lübbe, Hermann, 1971: Zur Theorie der Entscheidungen, in: ders., Theorie und Entscheidung, Freiburg 1971, S. 7–31.

Meier, Heinrich, 1998: Carl Schmitt, Leo Strauss und „Der Begriff des Politischen". Zu einem Dialog unter Abwesenden, Stuttgart.

Schmitt, Carl, 1916: Theodor Däublers „Nordlicht", München.

Schmitt, Carl, 1963: Politische Theologie. Vier Kapitel zur Lehre von der Souveränität, München und Leipzig 1922; 2. Aufl. München 1934; Neudruck Berlin 1963 (zit. PTh).

Schmitt, Carl, 1968: Über die drei Arten des rechtswissenschaftlichen Denkens (1934), 2. Aufl. Berlin (zit. Drei Arten).

Schmitt, Carl, 1969: Gesetz und Urteil, 2. Aufl. München (zit. GuU).

Schmitt, Carl, 1977: Über die drei Arten des rechtswissenschaftlichen Denkens, in: Hans- Joachim Koch (Hg.): Die juristische Methode im Staatsrecht, Frankfurt a.M. 1977.

Schmitt, Carl, 1993: Der Begriff des Politischen. Text von 1932 mit einem Vorwort und drei Corollarien, 6. Aufl. Berlin (zit. BdP).

Strauss, Leo, 2001: Anmerkungen zu Carl Schmitt, Der Begriff des Politischen (1932), in: ders., Gesammelte Schriften Bd.3, Stuttgart 2001, S. 235.

Wieland, Wolfgang, 1989: Aporien der praktischen Vernunft, Frankfurt a.M.

DER MASCHINENSTAAT DES CARL SCHMITT:

Die Hobbes-Interpretation als Ideologiekritik

Peter Nitschke

In der deutschsprachigen Hobbes-Rezeption kommt man an der Interpretation Carl Schmitts zum *Leviathan* nicht vorbei. Einerseits ist sie recht eigenwillig, und zum anderen war die Interpretation von 1938 die erste, die überhaupt den merkwürdigen Begriff und das Leitmotiv der Vertragslehre auf ihr ideenhistorisches Paradigma hin durchleuchtet hat.[1] Schmitt selbst hat sich im Vorwort anlässlich seines 50. Geburtstages in die unmittelbare Wahlverwandtschaft zum englischen Philosophen aus dem 17. Jahrhundert gestellt.[2] Man mag dies als Inszenierung abtun,[3] dahinter steckt jedoch zweifellos mehr als nur eine stilisierte Wertschätzung der Politischen Theorie des Thomas Hobbes. Im Prinzip ist die Frage nach der Qualität der Schmitt-Interpretation von Hobbes bereits schon selbst eines der großen Themen der Politischen Ideengeschichte geworden.[4] Dem soll im Folgenden anhand eines Ausschnitts bei einem zentralen Gedanken seines Argumentationsgebäudes Rechnung getragen werden. Zugleich wird damit auch die Eigenwilligkeit bzw. zeitgenössische Positionierung von Schmitt dechiffriert.

1. DER STAAT ALS MASCHINE

In der Beweisführung seiner Leviathan-Interpretation anlässlich des 350. Geburtstages des englischen Philosophen im Jahre 1938 kommt Schmitt zu der Kennzeichnung, dass der „Kern" der „Staatskonstruktion" von Hobbes die Vorstellung sei, den Staat als eine „von der souverän-repräsentativen Person beseelten *Maschine*" zu betrachten.[5] Diese Feststellung ist insofern bemerkenswert, weil sie vor dem Hintergrund des damaligen Diskussionsstandes in der internationalen Hobbesforschung eigentlich kein Thema war. Der *Staat als Maschine* kam in den Debatten nicht vor.[6] Und auch nach dem Zweiten Weltkrieg ist dieses Paradigma keineswegs ein zentraler Topos der Hobbes-Rezeption geworden. Wenn es erneut

1 Vgl. *Schmitt* 1938. Zur Rezeption in der Forschung vgl. u.a. *Jänicke* 1969, *Rumpf* 1972, *Maschke* 1982 u. 1988, *Rottleuthner* 1983, *Münkler* 1984.

2 Vgl. *Schmitt* 1938, S. 5f.

3 Vgl. V. Neumann in *Quaritsch* 1988, S. 608. Dezidierter hingegen *Rumpf* 1972, S. 56ff.

4 So bereits *Willms* 1979, S. 178.

5 *Schmitt* 1938, S. 49 (Hervorhebung vom Verf.).

6 Vgl. in der Übersicht *Pacchi* 1962.

formuliert wurde, dann im Wesentlichen von deutschen Interpreten – und diese machten zumeist ihre Anleihe bei Schmitt.[7]

Gemäß der Interpretation Schmitts verändert Hobbes eine grundlegende Diskurstradition des Abendlandes, indem dieser den Staat nicht als eine von Menschen für Menschen gemachte Existenzform auslege, sondern in eine *Maschine* verwandle.

> „Die innere Logik des von Menschen hergestellten Kunstproduktes ‚Staat' führt nicht zu einer Person, sondern zur Maschine. Nicht die Repräsentation durch eine Person", ist es, worauf es nach Schmitt ankommt, „sondern die faktisch-gegenwärtige Leistung des wirklichen Schutzes."[8]

Die Fokussierung auf den Schutzgedanken ist zweifellos elementar für Hobbes, aber stimmt dies auch im Hinblick auf die Ausrichtung des Staates als *Maschine*? – Hobbes selbst gebraucht einen solchen Begriff in der von Schmitt angesprochenen Weise gar nicht. Nur an zwei Stellen benutzt der englische Philosoph überhaupt ein maschinelles Verständnis als Referenz für seine Argumentation: a) in der Denkfigur des *künstlichen Menschen*, der in Form des Staates (*civitas*) von den Menschen erschaffen wird,[9] b) im Vergleich des Staates mit einem Uhrwerk, das man in seinen mechanischen Einzelteilen auseinander nehmen kann, um es sorgfältig zu analysieren.[10]

Die Passage aus dem Vorwort von *De Cive* verweist auf die hermeneutische Funktion des Motivs: Es geht Hobbes mitnichten darum, den Staat als Maschine darzustellen. Vielmehr dient der Verweis auf das Uhrwerk als Äquivalenz dem methodischen Prinzip, komplexe Dinge in der Menschenwelt, die noch dazu noetischer Art sind, wie Ehre, Sitte, Wille oder Macht, entsprechend einem physikalischen Bausteinkasten dechiffrieren zu können. Insofern ist der *künstliche Mensch*, der mit dem mächtigen, gar übermächtigen Leviathan geschaffen wird, keine Ma-

7 So z.B. *Kodalle* 1972; vgl. dazu auch *Willms* 1979, S. 114ff. sowie ebd. die Bibliografie S. 183–230; ebenso *Collier* 1982, S. 244–257.

8 *Schmitt* 1938, S. 53.

9 Die entscheidende Stelle im *Leviathan* lautet: „Aber wie die Menschen zur Erlangung von Frieden und Selbsterhaltung einen künstlichen Menschen geschaffen haben, genannt Staat, so haben sie auch künstliche Ketten geschaffen, die man *bürgerliche Gesetze* nennt" (*Hobbes* 1984, S. 164, Hervorhebung vom Verf.).

10 So im Vorwort von *De Cive* (*Hobbes* 1994, S. 67/68): „Denn aus den Elementen, aus denen eine Sache sich bildet, wird sie auch am besten erkannt. Schon bei einer Uhr, die sich selbst bewegt, und bei jeder etwas verwickelten Maschine kann man die Wirksamkeit der einzelnen Teile und Räder nicht verstehen, wenn sie nicht auseinandergenommen werden und die Materie, die Gestalt und die Bewegung jedes Teiles für sich betrachtet wird. Ebenso muß bei der Ermittelung des Rechtes des Staates und der Pflichten der Bürger der Staat zwar nicht aufgelöst, aber doch gleichsam als aufgelöst betrachtet werden, d. h. es muß richtig erkannt werden, wie die menschliche Natur geartet ist, wieweit sie zur Bildung des Staates geeignet ist oder nicht, und wie die Menschen sich zusammentun müssen, wenn sie eine Einheit werden wollen."

schine, sondern nur eine gedankliche Analogie,[11] spezifisch sogar nur ein modelliertes Abbild für das *Organon* der Natur.[12] Es würde an dieser Stelle zu weit führen, wenn man sich auf die methodologische Bedeutung einließe, die dieses *Bild* vom Staat für Hobbes in seiner kritischen Auseinandersetzung mit der aristotelischen Schulphilosophie der akademischen Welt seiner Epoche gehabt hat.[13] Tatsächlich ist die gravierende Umwandlung des klassisch organologischen Verständnisses von Politik und der Sphäre herrschaftlicher Ordnung nicht ohne die Neuausrichtung in der Logik zu verstehen, wie sie Hobbes mustergültig im ersten Teil seiner *Elemente der Philosophie* entwickelt hat. Die Naturphilosophie ist eine Angelegenheit der Betrachtung und axiomatischen Einordnung der Welt der Körper, die politische Welt des Menschen hingegen eine Taxierung seiner Willens- und Namensvorstellungen auf dem Feld der Ethik und der daraus resultierenden Gesetze.[14] Der berühmte *body politic* des Thomas Hobbes resultiert aus dem physikalischen Grundverständnis, demzufolge alle Bewegungen in Raum und Zeit von Körpern gemacht werden. Der *Körper* ist ein biologischer – oder besser noch: ein *physikalischer* – Körper.[15] Handlungen, eben auch solche moralischer Art, wie sie Menschen für sich beanspruchen, folgen damit auf künstliche Weise den ansonsten natürlichen Gesetzen der physikalischen Welt. Sie können von diesen natürlichen Gesetzen aber auch abweichen bzw. diese verändern. Das eigentliche Leitbild im Modellverständnis des Staates ist für Hobbes damit nicht die Maschine, sondern die aristotelische Annahme vom *zoon politikon*, demzufolge Politik und Staat eine natürliche Eigenschaft des Menschen sei. Davon distanziert sich der Begründer der modernen Kontrakttheorie gründlich!

Für Hobbes ist nicht eine natürliche oder metaphysische Kraft entscheidend, wenn Menschen *einen Staat machen*, sondern ihr „Wille durch Übereinkünfte und Abkommen *errichtet*" den Staat.[16] Damit ist der Staat des Thomas Hobbes auch alles andere als ein technisches Gebilde. Die politische Ordnung basiert vielmehr auf dem Voluntarismus der individuellen Akteure, sich mit einem gemeinsamen Namen und gemeinsamen Versprechen auf bestimmte Handlungen und Pflichten hin zu einigen. Die *künstlichen Ketten*, die Hobbes als *bürgerliche Gesetze* versteht, basieren auf den Prinzipien von Freiheit und Notwendigkeit,[17] haben also nichts gemeinsam mit einer Form von Technizität aus der Maschinenwelt.

11 Vgl. dazu auch *Weiß* 1980, S. 53ff., *Rolle* 1980 sowie (allerdings sehr stark belastet von der Schmitt-Interpretation) *Stollberg-Rilinger* 1986, S. 48ff.

12 So auch *Oakeshott* in seiner berühmten Einführung zum *Leviathan* (1975, S. 18): Hobbes „does not say that the natural world is a machine; he says only that the rational world is analogous to the machine".

13 Vgl. für den Kontext *Kauffmann* 2008.

14 Vgl. *Hobbes* 1997.

15 Vgl. *Hobbes* 1994, S. 4f. – Daher begründet *Collingwood* seine modernisierende Hobbes-Interpretation für die Bedarfslage des 20. Jahrhunderts zu Recht mit der Physik als „Science of Matter" (1992, S. 3).

16 *Hobbes* 1997, S. 24.

17 Vgl. *Hobbes* 1984, S. 164.

Genau darauf aber hebt Schmitt in seiner Hobbes-Interpretation ab. Er insistiert beim Paradigma des *homo artificialis* auf die Maschine:[18]

> Auch die Seele wird dadurch zum bloßen Bestandteil einer künstlich von Menschen gemachten Maschine. [...] Der Leviathan wurde daher zu nichts anderem als zu einer großen Maschine, zu einem riesenhaften Mechanismus im Dienst der Sicherung des diesseitigen physischen Daseins der von ihm beherrschten und beschützten Menschen.

Das ist eine Interpretation, die sich so bei Hobbes in keiner Weise rechtfertigen lässt. Der Existenzialismus, auf den es Schmitt bei Hobbes ankommt, der durch den Schutzgedanken im staatlichen Gewaltmonopol, vermittelt durch die Polizei,[19] manifestiert wird, entspringt keiner Mechanik des Staates, sondern dem bewussten Willen der Menschen als *Bürger*! – Angesichts einer so krassen Fehlinterpretation muss man die Frage stellen, warum Schmitt sich auf diese Deutung so fixiert hat. Der Eindruck drängt sich auf, dass dies mehr mit Schmitts eigener Staatsinterpretation zu tun hat als mit der originären Argumentationsfigur in der Kontrakttheorie des Thomas Hobbes. Bezeichnenderweise geht Schmitt auf den naturrechtlichen Begründungszusammenhang des Kontraktualismus nicht näher ein.

II. DIE MANGELNDE TRANSZENDENZ DES STAATES

Der Verweis auf die Dimension des Mechanischen im *Leviathan* ergibt sich nicht von Hobbes her, sondern aus dem Begründungszusammenhang des absolutistischen Staates, der, was für Schmitt hochgradig interessant ist, historisch das Gewaltmonopol initiiert hat. Mit der Analogie von Staat und Maschine konnten sich Kritiker des scholastischen Begründungssystems signifikant absetzen von der traditionellen Organologie der politischen Ordnung. Das war ein hermeneutischer Affront sowohl gegenüber der neuplatonischen wie der aristotelischen Diskussionslinie. Insbesondere die Uhr avancierte hier als Symbol für ein analogisches Verständnis von Politik, bei welchem dennoch ein Determinismus (für einen Endzweck) gewahrt blieb.[20] Eine Uhr wird aufgezogen und spult sich in ihrer Funktionalität stets nach dem gleichen Prinzip ab. Der Zweck ist ihr permanentes Funktionieren. Aristotelisch gesehen fallen hier *causa formalis* und *causa finalis* in Eins zusammen. Wäre der Staat (wie Schmitt es 1938 interpretiert) eine Maschine, so würde *er* permanent funktionieren. Die Frage lautet jedoch, wer zieht das Uhrwerk des Staates auf? – Offenkundig der Mensch, und damit ist das Problem nicht nur hermeneutisch, sondern auch existenziell in der Welt.[21] Schöpfer und Nutznießer der Maschine sind identisch, aber auch personell die *Glieder* der Maschine selbst!

18 *Schmitt* 1938, S. 54.
19 Vgl. *Schmitt* 1938, S. 47.
20 Vgl. hier grundsätzlich *Mayr* 1980.
21 Grundsätzlich hierzu auch *Baruzzi* 1973.

Um die hierdurch entstehende Tautologie zu vermeiden, hat eben Hobbes darauf insistiert, dass der Leviathan ein künstliches Produkt ist, das mitsamt seiner Schöpfer auch sterben kann. Der Staat ist etwas anderes als die Summe seiner menschlichen Mit-Glieder. Doch in diesem Anders-Sein, was gleichbedeutend ist mit einer eigenen Existenz, vermag der Staat nur dann und dort dauerhaft zu existieren, sofern die Menschen an seinem Erhalt interessiert sind. Stirbt ein einzelner Mensch, geht deshalb kein Staat unter. Verlieren aber die Menschen als Glieder der Civitas ihr Interesse an der Aufrechterhaltung *ihrer* Ordnung, stirbt der Staat nicht nur imaginativ, sondern eben auch durch und durch existenziell. Aus dieser ontogenetischen Fähigkeit heraus, sich, wenn man es *will*, auch selbst zerstören zu können, wird verständlich, warum der Leviathan nicht nur ein künstlicher, großgeschriebener Mensch ist, sondern auch ein *sterblicher Gott*. Die Maschine hingegen kann sich nicht selbst liquidieren. Die Menschen – und mit ihnen *ein* Staat – schon.

Indem Schmitt bei seiner Interpretation auf den mechanischen Aspekt fixiert ist, missversteht er den nach wie vor in der Hobbesschen Konstruktion durchschimmernden metaphysischen Grundgedanken. Die Seele des Menschen bleibt vom Staat unberührt.[22] Es ist nur der Wille mitsamt vernünftig erscheinender Interessen, welche den Kontrakt begründen. Die traditionell in der modernen Hobbes-Rezeption gefeierte Säkularisierung der vormals scholastischen Theoreme verkennt,[23] dass der englische Philosoph den Gottesgedanken keineswegs verneint. Hobbes ist lediglich an einer Letzt- bzw. Erstbegründung von Politik nicht interessiert. Die Reduktion auf die anthropogene Furcht als existenzielle Kategorie schlechthin ist nur ein symbolischer (und sehr funktionaler) Ersatz für die klassische Causa-Prima-Frage. Man kann den damit verbundenen Materialismus als Positivismus auslegen, weshalb Hobbes in der heutigen Debatte gern als erster strikt antimetaphysisch argumentierender politischer System-Denker aufgefasst wird. Doch dies greift zu kurz und wird der Hobbesschen Position nicht gerecht, denn *sein* Positivismus ist kein vollständiger und schon gar nicht ein atheistischer: Die Existenz Gottes wird nicht geleugnet! – Im Gegenteil, der Autor des *Leviathan* legt Wert auf die Aussage, dass „der Ursprung des Menschengeschlechts so ist, wie wir es im heiligen, von Moses überlieferten Gesetze gelernt haben".[24] Gott bleibt für Hobbes sogar der Quellbezug für all das, was intrinsisch im Menschen vor sich geht:[25]

> Denn es gibt keinen Gerichtshof der natürlichen Gerechtigkeit außer im Gewissen, wo nicht der Mensch, sondern Gott herrscht.

22 Vgl. hier die insbesondere in der deutschen Hobbes-Forschung viel zu lange vernachlässigte Argumentationsstruktur im 3. Teil des *Leviathan* (*Hobbes* 1984, S. 285ff.).

23 Vgl. z.B. *Weiß* 1980, S. 37f.

24 *Hobbes* 1994, S. 4.

25 *Hobbes* 1984, S. 270.

Im Hinblick auf einen metaphysischen Restbezug für die Interpretation der Dinge in der Menschenwelt ergibt sich eine interessante Übereinstimmung zwischen Schmitt und Hobbes, die allerdings von Schmitt mit seiner Fehldeutung vom Maschinenstaat nicht wirklich adäquat aufgenommen worden ist. Die religiöse Dimension, die Schmitt in der Rekonstruktion einer *Politischen Theologie* gesucht und gefunden hat,[26] symbolisiert (nunmehr allerdings unter den Vorgaben einer grundsätzlich säkularisierten Vorstellungswelt) „die Sinn-Basis des Politischen" in der theologischen Ursprungsaussage.[27] Auch der so genannte *Hobbes-Kristall*, den Schmitt in späten Jahren als die Summe seiner Reflexionen über den *Leviathan* hochstilisiert hat,[28] ist eine Art „Abstellkammer für religiöse Gefühligkeiten",[29] eigentlich (nur) wieder Schmitt in Selbstbespiegelung und daher nur dem Namen nach eine Referenz an Hobbes. Schmitts bekannte Dechiffrierung *aller* „prägnanten Begriffe der modernen Staatslehre" als angeblich „säkularisierte theologische Begriffe" versteht er selbst nicht nur hermeneutisch,[30] sondern wiederum auch existenziell vor dem Hintergrund einer von ihm so bewerteten „Dekadenztheorie der Geschichte" des Nationalstaats.[31] Hobbes erscheint ihm hierin als *moderner* Autor, weil die Axiomatik des *Leviathan* genau aufzeige, wie sehr die staatliche Existenz durch den „Eigensinn des Individuums" aufgebaut, aber zugleich auch zerstört werden kann.[32] Der größte (oder kleinste) gemeinsame Nenner für den Eigensinn zwischen den Individuen ist die Todesfurcht. Der Horror vor der (wechselseitigen) Existenzauslöschung, nicht einfach durch die Urgewalten der Natur, sondern durch Angehörige der eigenen Gattung, manifestiert den radikalen Nullpunkt moderner Politik, die nicht mehr vom *summum bonum* ausgeht, sondern vom *summum malum*.[33] In der Wertschätzung der Aussagemöglichkeiten einer pessimistischen Anthropologie, die Schmitt bei Hobbes so fasziniert, orientiert er sich auf eine funktionale Begründung von Staatlichkeit, die scheinbar ausschließlich durch dieses *summum malum* begründet wird. Aus der historischen Erfahrungsperspektive negativer menschlicher Handlungen wird quasi losgelöst vom christlichen Heilsüberbau eine Art Perversionstypus vom Menschen entwickelt, der sich im Verlauf der Entstehung des modernen Staates zu einem anthropologischen Paradigma verselbstständigt hat. Für Schmitt folgerichtig hat bei einem solchen Paradigma die Gottes-Frage „keine eigene und selbständige

26 Vgl. hier *Schmitt* 1996a/b.
27 *Meuter* 1991, S. 506.
28 *Schmitt* 1979, S. 122.
29 *Maschke* 1988, S. 213.
30 Schmitt in der Politischen Theologie I (1996a, S. 43).
31 *Meuter* 1991, S. 508.
32 *Schmitt* 1938, S. 57.
33 Vgl. auch *Laufer* 1962, S. 340. Eine Bestätigung findet sich für diese Umformung auch in der Politischen Kultur der Bundesrepublik, perspektivisch aktiviert durch das *Grundgesetz*, wo trotz eines latenten Gottes-Bezugs die Vermeidungsstrategie gegenüber einem *zweiten Auschwitz* stärker wirkt für die Begründung der Menschenrechte als die Logik dieser Rechte selbst.

Bedeutung" mehr.[34] Der Staat als Maschine bedarf nur noch seiner Funktionsmechanismen, um überhaupt *sein* zu können. Doch selbst wenn man Schmitt bei dieser Interpretation folgen würde, die dann aber eben nicht von Hobbes aus stimuliert wäre, dann ergibt sich ein heuristisches Paradoxon: Faktoren wie Angst oder Schutzbedürftigkeit sind keineswegs streng lineare rationale Interpretamente für den Menschen, sie lassen sich eben nicht kausalistisch in Form von körperlichen Funktionsabläufen oder -verlusten klassifizieren. Der bei Hobbes nach wie vor in der ontologischen Perspektive vorhandene Gottes-Bezug lässt sich auf eine rein juristisch-positivistische Reduktion allen Metaphysischen nicht durchdeklinieren. *Wer* befiehlt denn in einer Maschine? Die Maschine selbst kann nicht befehlen, sondern nur (definierte) Operationen ausführen. Wenn Schmitt daher nicht „die Repräsentation durch eine Person, sondern die faktisch-gegenwärtige Leistung des wirklichen Schutzes" zum zentralen Topos für den Staat erklärt, „worauf es ankommt", dann reduziert er die Legitimationsfrage im *Leviathan* auf einen „wirksam funktionierenden Befehlsmechanismus".[35] Auch wenn Schmitt selbst einräumt, dass der Staat „ein von Menschen verfertigtes Werk" bleibt, bei dem „Stoff und Künstler, materia und artifex, Maschine und Maschinenbauer, dasselbe sind, nämlich Menschen", sieht er nicht das tautologische Dilemma, in welches er sich mit der Analogie von der großen Maschine (ganz unnötig) bringt.[36]

Im Grunde argumentiert Schmitt hierbei historisch-genealogisch, vorrangig aus einer historistischen, wenn nicht sogar historizistischen Perspektive, wie man in der ersten Hälfte des 20. Jahrhunderts das Auf und Ab des modernen Staates seit der Frühen Neuzeit zu bewerten habe. Das ursprünglich in der Prämoderne als analoges Kriterium konzipierte Bild vom Staat als einer Maschine wird von Schmitt nicht mehr im Sinne einer Metapher für etwas, sondern als dieses *Etwas* selbst begriffen. Damit existenzialisiert er den Staat weitaus mehr, als dies selbst eine positivistische Position in der juristischen Lehre zulassen würde. Für Schmitt avanciert der Staat zur existenziellen Ordnungsgröße, die in der „Vorstellungswelt des heutigen Großstädters" einen technischen Handlungsapparat darstellt:[37] „Wie selbstverständlich eine Auffassung, die den Wert des Staates darin findet, dass er eine gute Maschine, ja, d i e große Maschine, die *machina machinarum* ist!"

III. DIE HOBBES-INTERPRETATION ALS IDEOLOGIEKRITIK

So pointiert Schmitt diese Festlegung in seiner Hobbes-Interpretation von 1938 klassifiziert, so wenig hält er im Fortgang seiner weiteren Schriften an dieser eigenen Kennzeichnung fest. Spätere Kommentierungen zum *Leviathan* (1952 und

34 *Schmitt* 1938, S. 49.

35 *Schmitt* 1938, S. 53.

36 *Schmitt* 1938, S. 54. Die Grundlegung für diese Argumentation hat er bereits 1937 in seinem Aufsatz über Descartes und Hobbes entwickelt, hierbei eigentlich stärker von Descartes als von Hobbes stimuliert. Vgl. *Schmitt* 1937 sowie dazu *Stollberg-Rilinger* 1986, S. 24ff.

37 *Schmitt* 1938, S. 63, Hervorhebung vom Verf.

1965) verzichten merkwürdigerweise auf diese Festlegung, von der Schmitt doch 1938 behauptet hat, sie sei der zentrale Aspekt in der Staatstheorie des Thomas Hobbes.[38] Der *Maschinenstaat* kommt in den Ausführungen von 1965 überhaupt nicht mehr vor, sondern fast ausschließlich beschäftigt sich Schmitt hier mit theologischen bzw. mythischen Aspekten der Rezeption.[39] Der Verdacht drängt sich auf, dass Schmitt bei seiner Interpretation 1938 etwas Anderes im Sinn hatte als eine originäre und zutreffende Hobbes-Interpretation. Verfolgt man dies als Hypothese, fällt im Übrigen auf, wie wenig sich Schmitt um eine stringente Methodologie bei der Herleitung seiner Begrifflichkeiten bemüht hat. Zwar war ihm die Bedeutung einer Begriffsgeschichte klar: Er wusste, wie Christian Meyer dies einmal charakterisiert hat,[40] „wie wenige, dass Begriffe ihre Geschichte haben". Dennoch hat Schmitt die Begriffe in einem Maße ontologisiert, dass diese dann eine „zeitunabhängige ‚Wahrheit'" beanspruchten,[41] die für die jeweilige Gegenwart zur Verfügung standen. Der juristisch geschulte Nominalismus, den Schmitt dabei ebenfalls hervorhebt, führt dann allerdings dazu, dass seine ontologischen Bemühungen mehr existenzialistisch geraten als transzendent.[42]

Schmitt geht es bei Hobbes um die Vermeidung der Willkür bzw. der Selbstbehauptung des Staates vor jeglichen irrationalistischen Ansprüchen.[43] Zahlreiche Passagen seiner Interpretation von 1938, in denen die so genannte *geistliche Gewalt* in der Prämoderne im Vordergrund steht,[44] können daher als Chiffren für die ideologische Gewalt des 20. Jahrhunderts gesehen werden. In Schmitts Analyse der systemischen Staatszustände der Prämoderne ist es vor allem die *geistliche Herrschsucht*, „die sich der *Disziplin* und *Exkommunikation*, moderner gesprochen: des moralischen Terrors und des sozialen Boykotts, als wirksamer Waffen bedient".[45] Man kann hier recht signifikant ein verstecktes Argumentationsspiel im Hinblick auf die Kritik an den systemischen Zuständen der eigenen Zeit, genau genommen am eigenen politischen System ablesen. Aus Schmitts Sicht war das Deutsche Reich seit Mitte der 1930er Jahre alles andere als ein funktionierendes

38 Vgl. hier *Schmitt* 1952 u. 1965.

39 Zu Recht sieht Weiß hierin „den seltenen Fall" in der gesamten Hobbes-Forschung, „daß sich eine Inkonsistenz in der Sache in der Entwicklungsgeschichte eines Interpreten personalisiert" (*Weiß* 1980, S. 20).

40 Meyer in *Quaritsch* 1988, S. 605.

41 Ebd. – Vgl. dazu auch *Quaritsch* 1989, S. 22f.

42 Zu dieser Einschätzung kommt auch *Laufer* bereits (1962, S. 335), der Schmitt bescheinigt, dass er wie nur wenige Denker des 20. Jahrhunderts „ein ontologisches Problem richtig erkannt" habe. „Infolge seiner Verhaftetheit in der historischen Epoche der Neuzeit" sei es Schmitt jedoch „selbst nicht gelungen, das Problem von vordergründigen geschichtlichen Überlagerungen freizumachen und zu seinen ontologischen Wurzeln vorzudringen". – Die Wertschätzung, die demgegenüber Schmitts *Politischer Theologie* in der Analyse von *Meier* 1994 zuteil wird, ist so gesehen *philosophisch* überzeichnet.

43 Vgl. *Schmitt* 1938, S. 68.

44 Vgl. *Schmitt* 1938, Anm. 1.

45 *Schmitt* 1938, S. 65.

staatliches System.[46] Bereits im *Begriff des Politischen* hatte Schmitt wie ein Autor der Prämoderne argumentiert, „mit kaschierten Schlüsselsätzen, mit Hintersinn für Adepten, verborgen in Zweideutigkeiten" – wie ein Vertreter der klassischen Arkan-Lehre von den (geheimen) Machenschaften des Staates.[47] Schmitt selbst hat später einmal seine Leviathan-Interpretation von 1938 als Dokument des inneren Widerstands gegen das NS-Regime verstanden wissen wollen.[48] Dem ist in der Rezeption von Schmitts eigener Staatstheorie meist nur en passant Rechnung getragen worden.[49] Für die Solidität von Schmitts (wie immer) kryptischer Selbsteinschätzung spricht die Tatsache, dass weder er noch die ideologische Ausrichtung des NS-Regimes an einer Kontraktlehre interessiert waren. Die naturrechtlichen Theoreme, die bei Hobbes zur Begründung des Herrschaftsvertrages führen, interessieren Schmitt kontrakttheoretisch betrachtet überhaupt nicht. Insofern spricht „viel dafür", dass Schmitt im Jahre 1938 mit der Leviathan-Interpretation „nicht nur eine geistesgeschichtliche, sondern auch eine Aussage in die Zeit machen wollte".[50]

Das Paradigma vom *Staat als Maschine* verweist auf die Notwendigkeit der Funktionen und ist somit eine anschauliche Metapher für die Begründung der staatlichen Eigenqualität. Genau diese aber wird von den NS-Ideologen und vor allem durch die faktischen Usurpationsansprüche der parteilichen Gliederungen der NS-Bewegung, sei es nun die NSDAP, die SS oder die allgemeine Ideologisierung der deutschen Verwaltungsapparate auf eine völkische Gesinnungsposition hin, systematisch unterminiert. Insofern besagt Schmitts Leviathan-Interpretation „fast nichts über Hobbes",[51] umso mehr aber über die eigene Deutung des NS-Systems am Vorabend des Zweiten Weltkriegs. Aus Schmitts Sicht ist der rechtspositivistisch begründete bürgerliche Verwaltungsstaat massiv bedroht durch die Ausrichtung auf die Diktatur der (ideologisch motivierten) Entscheidung.[52] Wenn *Macht* den Mechanismus des Rechts ersetzt, und zwar nur um des voluntativen Aspekts willen, dann ist der Auftakt zum Todesurteil für den Staat gegeben – dann wird der Leviathan vom Behemoth liquidiert.[53]

Schmitt sah ganz offensichtlich in den diversen (ideologisch ausgerichteten) Interessengruppen eine systemimmanente Gefahr für den modernen Staat. Bereits 1933 hatte er in Bezug auf die Endphase der Weimarer Republik konstatiert, dass

46 Vgl. dazu auch *Maus* 1980, S. 143ff.

47 *Quaritsch* 1989, S. 65. – Zur Arkanlehre dezidiert *Stolleis* 1980, S. 37ff. und *Nitschke* 1995, S. 48ff.

48 Vgl. *Schmitt* 1950, S. 21.

49 *Rumpf* (1972, S. 61) verneint dies sogar. Allerdings erkennt er zugleich an, dass Schmitt bei seiner Interpretation von 1938 kein originäres philosophisches Anliegen hatte, sondern vielmehr an einer konkreten Reflexion zum Zeitgeist seiner eigenen Epoche interessiert war (vgl. ebd., S. 62).

50 So dann kurioserweise doch auch *Rumpf* (ebd., S. 68); ebenso in dieser Perspektive *Münkler* (1984, S. 355) und Maschke in *Quaritsch* 1988, S. 232.

51 *Jänicke* 1969, S. 414.

52 Vgl. *Jänicke* 1969, S. 415.

53 Vgl. auch R. Altmann in *Quaritsch* 1988, S. 229.

der Staat das Ausbeutungsobjekt einer mit totalem Machtanspruch agierenden Partei werden könne.[54] Nach dem Zweiten Weltkrieg ist für Schmitt die Entwertung des Staates zu einem bloßen Instrument in den Händen der „Formationen des Hitler-Regimes" offenkundig gewesen.[55] Deshalb das Motiv der Staatsmaschine: Hiermit wird ein quasi objektives, von jeder ideologischen Absicht befreites Funktionsgebäude angezeigt. In der Hobbes-Interpretation von 1938 heißt es:[56]

> Die Staatsmaschine funktioniert oder sie funktioniert nicht. Im ersten Falle garantiert sie mir die Sicherheit meines physischen Daseins; dafür verlangt sie unbedingten Gehorsam gegen die Gesetze ihres Funktionierens. Alle weiteren Erörterungen führen in einen *vorstaatlichen* Zustand der Unsicherheit, in dem man schließlich seines physischen Lebens nicht mehr sicher ist, weil die Berufung auf Recht und Wahrheit nicht etwa Frieden schafft, sondern den Krieg erst ganz erbittert und bösartig macht.

Im Grunde lauert in dieser Analyse auch ein analytisches Dilemma, welches die Vertragstheorie seit Rousseaus Variante auf Hobbes beinhaltet: Während der englische Philosoph ausdrücklich nicht die Wahrheitsfrage für den Kontrakt stellt, formuliert Rousseau mit der Gleichsetzung von Wahrheit und Vernunft über den Willen der Mehrheit in der Formel von der *volonté générale* das Paradox, dass dann in der Tat besonders heftig um die Macht im Staat gestritten wird, wenn eine glaubensorientierte (oder im moderneren Fall: rassistische) *Wahrheit* zur Grundlage der gesellschaftlichen Existenz gemacht wird. Wenn man in den Artikulationen der jeweiligen *Mehrheit* also eine höhere Form der Vernunft sieht, ist der Umgang mit der im Dissens verbleibenden Minderheit umso schonungsloser. Wenn nun der Staat solchermaßen zum rigorosen Vollstrecker der Mehrheitsforderungen wird – ohne dass die Minderheit(en) eine Chance hätte(n), ihre Existenz oder ihre Wahrheitsansprüche zu wahren, fordert dies zum bedingungslosen Kampf auf allen Seiten heraus.[57]

In diesem Punkt folgt Schmitt der Hobbesschen Theorie konsequent, fast kann man sagen, kongenial: „Was dem Bürgerkrieg kein Ende macht, ist kein Staat".[58] Der Krieg jeder gegen jeden ist aber nur zu beenden bzw. zu vermeiden, wenn die Legalität der politischen Maßnahmen – und damit die Legitimität des Staates in seiner konkreten Herrschaftsform – von allen Beteiligten anerkannt wird. Das zielt ganz offenkundig auf das Ende von Weimar bzw. auf den Übergang zum *Führerstaat*. Es sieht aus wie Legitimität, ist es jedoch nicht. „Eine restaurierte

54 Vgl. hier *Schmitt* 1933, S. 362f.

55 *Schmitt* 1941, S. 384. Diese Feststellung findet sich jedoch erst in der Anmerkung zum Wiederabdruck des Beitrags 1958.

56 *Schmitt* 1938, S. 69, Hervorhebung vom Verf.

57 Bereits 1933 notiert *Schmitt* (S.366): „Wenn der Begriff des Totalen nicht nur quantitativ gemeint ist, sondern nur eine bestimmte Intensität der Machtorganisation enthält, dann ist es nicht der Staat, sondern immer nur eine *Partei*, die Subjekt und Träger eines Totalitarismus sein kann. Der Staat ist dann nicht mehr das Ganze, um das es sich im geschichtlichen Moment handelt."

58 *Schmitt* 1938, S. 72.

Legitimität ist ein nur noch künstliches Paradies".[59] Wenn Schmitt an Weimar die parlamentarische Demokratie mit ihrer offenkundigen Dezisionsschwäche kritisiert hat,[60] dann erscheint die Situation 1938 paradoxerweise umgekehrt: Nun liegt zwar eine permanente Dezision durch Hitler vor, aber die Masse der Individuen vermag noch viel weniger als zuvor in der Demokratie die Legalität des Staates zu legitimieren. Schlimmer noch, der Staat selbst hört auf als *eigengesetzliche Größe* agieren zu können.[61] Die große Maschine ist nur noch der Form nach eine Maschine, de facto hat der Leviathan schon das Feld frei gegeben für den Behemoth.

Der Verweis auf den Maschinenstaat hat demnach in der Konstellation des NS-Regimes eine spezifisch ideologiekritische Dimension. Die Maschine *Staat* arbeitet nach den ihr eigenen Prinzipien. Das macht ihre Berechenbarkeit aus. Innerhalb ihres Systems existiert so etwas wie Irrationalität, Emotion oder gar Transzendenz in keinster Weise. Die Maschine funktioniert, weil sie nach konstanten Vernunftparametern operiert. Aus der Selbstreferenzialität ihrer Vernünftigkeit (hier spezifisch die Legalität des Rechts) ergeben sich entsprechend auch die Leistungspotenziale, die das Volk abrufen kann. Der Staat ist somit eine *automatische* Anstalt, deren oberstes Vernunft-Prinzip die reine Funktionalität ihrer eigenen Leistungen beinhaltet. Zweifellos ist dies eine Tautologie. Doch gerade weil mit dieser Tautologie quasi wertneutral positive Setzungen (des Rechts, und eben nicht des *Führers*) garantiert werden, ist in dieser Auslegung auch eine normative Komponente enthalten. Der Staat ist ein Wert an sich. Auch wenn er Zwänge anordnet, dann sind dies *berechenbare*, funktionierende Zwänge,[62] und eben deshalb ist ein solcher Staat für Schmitt ein *Rechtsstaat*.[63]

IV. AUFGEKLÄRTER ABSOLUTISMUS VERSUS NATIONALSOZIALISMUS

Diese, auf den ersten Blick vielleicht etwas merkwürdig anmutende Intention von Schmitts Deutung der Hobbesschen Vertragstheorie wird um so deutlicher, wenn man den ideenhistorischen Referenzraum mitberücksichtigt, vor dem Schmitt hier ganz offenkundig argumentiert.

Die Maschinenmetapher hat im 17. und 18. Jahrhundert die hermeneutische Funktion eines Modells, mit dessen Hilfe das möglichst austarierte Zusammenleben der Menschen angezeigt werden kann.[64] Der Aufgeklärte Absolutismus stellt hierfür das systemische Paradigma einer mechanistischen Staatstheorie in ihrer

59 *Schmitt* 1938, S. 100.
60 Vgl. dazu *Maus* 1980, S. 152f., ebenso *Meuter* 1991, S. 495.
61 Vgl. *Schmitt* 1938, S. 102.
62 *Schmitt* 1938, S. 105.
63 *Schmitt* 1938, S. 106.
64 Vgl. *Mayr* 1980, S. 129.

funktionalen *Realität* dar.[65] Dies gilt besonders für den deutschsprachigen Raum. In der politischen Vorstellungswelt eines Friedrich II. von Preußen ist das maschinelle Verständnis von staatlichem Handeln durchaus als ein Akt der Vernunft im Sinne der permanenten Berechenbarkeit des Verwaltungs- und Herrschaftsalltags begriffen worden.[66] Allerdings beinhaltet die zweckgerichtete Funktionalität für den automatischen Ablauf der *Spielregeln* der Gesetze, dass auch derjenige, der den Automaten aufgestellt hat, in den Automatismus mit einbezogen wird. Der Fürst ist selbst Glied der Staatsmaschine. Jedoch unterliegt er damit einer Beschränkung: Der Rationalität der Gesetze der Staatsmaschine muss sich auch der Regent beugen.[67]

Hinter der Maschinen-Metapher steht also ein rationaler Funktionalismus, mit dem (zumindest für den Aufgeklärten Absolutismus in Deutschland) die sachgerechte Einbindung aller Partikulareinheiten inklusive des Monarchen in die Einheitsperspektive der staatlichen Gewalt veranschaulicht werden kann.[68] Mit der damit einhergehenden herrschaftsrechtlichen Nivellierung der ständischen Gewalten im Ancien Régime erhalten die Individuen als Bürger zugleich eine Sphäre der Privatheit zugesprochen, die neben der Gestaltung des Politischen als eines öffentlich-rechtlichen Herrschaftsraumes dann ebenso relevant wird.[69] Das Private ist dann für den modernen Staat nur scheinbar ein *Privates*: In dem Moment, in dem private Interessen in den öffentlichen Raum eintreten, verwandeln sie mit ihrem (zunächst *privatistischen*) Begehren den öffentlich-rechtlichen Diskurs- und Herrschaftsraum. Wenn dann der Staat als rein mechanischer Anstaltsbetrieb die Eigenständigkeit seiner Rechtsprinzipien nicht dauerhaft unter Kontrolle behält, was in der *Diktatur des Volkes* schwer möglich ist, dann wird aus einem Privatismus ein *Absolutismus*.

Schmitts Paradigma vom *Maschinenstaat* ist in dieser Lesart eine Fortentwicklung seiner Kritik am parlamentarischen System, nunmehr jedoch erweitert durch die Figur des Diktators, der mittels seiner *Partei des Volkes* alles (und damit auch den Staat) gleichschaltet zugunsten *seiner* Auslegung vom Recht. Mit dieser Diagnose ist Schmitt spezifisch antimodern (und kann sich zu recht hier bei Hobbes mit Anleihen verorten), weil er die gesellschaftlichen Kräfte allesamt für so konfliktstark hält, dass sie den Staat prinzipiell destruieren – und damit in der Endkonsequenz auch das Volk in seiner Existenz als Rechtssubjekt negieren.

Man hat in dieser Argumentation ein durchaus liberales Motiv sehen wollen,[70] strukturell betrachtet geht es Schmitt jedoch keineswegs um die Aufrechterhal-

65 Vgl. *Mayr* 1980, S. 132.

66 Vgl. dazu *Mayr* 1980, S. 133f. und *Stollberg-Rilinger* 1986, S. 62ff.

67 Was Friedrich II. bekanntlich nicht gemacht hat und insofern auch die Aporie dieser tautologischen Metapher in der Realität unterstreicht (vgl. hier *Nitschke* 2004). Friedrich verhält sich de facto, wie es in der Theorie bei Hobbes proklamiert wird: Der *Souverän*, i.d. der Herrscher, steht über den Gesetzen.

68 Vgl. auch *Stollberg-Rilinger* 1986, S. 101.

69 Geradezu klassisch hierzu die (ebenso von Schmitt inspirierte Analyse) von *Koselleck* 1989.

70 Vgl. hier *Lübbe* 1988, S. 431.

tung der Freiheitsansprüche des Individuums, sondern *nur* um die Beibehaltung der (für ihn) existenziellen Dignität des Staates als Rechtskörper sui generis. Damit kann er sich im Übrigen konsequent auf Hobbes berufen, der im *Leviathan* „nicht die Freiheit von Einzelmenschen" für wichtig hält, „sondern die Freiheit von Staaten".[71]

V. STAAT ALS WERT AN SICH

Die Souveränität des Staates, nicht die des Volkes, schon gar nicht die einer Partei oder einer Führerperson, ist das verborgene Kredo der Schmittschen Argumentation. Dies hat Schmitt bereits vor der Machtübernahme durch die Nationalsozialisten signifikant bilanziert.[72] Die Krise der modernen Staatlichkeit ist für ihn paradigmatisch abzulesen an der Erschütterung der Staatsethik.[73]

Wenn es, wie in der Demokratie von Weimar, zwar eine Pluralität von Loyalitäten gäbe, jedoch ein verpflichtendes Miteinander nicht gewährleistet wäre, weil „kein unbedingt maßgebendes Prinzip der Über- und Unterordnung" mehr existiert,[74] dann wird der Staat zu einer Daseinsform neben anderen degradiert. Dann ist die Ethik des Staates nur noch „eine Spezialethik neben vielen anderen Spezialethiken".[75] Der Staat kann damit (hobbesianisch gesehen) eben nicht mehr das dauerhaft garantieren, was er eigentlich mindestens den Bürgern anbieten müsste – die Legalität der Gewaltfunktionen, und daran gebunden die nachhaltige Legitimation durch das Volk.

Schmitt ist also bereits 1930 zu einer grundsätzlich kritischen Einschätzung hinsichtlich der Gestaltungsmöglichkeiten des modernen Staates gekommen, die sich mit seiner Hobbes-Interpretation 1938 nur noch verschärft hat. Der Staat muss die Norm gebende Instanz über allen konkurrierenden Kräften der Gesellschaft sein:[76]

> Bestimmt nicht mehr der Staat, sondern die eine oder andere soziale Gruppe von sich aus diese konkrete Normalität der Situation des Einzelnen, die konkrete Ordnung, in welcher der Einzelne lebt, so entfällt auch der ethische Anspruch des Staates auf Treue und Loyalität.

71 *Hobbes* 1984, S. 166.
72 Vgl. *Schmitt* 1930.
73 Wobei anzumerken ist, dass Schmitt hier recht idealistisch vorgeht, indem er aus der geschichtsphilosophischen Deutung einer unterstellten Verfallslogik heraus den Staat des 18. und 19. Jahrhunderts als Modelltypus ansieht – ohne wirklich je die historischen Fakten genügend zur Kenntnis genommen zu haben. Sicherlich auch ein Ergebnis des nominalistischen Prinzips der juristischen Schule, in der Texte bereits als positivistische Bestätigung einer historischen *Realität* genommen werden.
74 *Schmitt* 1930, S. 29.
75 *Schmitt* 1930, S. 30.
76 *Schmitt* 1930, S. 32.

Staat ist demnach für Schmitt der höchste Wert an sich, denn für „das empirische Individuum aber gibt es erfahrungsgemäß keinen anderen Spielraum seiner Freiheit als denjenigen, den ein starker Staat zu garantieren vermag".[77] Ohne einen starken Staat ist auch eine größtmögliche Freiheit des Einzelnen im an sich konkurrierenden Interessenskampf der diversen Fraktionen und Verbände nicht möglich. In der „Souveränität der sozialen Gruppen" geht die Freiheit des Individuums unter.[78] Hier vergleicht Schmitt bewusst die Konstellation gegen Ende der Weimarer Republik mit der Situation des Ancien Régime: Der absolutistische Staat war historisch deshalb erfolgreich, weil er *sein* Gewaltmonopol über den usurpierenden Pluralismus der Kirchen und der Stände formuliert und behauptet hat.[79] Auch wenn sich Schmitt durchaus bewusst ist, dass die staatliche Einheit und Superiorität des Aufgeklärten Absolutismus genau genommen längst nicht so zentralistisch ausfiel, wie es das Paradigma nahe legt, so insistiert er auf den Leitgedanken – nämlich „stets eine Einheit aus sozialen Vielheiten gewesen" zu sein.[80]

Um diese Einheit herstellen und dauerhaft behaupten zu können, bedarf es der Macht. Sind die Machtmittel, d.h. hier konkret: die Möglichkeiten der legalen Gewaltausübung, „in den Händen sozialer Gruppen oder einzelner Menschen und [damit] der Kontrolle des Staates entzogen, so ist es allerdings mit dem, was offiziell noch *Staat* heißt, zu Ende, die politische Macht ist unsichtbar und unverantwortlich geworden, aber das sozial-ethische Problem ist mit dieser Feststellung nicht gelöst".[81]

Die Frage nach der Qualität der politischen Macht ist hier nicht die nach einer eigenständigen Dimension im Dasein der Menschen, sondern hierin manifestiert sich nur der „Intensitätsgrad einer Einheit".[82] Das Politische lauert überall (und nirgends):[83]

> Weil das Politische keine eigene Substanz hat, kann der Punkt des Politischen von jedem Gebiet aus gewonnen werden, und jede soziale Gruppe, Kirche, Gewerkschaft, Konzern, Nation, wird politisch und damit staatlich, wenn sie sich diesem Punkt der höchsten Intensität nähert.

Weil das Politische keine spezifische Sektoradresse aufweist, sondern thematisch an einer Sach- bzw. Streitfrage aufflammt, kann jede soziale Gruppierung, wenn sie es *will*, ihr Eigeninteresse als ein Politisches *mit Macht* definieren. Die Pluralität der jeweils widerstreitenden Gruppen- oder auch Einzelinteressen findet dann in der Formel des Staates ihre höchste existenzielle Dimension. Sofern der Staat dabei aber keinen Wert an sich hat, erliegt er nur einem selbstreferenziellen Interesse der jeweils siegreichen Gruppierung bzw. Mehrheitsfindung. *Staat* ist dann

77 *Schmitt* 1930, S. 34.
78 *Schmitt* 1930.
79 Vgl. *Schmitt* 1930, S. 35.
80 *Schmitt* 1930.
81 *Schmitt* 1930, Hervorhebung v. Schmitt, Zusatz v. Nitschke.
82 *Schmitt* 1930, S. 36.
83 *Schmitt* 1930, S. 37.

eine Übersetzung der Sich-Selbst-Setzung einer je spezifischen Anmaßung auf das Ganze hin, die aus der Pluralität des Politischen hervorgegangen ist. Das aber ist Schmitt zu wenig – oder anders ausgedrückt: zu gefährlich: Denn sobald sich soziale Gruppen oder einzelne Akteure ihrer eigenen normativen Leitbilder bedienen, um den Staat damit konkret auszugestalten, dann kann sich „die regulative Idee in ein furchtbares Instrument menschlicher Herrschsucht" verwandeln.[84] *Staat* wäre dann nur noch nominal vorhanden, um in seinem Gewand formal korrekt möglicherweise die größte politische Unterdrückung und Entrechtung durchzuführen.[85]

Die *Leviathan*-Interpretation liefert demnach 1938 noch eine Zuspitzung der Argumentation von 1930. Inhaltlich bleibt Schmitt hier aber beim gleichen Anliegen – der Autonomie des Staates gegenüber der Usurpation gesellschaftlicher Interessen. Insofern bestätigt sich hier die Kohärenzvermutung für die Staatstheorie Carl Schmitts.[86] 1930 wie 1938 (und auch später) ist Schmitt stets bei *seinem* Thema: Der Rettung und Wiedergewinnung der Staatsmacht vor dem Hintergrund der Verfallsstrukturen seiner Epoche. Hobbes dient ihm in dieser Hinsicht nur als Stichwortgeber. Mit dem Hinweis auf den Maschinenstaat wird er dem englischen Philosophen weder theoretisch noch ideologisch gerecht. Eigentlich völlig unpassend reaktiviert Schmitt mit der Formel vom Staat als Maschine eine Denkfigur, die insbesondere in der angelsächsischen Theorieentwicklung zur Moderne hin bereits seit dem Ende des 17. Jahrhunderts grundsätzlich als autoritäres Staatsbild verworfen worden ist. Auch die Klassiker des deutschen Idealismus haben sich hiervon nicht inspirieren lassen – im Gegenteil, stets ist der Maschinenstaat als despotisches bzw. nicht operables Denkschema dechiffriert worden.[87]

Schmitts Fixierung hingegen auf die maschinelle Qualität der staatlichen Existenz und ihrer Funktionen dient (neben der Berechenbarkeit) vor allem auch der Durchsetzungsfähigkeit des Staates. Das ist dann aber auch gegen die ideologische Bevormundung durch die NS-Bewegung gerichtet. Bezeichnenderweise haben führende NS-Juristen diese Intention recht schnell herausgelesen.[88] Aus der Perspektive der Suprematie der Rassenideologie ist der Hinweis auf die an sich wertfreie Mechanik des Staates nicht anders als eine Kampfansage an den Rassegedanken zu lesen.[89] Wenn das vorurteilsfreie Funktionieren des Staates, wie es Schmitt in seiner Maschineninterpretation nahe legt, die Freisetzung und Aufrechterhaltung der individuellen Existenz erst ermöglicht, dann war dies grundsätzlich nicht im Sinne der nationalsozialistischen Staatszielvorstellungen, in denen die Gleichschaltung von Volk, Staat und Führer zum Begriff des *modernen Reichs* verklärt wurde.

84 *Schmitt* 1930, S. 39.
85 Vgl. *Schmitt* 1930.
86 Darauf hat bereits *Willms* insistiert (1988, S. 596).
87 Vgl. auch *Mayr* 1980, S. 149ff. u. 162ff.
88 Vgl. *Quaritsch* 1989, S. 51, Anm. 85.
89 Vgl. hierzu *Rottleuthner* 1983, S. 256ff. sowie bereits *Heydte* 1950/51, S. 293.

So sah der NS-Staatsrechtler Otto Koellreutter bei seiner Besprechung der *Leviathan*-Interpretation von Schmitt nur eine dezidiert „negative Bedeutung“, die das Buch Schmitts für die Staatszielvorstellung der Nationalsozialisten habe.[90] Denn es sei die *politische Schicksalsgemeinschaft* und eben nicht der Staat, die das nationale Volk zur wahren Lebensmacht bringe.[91] Nicht Staat als Maschine, sondern der Staat als *völkische Bewegung* sei das Paradigma, welches kennzeichnend sei für das NS-System. Da Koellreutter zugleich auch in der Theorie des Thomas Hobbes einen zutiefst totalitären Staat erkennt,[92] ist für ihn sowohl Schmitts Interpretation des *Leviathan* wie auch der Leviathan selbst für den Nationalsozialismus nicht mehr attraktiv.[93]

Offenkundig hat sich Schmitt bei seiner Interpretation der Theorie des Thomas Hobbes verrannt. Seine gegenüber der NS-Herrschaft ideologiekritische Einstellung ist selbst schon ideologisch zu nennen. Eigentlich interpretiert hier nur Schmitt sich selbst mit seiner Staatsauffassung. Realistisch ist diese allerdings auch nicht. Zwar ist die Diskreditierung der völkischen Gesinnungsideologie des Nationalsozialismus mit der indirekten Bespiegelung des Modells vom Maschinenstaat durchaus gelungen, doch propagiert Schmitt damit zugleich (und weiterhin) ein völlig autoritäres Staatsprinzip. Im spezifischen Sinne ist diese Staatsvorstellung sogar völlig unpolitisch, weil hier keine gesellschaftlichen Interessen zugelassen werden sollen, die den Staat dann inhaltlich ausfüllen könnten. Eine Inauguration des Staates ohne handelnde und räsonnierende Personen, die jeweils etwas Bestimmtes *wollen*, ist nicht möglich. Schmitt geht mit seiner Argumentation insofern völlig an dem Begründungszusammenhang für die Kontrakt- und Herrschaftstheorie von Hobbes vorbei.[94] Der Naturzustand als ein *individuelles Naturrecht* wird hermeneutisch nicht in Betracht gezogen. Damit wird aber auch die systemisch referenzielle Eigenleistung der Individuen für das Zustandekommen des Vertrages nicht anerkannt. Bei Schmitt ist dies alles nur noch ein Funktionieren im Rahmen des Automaten.

Zweifellos steht hinter dieser Verkennung der naturrechtlichen Prämissen bei Hobbes eine seltsam abstrakte Überzeichnung des Staates durch Schmitt. Eine derartige Idealisierung des Staates, seiner Handlungschancen und Kompetenzen findet jedoch nicht nur im Werk von Carl Schmitt seine zeithistorischen Aufladungen, sondern bei der Mehrheit der deutschen Juristen im 20. Jahrhundert. Schmitt ist hier nur ein recht eigenwilliger Vertreter für eine prononcierte, überaus konservative, staatsautoritäre Schule, die in den 1930er Jahren ebenso an Hitler und der NS-Bewegung strukturell gescheitert ist wie auch später (weiterhin) kognitiv an dem Objekt ihrer Verehrung, dem *Staat*.

90 *Koellreutter* 1938, S. 804.

91 *Koellreutter* 1938, S. 806.

92 Vgl. *Koellreutter* 1938, S. 804.

93 Vgl. *Koellreutter* 1938, S. 807.

94 Daher ist es auch ein Missverständnis, wenn man ihn als „modern re-incarnation of Thomas Hobbes“ auffassen würde wie etwa *Slomp* (2008, S. xiii).

LITERATUR

Baruzzi, Arno, 1973: Mensch und Maschine. Das Denken sub specie machinae, München.

Collier, Peter, 1982: Bibliographie der deutschsprachigen Hobbes-Literatur 1968–1981. In: Bermbach, Udo/Kodalle, Klaus-Michael (Hg.), 1982: Furcht und Freiheit. Leviathan-Diskussion 300 Jahre nach Thomas Hobbes, Opladen, S. 244–257.

Collingwood, R. G., 1992: The New Leviathan or Man, Society, Civilization & Barbarism. Edited and introduced by D. Boucher. Revised Edition, Oxford 2000.

Hobbes, Thomas, 1984: Leviathan oder Stoff, Form und Gewalt eines kirchlichen und bürgerlichen Staates, hg. u. eingeleitet v. I. Fetscher, Frankfurt a.M.

Hobbes, Thomas, 1994: Vom Menschen / Vom Bürger. Elemente der Philosophie II/III. Eingeleitet u. hg. v. G. Gawlick, 3. Aufl. Hamburg.

Hobbes, Thomas, 1997: Elemente der Philosophie. Erste Abteilung / Der Körper. Mit einer Einleitung und mit textkritischen Annotationen versehen u. hg. v. K. Schuhmann, Hamburg.

Jänicke, Martin, 1969: Die „abgründige Wissenschaft" vom Leviathan. Zur Hobbes-Deutung Carl Schmitts im Dritten Reich, in: ZfP 16, S. 401–415.

Kauffmann, Clemens, 2008: England im 17. Jahrhundert – Thomas Hobbes, in: Horn, Christoph/Neschke-Hentschke, Ada (Hg.), 2008: Politischer Aristotelismus. Die Rezeption der aristotelischen ‚Politik' von der Antike bis zum 19. Jahrhundert, Stuttgart/Weimar, S. 252–275.

Kodalle, Klaus-Michael, 1972: Thomas Hobbes – Logik der Herrschaft und Vernunft des Friedens, München.

Koellreutter, Otto, 1938: Leviathan und totaler Staat, in: Reichsverwaltungsblatt 59, Nr. 38, S. 803–807.

Koselleck, Reinhard, 1989: Kritik und Krise. Eine Studie zur Pathogenese der bürgerlichen Welt, 6. Aufl. Frankfurt a.M.

Laufer, Heinz, 1962: Homo homini homo. Das „Anthropologische Glaubensbekenntnis" eines Doktrinärs, in: Dempf, Alois u.a. (Hg.), 1962: Politische Ordnung und menschliche Existenz. Festgabe für Eric Voegelin zum 60. Geburtstag, München, S. 320–342.

Lübbe, Hermann, 1988: Carl Schmitt liberal rezipiert, in: Quaritsch, Helmut (Hg.), 1988: Complexio Oppositorum. Über Carl Schmitt. Vorträge und Diskussionsbeiträge des 28. Sonderseminars 1986 der Hochschule für Verwaltungswissenschaften Speyer, Berlin, S. 427–440.

Maschke, Günter, 1982: Zum „Leviathan" von Carl Schmitt, in: Carl Schmitt, Der Leviathan in der Staatslehre des Thomas Hobbes, Köln-Lövenich, S. 179–244.

Maschke, Günter, 1988: Die Zweideutigkeit der „Entscheidung" – Thomas Hobbes und Juan Donoso Cortés im Werk Carl Schmitts, in: Quaritsch, Helmut (Hg.), 1988: Complexio Oppositorum. Über Carl Schmitt. Vorträge und Diskussionsbeiträge des 28. Sonderseminars 1986 der Hochschule für Verwaltungswissenschaften Speyer, Berlin, S. 193–221.

Maus, Ingeborg, 1980: Bürgerliche Rechtstheorie und Faschismus. Zur sozialen Funktion und aktuellen Wirkung der Theorie Carl Schmitts, 2. Aufl. München.

Mayr, Otto, 1980: Die Uhr als Symbol für Ordnung, Autorität und Determinismus, in: Mayr, Otto/Maurice, K. (Hg.), 1980: Die Welt als Uhr. Deutsche Uhren und Automaten 1550–1650, München/Bern, S. 1–9.

Meuter, Günter, 1991: Zum Begriff der Transzendenz bei Carl Schmitt, in: Der Staat 30, H.1, S. 483–512.

Meyer, Heinrich, 1994: Die Lehre Carl Schmitts. Vier Kapitel zur Unterscheidung Politischer Theologie und Politischer Philosophie, Stuttgart/Weimar.

Münkler, Herfried, 1984: Carl Schmitt und Thomas Hobbes, in: NPL XXIX, S. 352–356.

Nitschke, Peter, 1995: Staatsräson kontra Utopie? Von Thomas Müntzer bis zu Friedrich II. von Preußen, Stuttgart/Weimar.

Nitschke, Peter, 2004: Selbstblendung der Staatsmacht. Der Antimachiavell als kontrafaktischer Paradigmenwechsel, in: Münkler, Herfried u.a. (Hg.), 2004: Demaskierung der Macht. Niccolò Machiavellis Staats- und Politikverständnis, Baden-Baden, S. 61–82.

Oakeshott, Michael, 1975: Introduction to Leviathan, in: Slomp, Gabriella (Hg.), 2008: Thomas Hobbes. Aldershot, Hampshire, S. 1–74, in der vorliegenden Edition S. 3–76.

Pacchi, Arrigo, 1962: Bibliografia Hobbesiana dal 1840 ad oggi, in: Rivista Critica di Storia della Filisofia 17, S. 528–547.

Rolle, Helmut, 1980: Hobbes' Leviathan – der Staat als Maschine, in: Deutsche Zeitschrift für Philosophie 28, H. 8, S. 934–943.

Rottleuthner, Hubert, 1983: Leviathan oder Behemoth? Zur Hobbes-Rezeption im Nationalsozialismus – und ihrer Neuauflage, in: ARSP 69, S. 247–265.

Rumpf, Helmut, 1972: Carl Schmitt und Thomas Hobbes. Ideelle Beziehungen und aktuelle Bedeutung mit einer Abhandlung über die Frühschriften Carl Schmitts, Berlin.

Quaritsch, Helmut (Hg.), 1988: Complexio Oppositorum. Über Carl Schmitt. Vorträge und Diskussionsbeiträge des 28. Sonderseminars 1986 der Hochschule für Verwaltungswissenschaften Speyer, Berlin.

Quaritsch, Helmut, 1989: Positionen und Begriffe Carl Schmitts, Berlin.

Schmitt, Carl, 1930: Staatsethik und pluralistischer Staat, in: Kant-Studien 35, S. 28–42.

Schmitt, Carl, 1933: Weiterentwicklung des totalen Staats in Deutschland, in: Ders., Verfassungsgeschichtliche Aufsätze aus den Jahren 1924–1954, Berlin 1958, S. 359–366.

Schmitt, Carl 1937: Der Staat als Mechanismus bei Descartes und Hobbes, in: ARSP XXX, H.4, S. 158–168.

Schmitt, Carl, 1938: Der Leviathan in der Staatslehre des Thomas Hobbes. Sinn und Fehlschlag eines politischen Symbols, Hamburg-Wandsbek. Nachdruck mit einem Anhang und einem Nachwort v. Günter Maschke. Köln-Lövenich 1982, S. 137–178.

Schmitt, Carl, 1941: Staat als konkreter, an eine geschichtliche Epoche gebundener Begriff, in: Ders., Verfassungsgeschichtliche Aufsätze aus den Jahren 1924–1954. Berlin 1958, S. 375–385.

Schmitt, Carl, 1950: Ex captivitate salus, Köln.

Schmitt, Carl, (anonym) 1952: Dreihundert Jahre Leviathan, in: Universitas 7, S. 179–181.

Schmitt, Carl, 1965: Die vollendete Reformation, in: Ders., Der Leviathan in der Staatslehre des Thomas Hobbes. Sinn und Fehlschlag eines politischen Symbols, Hamburg-Wandsbek. Nachdruck mit einem Anhang und einem Nachwort v. Günter Maschke, Köln-Lövenich 1982.

Schmitt, Carl, 1979: Hinweise, in: Ders., Der Begriff des Politischen. Text von 1932 mit einem Vorwort und drei Corollarien, Berlin, S. 116–124.

Schmitt, Carl, 1996a: Politische Theologie. Vier Kapitel zur Lehre von der Souveränität, 7. Aufl. Berlin.

Schmitt, Carl, 1996b: Politische Theologie II. Die Legende von der Erhellung jeder Politischen Theologie, 4. Aufl. Berlin.

Slomp, Gabriella, 2008: Introduction, in: Dies. (Hg.), Thomas Hobbes. Aldershot, Hampshire, S. xi–xxvii.

Stollberg-Rilinger, Barbara, 1986: Der Staat als Maschine. Zur politischen Metaphorik des absoluten Fürstenstaats, Berlin.

Stolleis, Michael, 1980: Arcana Imperii und Ratio Status. Bemerkungen zur politischen Theorie des frühen 17. Jahrhunderts, in: Ders., Staat und Staatsräson in der frühen Neuzeit. Studien zur Geschichte des öffentlichen Rechts. Frankfurt a.M., S. 37–72.

Weiß, Ulrich, 1980: Das philosophische System von Thomas Hobbes, Stuttgart/Bad Cannstatt.

Willms, Bernard, 1979: Der Weg des Leviathan. Die Hobbes-Forschung von 1968–1978, Berlin.

Willms, Bernard, 1988: Carl Schmitt – jüngster Klassiker des politischen Denkens? in: Quaritsch, Helmut (Hg.), 1988: Complexio Oppositorum. Über Carl Schmitt. Vorträge und Diskussionsbeiträge des 28. Sonderseminars 1986 der Hochschule für Verwaltungswissenschaften Speyer, Berlin, S. 577–597.

LEVIATHAN UND BEHEMOTH

Staat und Mythos bei Thomas Hobbes und Carl Schmitt

Samuel Salzborn

Der alttestamentliche Mythos von Leviathan und Behemoth verdankt seine außerordentliche Bekanntheit ohne jeden Zweifel auch den staatstheoretischen Schriften von Thomas Hobbes. In der jüdischen Eschatologie ist der Behemoth das männliche Ungeheuer, das das Land beherrscht und Gegenspieler des die See beherrschenden weiblichen Leviathan. Beide Ungeheuer bekämpfen sich im Versuch der Errichtung einer Schreckensherrschaft, werden allerdings – je nach Interpretation und Deutung des Mythos – von Gott getötet oder töten sich gegenseitig. Mit dem Tod beider sei der Tag der Gerechtigkeit gekommen. Popularisierung erfuhr der Mythos durch das prominente Werk von Hobbes *Leviathan or The Matter, Forme, and Power of a Commonwealth Ecclesiasticall and Civil* (1651), in dem dieser ein politisches Zwangssystem mit Resten von individuellen Rechten beschreibt und seine weniger bekannte Schrift *Behemoth or The long Parliament* (1682) aus der Zeit des englischen Bürgerkriegs im 17. Jahrhundert, in dem ein chaotischer Unstaat mit völliger Anarchie geschildert wird. Die absolute Herrschaft des Leviathan, in der Reste der Herrschaft des Gesetzes und individuelle Rechte bestehen bleiben, unterscheidet sich vom Behemoth als einer Herrschaft der Gesetzlosigkeit und Anarchie.[1]

Aus den in der Darstellung oft an Nilpferd, Elefant oder Wasserochse und Schlange, Drache oder Krokodil erinnernden Phantasiegestalten Behemoth und Leviathan,[2] die aufgrund ihrer Größe und Stärke auch als Dinosaurier vorgestellt werden können,[3] ist auf der Titelseite von Hobbes *Leviathan* der berühmte „sterbliche Gott" geworden, die mit den Symbolen weltlicher (Schwert) und geistlicher Macht (Bischofsstab) versehene gigantische menschliche Figur, deren Körper aus unzähligen kleinen Menschen gebildet ist.[4] Mit dem über dem Kopf der Fürstengestalt zu lesenden Zitat („Non est potestas Super Terram quae Comparetur ei. Iob.41.24.") nimmt Hobbes auch explizit Bezug auf die alttestamentliche Quelle seines *Leviathan*: das Buch Hiob, in dem die Macht des Leviathan als mit keiner anderen Gewalt auf Erden vergleichbar geschildert wird.

Hobbes bedient sich somit der alttestamentlichen Symbolik, zumal in einer Zeit, in der die jüdische Hiob-Rezeption infolge talmudisch-rabbinischer Kritik an

1 Vgl. *Perels* 2000, S. 361.
2 Vgl. *Hirsch* et al. 1904.
3 Vgl. *Lyons* 2001, S. 1ff.
4 Vgl. *Bittner/Thon* 2006, S. 37ff.; *Brandt* 1982, S. 203ff.; *Bredekamp* 2006; *Kersting* 1992, S. 28ff.

Bedeutung verloren, das Christentum Hiob hingegen als Heiligen und Schutzpatron für sich entdeckt hat,[5] und rückt damit einen religiösen Mythos in den Mittelpunkt seiner Staatstheorie, wobei der Prozess der politischen Mythologisierung noch durch seinen *Behemoth* ergänzt wurde. Die Rezeptionsgeschichte des *Leviathan* zeigt dabei, dass die Auffassung von Ernst Cassirer, nach der politische Mythen nie wirklich zu besiegen sind und sich immer wieder aufs Neue entfalten, zutreffend ist:[6] Denn neben dem Inhalt von Hobbes Werk wirkt das Symbol des *Leviathan* und damit der alttestamentliche Mythos von Leviathan und Behemoth in politisierter Form bis in die Gegenwart weiter, auch und gerade losgelöst von den Inhalten von Hobbes Staatstheorie. Im Folgenden soll deshalb skizziert werden, in welcher Weise diese symbolische Wirkung bei Hobbes konstituiert wird und in dessen Folge – von Carl Schmitt – modifiziert wurde. Im Mittelpunkt der Analyse stehen dabei funktionale Dimensionen des Mythos, die in Beziehung gesetzt werden mit ihrer metaphorischen Ausgestaltung in den staatstheoretischen Symbolen Leviathan und Behemoth.

STAAT UND MYTHOS

Das hintergründige Ziel fast aller politischen Mythen ist die Versöhnung der Gegensätze und die Konstituierung eines Systems von Vermittlungsoptionen. Die gesellschaftliche Funktion des Mythos liegt dabei Claude Lévi-Strauss zufolge darin, die Widersprüche und Ungereimtheiten, mit denen der Mensch alltäglich konfrontiert wird, in einem symbolischen Sinn zu lösen.[7] Diese Formen symbolischer Konfliktbearbeitung können gleichermaßen politisches Handeln ersetzen, wie mobilisieren oder überhaupt auch erst generieren. Entscheidend ist dabei die strukturale Dimension der Symbolisierung, mit der die unverstandene, abstrakte Wirklichkeit in ein eindeutig und klar erscheinendes Bild übersetzt und die Ambivalenzen abstrakter Vergesellschaftung einseitig in Verzauberung und Faszination aufgelöst werden, wobei Mythen zugleich über ein komprimiertes Darstellungs- bzw. Sprachniveau verfügen, in dem Vergangenheit, Gegenwart und Zukunft zu einer symbolischen Einheit verdichtet werden. Die politische Kraft des Mythos besteht in der antagonistischen Einheit von Form und Inhalt, da der entwicklungsgeschichtlich verdichtende Mythos formal „einen ‚konkreten' Charakter hat, d.h. er erzählt eine abstrakte Idee durch ‚Bilder'".[8]

Die politische Wirkmächtigkeit politischer Mythen und Symbole ist ganz wesentlich davon abhängig, ob sie nicht nur auf einer bewussten Ebene Zustimmung erfahren, sondern überdies auf einer unbewussten Ebene Wirkmächtigkeit entwickeln können. Erst wenn sowohl auf kognitiver, wie emotionaler Ebene mythische Wirkkraft entfaltet wird, setzt sich diese in politisch relevante Prozesse um, die

5 Vgl. *Oberhänsli-Widmer* 2003.
6 Vgl. *Cassirer* 1946.
7 Vgl. *Lévi-Strauss* 1958, S. 227ff.
8 *Lipowatz* 1998, S. 181.

über individuelle Dimensionen hinausweisen. Bemerkenswert ist dabei, dass die im Mythos enthaltene Ambivalenz der politischen bzw. gesellschaftlichen Gegensätze mit einer psychodynamischen Ambivalenz korreliert und dass ein Mythos umso wirkmächtiger wird, wenn aus einem Appell an diese psychische Primärstruktur ihre mythische Imitierung wird: Denn wenn sich die kognitiv wahrgenommenen politischen und gesellschaftlichen Widersprüche im historisch verdichteten Mythos im Einklang mit den ihnen zugrunde liegenden und sie reproduzierenden psychodynamischen Strukturen befinden, erscheint die symbolische Lösung eines politischen Konflikts zugleich subjektiv auch als Konfliktbearbeitung der individualisierten Psychostrukturen, wodurch der Zustand seelischen Gleichgewichts einer „hygiène personelle"[9] imaginiert wird.

So hat Sigmund Freud auch völlig zu Recht betont, dass der historische Kern der Mythen „eine Niederlage des Trieblebens", ein „notwendig gewordener Triebverzicht" sei:[10] Die Akzeptanz der gesellschaftlich auferlegten Beschränkung des unbeschränkten individuellen (narzisstischen) Willens mit dem Ziel der egoistischen Nutzenmaximierung um den Preis des schmerzlich empfundenen, aber dennoch vollzogenen Triebverzichts[11] – was bereits in das seismografische Zentrum moderner Vertrags- und Staatstheorien wichtiger Denker wie Thomas Hobbes, John Locke oder Jean-Jacques Rousseau verweist. Gesellschaftstheoretisch formuliert bringt Horst Althaus diesen Prozess folgendermaßen auf den Punkt:

> Aus dieser allgemeinen Unsicherheit, die keinen ausnimmt, erwächst das natürliche Bedürfnis, sie zu überwinden. Die Ursprünge der ‚bürgerlichen Gesellschaft' und auch des ‚Staats' als ihre Überwindung liegen demnach in der Furcht des einen vor dem andern und dem Eigennutz, sich vor den gegebenen Gefahren zu schützen und die Friedensbedingungen, die Zähmung des eigenen Willens per Vertrag, anzunehmen, um dem ‚Krieg aller gegen alle' ein Ende zu bereiten.[12]

Versucht man eine Vermittlung zwischen politischer Psychologie und Staatstheorie, dann lässt sich die Attraktivität staatstheoretischer Mythologien aus der integrativen Verknüpfung von zwei Dimensionen begreifen: Einerseits handelt es sich um das vielfältig mit staatstheoretischen Konzeptionen geweckte Omnipotenzgefühl einer narzisstischen Allmachtphantasie, bei dem – wie Mario Erdheim gezeigt hat – gleichermaßen eine symbolische Identifizierung mit den Herrschenden (und ihren Größen- und Allmachtphantasien) wie mit den Beherrschten (und damit der Geschichte ihrer Kränkungen und Erniedrigungen) vollzogen werden kann,[13] das aber andererseits stets durchmischt ist von der ambivalenten Dimension moderner Staatlichkeit im Spannungsfeld von Ordnung und Willkür bzw. von Recht und Macht, die wiederum eine in den individuellen Psychen lokalisierbare

9 *Grunberger/Dessuant* 1997, S. 299.
10 *Freud* 1932, S. 7.
11 Vgl. *Freud* 1912/13; *Freud* 1930.
12 *Althaus* 2007, S. 9f.
13 Vgl. *Erdheim* 1984, S. 374.

Ambivalenz von Chaos und Ordnung, oder, psychoanalytisch gesprochen: von Trieb und Triebverzicht bzw. von Es und Über-Ich repräsentiert.

Staatstheoretisch zentral ist dabei, dass die von Lévi-Strauss beschriebene Versöhnungsabsicht politischer Mythen gleichermaßen konstruktiv wie destruktiv erfolgen kann, also sowohl durch Integration und möglicherweise Aufhebung der Widersprüche (was idealtypisch in Richtung demokratischer Staatsformen verweist), als auch durch Vermeidung und Ausschluss eines der beiden Bestandteile des Gegensatzpaares (was vor allem totalitäre Staatsformen grundiert). Diese strukturale Überlegung ist dabei im Kontext der im modernen Staat verwirklichten Ambivalenz von Souveränität und Freiheit bzw. von Gesetz und Gewalt zu sehen und historisch zu lokalisieren. Denn die Dialektik des modernen Staates besteht in seinem Doppelcharakter, einerseits partikulare Gewalten durch monopolisierende Souveränität einzuhegen und mit diesem als legitim anerkannten Monopol physischer Gewaltsamkeit (Max Weber)[14] seine Bürger/innen öffentlich wie privat vor physischer Gewalt durch Dritte zu schützen, andererseits damit aber zugleich die Proklamierung der Allgemeinheit zur Sicherung ökonomischer Partikularinteressen zu realisieren und durch abstrakte politische Gleichheit reale ökonomische Ungleichheit zu manifestieren und auf diese Weise Gewaltverhältnisse strukturell werden zu lassen.[15] So können beide Widersprüche auch, wie im liberalen Staat realisiert, in ihrer Ambivalenz integriert werden, oder aber – wie es etwa der Nationalsozialismus versucht hat – einseitig in ihrer Dialektik zerstört werden, in dem im politischen System Freiheit und Gesetz negiert und lediglich Souveränität und Gewalt realisiert werden.

Zu dem vielleicht wirkmächtigsten Symbol bürgerlicher Staatlichkeit und moderner Staatstheorie ist der *Leviathan* geworden, der als Symbol noch weitaus bekannter ist, als der auch bereits ausgesprochen berühmte Inhalt des Werkes von Hobbes.[16] Dass der *Leviathan* heute lediglich als Symbol für den „starken Staat", den Macht- oder Obrigkeitsstaat firmiert, ist dabei Folge einer Verselbstständigung der symbolischen Dimension und eine Lösung von gegenläufigen Interpretationen des Symbols – die bei Hobbes angelegt waren und zu deren Aufhebung wesentlich die Hobbes-Rezeption von Carl Schmitt beigetragen hat. Denn sieht man Hobbes *Leviathan* im Kontext seines Werkes *Behemoth* und setzt beide in Beziehung zu den biblischen Figuren und den sie kontextualisierenden religiösen Mythen, zeigen sich die ambivalenten Aspekte im Staatsdenken von Hobbes, die sein Werk gerade auch für die Gegenwart von immenser Bedeutung erscheinen lassen. Zugleich zeigt aber die Analyse der Hobbes-Rezeption von Schmitt die durch ihn vorgenommene einseitige Verkürzung der symbolischen Dimension von Leviathan und Behemoth, deren Folge eine politische Dezision der beiden staatstheoretischen Symbole war. Denn Schmitt hat ohne Zweifel, wie Rüdiger Voigt

14 Vgl. *Weber* 1980, S. 29 u. 516.
15 Vgl. *Galtung* 1975.
16 Vgl. *Voigt* 2000a, S. 16f.

betont, das Bild des *Leviathan* „zumindest in Deutschland, wenn nicht gar auf dem gesamten Kontinent, entscheidend mitgeprägt.“[17]

LEVIATHAN UND BEHEMOTH BEI HOBBES: SYMBOLE DER AMBIVALENZ

Wolfgang Kersting ist in seiner Interpretation vollkommen zuzustimmen, nach der in der staatstheoretischen Konzeption von Thomas Hobbes eine „vollständige Disjunktion“ zwischen „kriegszuständlicher Anarchie und absoluter Herrschaft“ vollzogen wird, bei der die absolute Herrschaft zur „notwendigen Bedingung für die Beendigung des Kriegszustandes und die Errichtung einer friedlichen Koexistenzordnung“ wird.[18] Dieser normativen Trennung auf der staatstheoretischen Ebene liegt eine gesellschaftstheoretische Differenzierung zwischen seiner Naturrechtslehre und seiner Souveränitätstheorie zu Grunde, die wiederum auf sein Menschenbild verweist, das Herfried Münkler als „Egalisierungsmodell“ beschrieben hat, in dem alle Menschen gleich seien und deshalb auch abstrakt die gleichen Ansprüche auf Gegenstände und Güter hätten.[19]

In Münklers Begriff lässt sich zugleich auch die ambivalente Struktur der gesellschaftstheoretischen Basis von Hobbes Staatstheorie verstehen, da im Terminus der Egalisierung unterschiedliche Wirkrichtungen dieses Prozesses inbegriffen sind, die sowohl die Konkurrenzsituation des vorpolitischen Naturzustandes mit dem Krieg „eines jeden gegen jeden“ – *bellum omnium contra omnes* – umfasst,[20] wie den Akt der vertraglichen Aufgabe dieser riskanten Freiheit im Interesse der eigenen Nutzenmaximierung bei Einrichtung eines Gewaltmonopols:[21]

> Die Bürger *sind* nach der Hobbesschen Theorie der Person und der Realrepräsentation der Staat und haben die Handlungen und Entschlüsse des Machthabers als ihre eigenen zu akzeptieren. Sie führen aber auch [...] ein natürliches Leben in der durch den leviathanischen Staat wirkungsvoll befriedeten Gesellschaft.[22]

Der Vertrag in der Gesellschaft wird dabei zugleich die Grundlage für die gewährte Freiheit der Individuen wie für den absoluten Machtstaat, dem man sich – freiwillig, aber bedingungslos – unterwirft, womit Hobbes Staatskonzeption in einer Ambivalenz zwischen „Despotismus und Friedensstaatlichkeit“ zu lokalisieren ist.[23] Symbolisch zeigt sich dies auch am Titelbild des dritten, aber als erstes veröffentlichten Bandes seiner Grundlegung über die Elemente der Philosophie *De Cive* (1642), auf dem das Eingangsportal zur Gesellschaft auch mit den Begriffen

17 *Voigt* 2000a, S. 18.
18 *Kersting* 2000, S. 91.
19 Vgl. *Münkler* 1993, S. 108.
20 Vgl. *Hobbes* 1966, S. 94ff.
21 Vgl. *MacPherson* 1962.
22 *Kersting* 1992, S. 36, Hervorhebung im Original.
23 *Voigt* 2000b, S. 41.

„Imperium" und „Libertas" eingefasst wird. Angesichts der Möglichkeit, in Hobbes Gesellschaftstheorie aus der einen Perspektive den Vertrag, aus der anderen die Entscheidung und damit Recht oder Macht stärker zu betonen, hat Carl Schmitt von dem „Hobbes-Kristall" gesprochen – den er aber, wie noch zu zeigen sein wird, theoretisch zu zerschlagen versucht hat.[24]

Hobbes ist weit entfernt von moralischen Kategorien des Denkens, so dass in seinem Menschenbild kein ontologischer Ethikbegriff aufscheint, sondern eine utilitaristische Orientierung auf das Subjekt, der jegliche Transzendenz abgeht.[25] Auf diese Weise obliegt es dem Menschen in Hobbes Konzeption des Naturzustandes,

> seine eigene Macht nach seinem Willen zur Erhaltung seiner eigenen Natur, das heißt seines eigenen Lebens, einzusetzen und folglich alles zu tun, was er nach eigenem Urteil und eigener Vernunft als das zu diesem Zweck geeignetste Mittel ansieht.[26]

Die damit zwar *de facto* konstituierte Ungleichheit durch unterschiedliche physische Stärke und konkurrierende Fähigkeiten und Möglichkeiten zur Nutzung von Hilfsmitteln im Kampf gegen andere inkorporiert zugleich auch ein Moment von natürlicher Gleichheit, da „dem Starken die letzte Sicherheit ebenso fehlt wie dem Schwachen".[27] Der Zustand dieser Form von abstrakter Gleichheit im Naturzustand und die bedrohliche Ungewissheit, ob die damit vollkommen realisierte Freiheit nicht auch in ihr Gegenteil umschlagen kann, führt die Menschen Hobbes Annahme zufolge zur Bereitschaft der Aufgabe von Freiheit, zur positiven Aufhebung des Naturzustandes im politischen Vertrag:

> Die Leidenschaften, die die Menschen friedfertig machen, sind Todesfurcht, das Verlangen nach Dingen, die zu einem angenehmen Leben notwendig sind und die Hoffnung, sie durch Fleiß erlangen zu können.[28]

Die Entfernung von Hobbes Theorie von vorneuzeitlichen Ethikvorstellungen wird dabei besonders deutlich darin, dass er den Vertrag nicht als die logische Folge des Naturzustandes, sondern als ihren Bruch begreift,[29] in dem die Eintracht unter den Menschen künstlich sei und „durch Verträge vermittelt".[30] Die Individuen verzichten insofern aus Angst vor Verlust ihrer totalen Freiheit in Gänze auf diese, um sie unter der Regentschaft des staatlichen Souveräns mit Einschränkungen, dafür aber durch dessen Gewaltmonopol gesichert, zurückzuerhalten:

> Der alleinige Weg zur Errichtung einer solchen allgemeinen Gewalt, die in der Lage ist, die Menschen vor dem Angriff Fremder und vor gegenseitigen Übergriffen zu schützen und ih-

24 Vgl. *Schmitt* 1963, S. 121ff.
25 Vgl. *Hobbes* 1967, S. 5ff.
26 *Hobbes* 1966, S. 99.
27 Vgl. *Althaus* 2007, S. 9.
28 *Hobbes* 1966, S. 98.
29 Vgl. *Münkler* 1993, S. 122.
30 *Hobbes* 1926, S. 128.

> nen dadurch eine solche Sicherheit zu verschaffen, daß sie sich durch eigenen Fleiß und von den Früchten der Erde ernähren und zufrieden leben können, liegt in der Übertragung ihrer gesamten Macht und Stärke auf einen Menschen oder eine Versammlung von Menschen, die ihre Einzelwillen durch Stimmenmehrheit auf einen Willen reduzieren können. [...] Es ist eine wirkliche Einheit aller in ein und derselben Person, die durch Vertrag eines jeden mit jedem zustande kam [...].[31]

Die vertragstheoretische Konzeption von Hobbes basiert dabei auf einer fiktiven Grundlage und ist insofern auch nicht reziprok, es handelt sich vielmehr – wie Kurt Lenk ihn genannt hat – um einen „Begünstigungsvertrag" zugunsten des absoluten Souveräns.[32] Da der durch den Vertrag konstituierte Souverän nicht in diesen eingeschlossen ist, ist der Souverän „den Vertragschließenden gegenüber auch nicht rechtlich verbunden", weshalb Herfried Münkler auch von der Konstituierung des Staates durch einen Vertrag spricht, der „gleichzeitig Gesellschafts- und Unterwerfungsvertrag" ist.[33] Allerdings ist der Weg von Herrschaft und Partizipation, den Hobbes damit vertragstheoretisch konzeptualisiert, nicht zwingend eine Einbahnstraße, auch wenn die Individuen mit dem einmal vollzogenen Vertragsschluss ihre Optionen auf Revision abgegeben haben. Denn neben dem Verlust der riskanten, aber absoluten Freiheit mit dem Zugewinn der gesicherten, aber relativen Freiheit öffnet Hobbes durch seine Lösung vom scholastischen Weltbild und seine massive politische wie philosophische Abgrenzung gegenüber dem Katholizismus den Denkraum, in dem die gesellschaftlichen Perspektiven dieser Ambivalenz von Freiheit und Souveränität *überhaupt* erst disponierbar werden:

> Der Herrscher ist weder von Gott noch aus Eigeninteresse zur Herrschaft berechtigt. Er herrscht, absolut und unwiderruflich, auf der Grundlage eines nicht kündbaren, bloß fiktiven Vertrages. Doch von dort zur Idee der Kündbarkeit des Vertrages, zur Idee der Verantwortlichkeit des Herrschers gegenüber den Beherrschten, ist nur noch ein kleiner Schritt.[34]

Die Initiation des absoluten Souveräns ist dabei die Erzeugung des „großen *Leviathan*", des „*sterblichen Gottes*, dem wir unter dem *unsterblichen Gott* unseren Frieden und Schutz verdanken."[35] Die von Hobbes formulierte christliche Referenz ist eindeutig, nicht nur an dieser Stelle, aber Hobbes vollzieht mit dem *Leviathan* eine klare politische Trennung zwischen sterblichem und unsterblichem Gott – die symbolisch sowohl auf dem Titelbild des *Leviathan* (durch die separate Ausdifferenzierung der Herrschaftsinsignien), wie auch bereits dem von *De Cive* (durch die horizontale Trennung von göttlichem und menschlichem Reich) vollzogen wird. Die christlichen Bekenntnisse von Hobbes, derer sich wie gesagt vielfältige finden lassen, sind insofern philosophisch deutlich getrennt von seiner Staatstheorie: der „unsterbliche Gott" steht zwar über Hobbes „sterblichem Gott",

31 *Hobbes* 1966, S. 134.
32 *Lenk* 1998, S. 72.
33 *Münkler* 1991, S. 220.
34 *Pelinka* 2004, S. 187.
35 *Hobbes* 1966, S. 134.

aber nimmt nicht unmittelbar Einfluss auf dessen Konstituierung – darauf verweist auch wieder die Emblematik des Titelbildes, auf dem der *Leviathan* den Bischofsstab in der linken und nicht in der rechten Hand hält, wie dies in der mittelalterlichen Herrschaftssymbolik der Fall war. Hobbes bricht insofern mit dem scholastischen System und formuliert eine säkularisierte Erkenntnistheorie, in dem Gott zwar nicht in einem atheistischen Sinn in Frage gestellt wird, er aber gleichwohl aus dem staatstheoretischen Referenzsystem ausgeschlossen ist:

> Das Reich des Leviathan wird ja gerade durch Sterblichkeit – im physischen Sinne – und Stellvertretung – im politischen Sinne – bestimmt. Der Gott des ‚Leviathan' ist politisch tot. Er mag in den Herzen der vielen Einzelnen weiterleben, ja sein Kult mag sogar durch den Staat gefördert werden: er ist doch nicht mehr als der Name für eine politische Leerstelle. Nur in dem Maße, in dem diese Leerstelle tatsächlich offengehalten wird, kann die Allmacht des Souveräns gedacht werden. Der politische Tod des unsterblichen Gottes ist die Bedingung der Souveränität.[36]

Während Hobbes im *Leviathan* eine idealtypische Skizze für die Konstituierung eines in der Ambivalenz von Souveränität und Freiheit inthronisierten Staats- und Gesellschaftssystems formuliert, in dem der „modellhaft konstruierte Herrschafts- und Unterwerfungsvertrag [..] zur Demonstration einer jederzeit möglichen Wiederkehr des vorstaatlichen, anarchischen Naturzustandes" dient,[37] skizziert er im *Behemoth* in der Analyse der Geschichte und Ursachen der englischen Bürgerkriege in der revolutionären Periode zwischen 1640 und 1660 die kontrafaktische Struktur des Leviathan: Der große Leviathan wird als absoluter Souverän geschaffen, um den als anarchistischen Bürgerkrieg verstandenen Behemoth zu bezwingen. Im *Behemoth* thematisiert Hobbes mit einer Fülle an empirischem Material die im *Leviathan* theoretisch angesprochenen „Dinge, die einen Staat schwächen oder zu seiner Auflösung führen."[38]

Die im Szenario des Bürgerkrieges entfesselte politische Krise könne nur durch die absolute Souveränität überwunden werden, was einhergeht mit der Aufhebung der Zirkulation von Souveränität zwischen unterschiedlichen Trägern, von denen keiner in der Lage ist, die Macht zu einem Monopol legitimer Gewaltsamkeit zu zentralisieren:

> Der *Behemoth* expliziert, was zu lernen war: daß den Gesetzen des Souveräns bedingungslos Folge zu leisten war und daß schon die ersten Ansätze zur Einschränkung und Begrenzung der souveränen Macht der Auftakt zu neuem Bürgerkrieg waren.[39]

Eine friedliche und gerechte politische Ordnung sei nur durch den absoluten Souverän zu gewährleisten, dem sich die Untertanen vollständig unterwerfen müssen:

36 *Adam* 2000, S. 186.
37 *Lenk* 1998, S. 73.
38 *Hobbes* 1966, S. 245.
39 *Münkler* 1991, S. 236.

> [...] die Tugend des Untertanen besteht ganz und gar im Gehorsam gegen die Gesetze des Staates. Den Gesetzen zu gehorchen ist recht und billig, das ist das Naturrecht (sic!) und dadurch auch das bürgerliche Recht bei allen Nationen der Welt, und nichts anderes ist ungerecht und unbillig als das, was gegen das Gesetz verstößt. Ebenso ist der Gehorsam gegen das Gesetz Klugheit für den Untertan, denn ohne diesen Gehorsam kann der Staat, welcher jedermanns Sicherheit und Schutz ist, nicht bestehen.[40]

Hobbes gibt seinem revolutionären staatsphilosophischen Konzept des *Leviathan* mit dem *Behemoth* insofern eine konterrevolutionäre Krücke in die Hand, da sein Entwurf des „großen Leviathan" eine fundamentale staatstheoretische und staatspraktische Umwälzung zur Folge hat, die nun aber wiederum zum unerschütterlichen *Status quo* zur Sicherung eines säkularisierten Absolutismus werden soll, womit er ein scholastisches Glaubenssystem durch ein säkularisiertes ersetzt: „Die Souveränität entspricht der Omnipotenz Gottes: sie existiert nur, wenn man an sie glaubt."[41] Hobbes staatstheoretischer Entwurf referiert insofern stark auf eine übergeschichtliche Gültigkeit, in der revolutionäre Veränderungen – die ja entwicklungstheoretisch abermals einen souveränen, aber jenseits absoluter Herrschaftsverhältnisse zu lokalisierenden Staat etablieren könnten – massiv abgelehnt werden.

Hobbes entwickelt mit seinem staatstheoretischen Konzept unter Aufgreifen des alttestamentlichen Mythos von Leviathan und Behemoth auf der symbolischen Ebene ein System staatsphilosophischer Ambivalenz, in dem Freiheit und Souveränität unmittelbar miteinander verknüpft sind. Zur gesicherten Realisierung von bürgerlichen Freiheitsrechten bedarf es in seiner Konzeption des Bruches mit dem Naturzustand und der darin bestehenden absoluten Gleichheit durch den Souverän und dessen absolute Herrschaft. Der große Leviathan ist dabei zwar an positives Recht ebenso gebunden, wie seine ihn konstituierenden Untertanen, allerdings obliegt ihm ob der Konstituierung des absoluten Staates mit einem Unterwerfungsvertrag auch dessen Etablierung. Hobbes greift somit den Mythos aus dem Buch Hiob durch Doppelbetitelung beider Bücher vollständig auf, wobei er die Willkür und Anarchie verurteilt (*Behemoth*) zugunsten des souveränen und gewaltabsoluten, aber gerechten Staates (*Leviathan*). In der Entgegensetzung der beiden mythischen, übermächtigen Phantasietiere beschreibt Hobbes dabei die beiden Pole gesellschaftlicher Verhältnisse und greift hierzu auf den ergänzenden Part des alttestamentlichen Behemoth zurück, der zusammen mit dem Leviathan aus dem Buch Hiob eine dialektische Einheit bildet und die Ambivalenz staatlicher Organisation symbolisiert, die Hobbes der realhistorischen „potentia absoluta des spätmittelalterlichen Willkürgottes, die in seiner Lehre von der absoluten Souveränität Gottes mitschwingt",[42] entlehnt.

In diesem politisierten Mythos liegt eine „Faszination der Mehrdeutigkeit", die vor allem durch den Leviathan als Gestalt dominiert wird, „die teils künstli-

40 *Hobbes* 1991, S. 51.
41 *Scheit* 2004, S. 174.
42 *Taubes* 1983, S. 11.

cher Mensch, teils Maschine, teils Ungetüm, teils sterblicher Gott“ ist.[43] Hobbes ist zwar ein unbedingter Verfechter des absoluten Staates, nimmt aber zugleich auch deutlich Partei für die säkulare Konstituierung des sterblichen Gottes und für die Garantie der bürgerlichen Freiheit durch den absoluten Staat. Insofern lässt sich ein staatstheoretisches Konzept identifizieren, das um symbolische Aussöhnung zwischen den Gegensätzen, um politische Integration der staatstheoretischen Dialektik von Freiheit und Souveränität (freilich unter absoluten Vorzeichen) und damit die Konstituierung einer gerechten politischen Ordnung bemüht ist, wie sie in der Eschatologie mit dem Tod von Leviathan und Behemoth gleichsam aufscheint. Dass Hobbes vertragstheoretische Grundlegung und seine absolute Souveränitätstheorie von demokratischen und partizipatorischen Vorstellungen deutlich unterschieden ist und zugleich die legitimatorische Grundlage für die Situierung bürgerlicher Eigentumsverhältnisse inkorporiert, ändert nichts daran, dass Hobbes philosophisches Konzept das Moment von Freiheit und Gesetz im modernen Staat hat denkbar, die ambivalente Basis moderner Vergesellschaftung hat erkennbar werden lassen. Denn genau so wenig, wie Hobbes Naturrechtslehre ohne seine Souveränitätsvorstellungen diskutierbar ist, sind es auch diese ohne jene: Der Versuch zur symbolischen Integration der Widersprüche bildet den Kern von Hobbes staatstheoretischem Mythos, der in seiner symbolischen Ambivalenz integral ist.

LEVIATHAN UND BEHEMOTH BEI SCHMITT: SYMBOLE DER IDENTITÄT

Carl Schmitt hat die ambivalente Struktur in der Staatstheorie von Thomas Hobbes, die sich symbolisch über den politisierten alttestamentlichen Mythos von Leviathan und Behemoth artikuliert, als wesentlichen Kern erkannt[44] und versucht, sie in einem Vorgang projektiver Identifizierung zu eliminieren – und sich damit in eigentümlicher Weise selbst zu dem gemacht, was er gegen die „jüdische Front“ ins Feld führt:[45] „Neutralisierer“ zu sein.[46] Dabei ging es Schmitt um die staatstheoriegeschichtliche Aufhebung der ambivalenten Struktur des modernen Staates und die Negation des integrierenden Moments von Hobbes staatstheoretischer Mythologie, die auf eine Verknüpfung von Souveränität und Freiheit hinausläuft. Die dezisionistische Lesart des alttestamentlichen Mythos durch Schmitt hatte aber nicht nur die Aufhebung der symbolischen Ambivalenz zum Ziel, sondern auch die Reessentialisierung des „sterblichen Gottes“ und die Rückholung der katholischen Theologie in die Staatstheorie.[47] Schmitt wirft dabei in einem Akt der Projektion den Juden vor, Hobbes Staatstheorie „entseelt“ und den

43 *Voigt* 2000b, S. 55.
44 Vgl. *Schmitt* 1937, S. 622ff.; *Schmitt* 1938, S. 99ff.; *Rumpf* 1972, S. 64f.
45 Vgl. *Schmitt* 1938, S. 108.
46 Vgl. *Gross* 2005, S. 267ff.
47 Vgl. *Schmitt* 1922.

Leviathan zerstört zu haben; in Wirklichkeit ist es aber Schmitt selbst, der durch seine theologische Aufladung und Vergottung einer omnipotenten Allmachtphantasie den integrativen Kern des *Leviathan* zerstört. Schmitt den „deutschen Hobbes des 20. Jahrhunderts" genannt zu haben, wie dies Helmut Schelsky getan hat, ist somit nicht nur weit verfehlt, sondern stellt Hobbes von den Füßen auf den Kopf.[48]

Schmitt will das liberale, freiheitliche Moment in Hobbes Staatstheorie aufheben zugunsten einer politischen Theologie, die er in Hobbes hinein verlegt. Hobbes Versuch der „Wiederherstellung der natürlichen Einheit" sei gescheitert.[49] Schmitt meint damit aber nicht die symbolische Einheit von staatstheoretischen Widersprüchen, sondern die innere und äußere Einheit von Theologie und Staat als den theologischen Kern jedweder Staatlichkeit, den Hobbes allerdings symbolisch wie theoretisch aufgelöst hatte und den Schmitt nun versucht, in dessen Werk zurückzuverlegen.

Schmitts vernebelnde Strategie, die seine Argumentation aufgrund der kontinuierlichen Vermengung von Kritik an und Affirmation von Hobbes sowie der permanent ineinander übergehenden und nicht getrennten Diskussion auf staats- und verfassungstheoretischer Ebene auf der einen und mythologischer und symbolischer Ebene auf der anderen Seite undurchsichtig scheinen lässt, besteht dabei darin, den Juden die Zerstörung des Leviathan vorzuwerfen – wobei es sich allerdings um den Vorwurf einer Zerstörung von etwas handelt, das bei Hobbes nicht angelegt war und lediglich in der projektiven Phantasie Schmitts den Kern von Hobbes Staatstheorie bildet: die durch die „Einheit von Religion und Politik" bewirkte „souveräne Macht".[50] Die durch die Betonung der Differenz zwischen Öffentlichkeit und Privatheit in den Augen von Schmitt vollzogene „Entseelung" des Leviathan durch die Juden interpretiert er als dessen Zerstörung, die er aber vielmehr selbst durch seine theologisch-dezisionistische Aufladung vollzieht. Zu diesem Zweck bedient Schmitt sich auch eines antisemitischen Verschwörungsmythos,[51] wenn er vom alttestamentlichen Leviathan als „mythisches Symbol von hintergründiger Sinnfülle" spricht, das den Juden als „säkulares Kampfbild" diene.[52]

Die Juden würden eine „ganz singuläre, mit keinem andern Volk vergleichbare, völlig abnorme Lage und Haltung" gegenüber allen anderen Völkern einnehmen, bei der Leviathan und Behemoth zu „jüdischen Kampfmythen größten Stils" werden, die „mit jüdischen Augen gesehenen Bilder heidnischer Lebenskraft und Fruchtbarkeit"; die beiden Tiergestalten seien zwar „für die vorderasiatische und jüdische Mythologie feindlich und böse", Schlange oder Drache würden aber vor allem für die germanischen Völker Schutzsymbole darstellen.[53] Nach jüdischen

48 Vgl. *Schelsky* 1981, S. 5. Siehe hierzu auch *Rottleuthner* 1983, S. 264f.

49 Vgl. *Schmitt* 1938, S. 130.

50 *Schmitt* 1938, S. 84.

51 Vgl. *Bookbinder* 1991, S. 101.

52 *Schmitt* 1938, S. 9f.

53 Vgl. *Schmitt* 1938, S. 16ff.

Deutungen sei der Kampf zwischen Leviathan und Behemoth der weltgeschichtliche Kampf zwischen „heidnischen Völkern“:

> Die Juden aber stehen daneben und sehen zu, wie die Völker der Erde sich gegenseitig töten; für sie ist dieses gegenseitige ‚Schächten und Schlachten‘ gesetzmäßig und ‚koscher‘. Daher essen sie das Fleisch der getöteten Völker und leben davon.[54]

Was in *Der Leviathan in der Staatslehre des Thomas Hobbes* von dieser Verschwörungsphantasie noch nicht explizit gemacht wird, führt Schmitt dann in *Land und Meer* aus:

> Sie essen das Fleisch der sich gegenseitig tötenden Tiere, ziehen ihnen die Haut ab, bauen sich aus dem Fell schöne Zelte und feiern ein festliches, tausendjähriges Gastmahl. So deuten die Juden die Weltgeschichte.[55]

Diese von Schmitt referierte antisemitische Verschwörungsphantasie, in der projektiv auch der nationalsozialistische Wunsch eines „Tausendjährigen Reiches“ aufscheint, geht auf keine jüdische Quelle zurück. Raphael Gross hat die von Schmitt rudimentär angedeuteten Quellen überprüft und festgestellt, dass sich in der kabbalistischen Literatur, auf die sich Schmitt vage bezieht, kein Hinweis auf derartige Vorstellungen findet.[56] Insofern handelt es sich bei der mythologischen Grundierung von Schmitts Kritik an Hobbes um ein Phantasma, das bewusst oder unbewusst zur antisemitischen Unterlegung der antijüdisch intendierten staatstheoretischen Auseinandersetzung eingeführt wird.

Schmitt spricht in seiner Analyse des *Leviathan* davon, dass „das alttestamentliche Wassertier und die platonische Vorstellung des großen Menschen“ bei Hobbes nebeneinander stehen würden und in seinem Bild eine „mythische Verschmelzung von Gott und Tier, Tier und Mensch, Mensch und Maschine“ vollzogen werde.[57] Schmitt ist in seiner Analyse dabei hin- und hergerissen zwischen Zustimmung zu und Verdammung von Hobbes, in gewisser Hinsicht zerrissen in der Unfähigkeit, den ambivalenten Kern der politischen Philosophie von Hobbes zu ertragen. In Faszination für das Konzept der totalen Souveränität „des großen Menschen“ liegt für Schmitt das eklatante Problem, dass Hobbes diese in theologischer Negation auf dem Fundament der Freiheit aufgebaut hat, wobei sein Kernkritikpunkt an Hobbes folgender ist:

> Der Souverän ist nicht *Defensor Pacis* eines auf Gott zurückgehenden Friedens; er ist Schöpfer eines nichts als irdischen Friedens, *Creator Pacis*. Die Begründung verläuft also umgekehrt wie in den Gedankengängen ‚göttlichen‘ Rechts: weil die Staatsgewalt allmächtig ist, hat sie göttlichen Charakter. Ihre Allmacht aber ist ganz anderer als göttlicher Herkunft: sie ist Menschenwerk und kommt durch einen von Menschen eingegangenen ‚Vertrag‘ zustande.

54 *Schmitt* 1938, S. 18.
55 *Schmitt* 1942, S. 10.
56 Vgl. *Gross* 2005, S. 275f.
57 *Schmitt* 1938, S. 29 u. 31.

> Das entscheidende Element der gedanklichen Konstruktion liegt darin, daß dieser Vertrag nicht, wie nach mittelalterlichen Vorstellungen, ein vorhandenes, von Gott geschaffenes Gemeinwesen und eine präexistente, natürliche Ordnung betrifft, sondern daß der Staat als Ordnung und Gemeinwesen das Ergebnis menschlichen Verstandes und menschlicher Schöpfungskraft ist und durch den Vertrag überhaupt erst entsteht. Dieser Vertrag wird ganz individualistisch aufgefaßt. Alle Bindungen und Gemeinschaften sind aufgelöst. Atomisierte Einzelne finden sich in ihrer Angst zusammen, bis das Licht des Verstandes aufleuchtet und ein auf die allgemeine und unbedingte Unterwerfung unter die stärkste Macht gerichteter Konsens zustande kommt.[58]

Dieser Satz ist die einzige Stelle in *Der Leviathan in der Staatslehre des Thomas Hobbes*, in der Schmitt deutlich werden lässt, dass der idealtypische Staat von Hobbes *kategorisch* bricht mit theologischen Vorstellungen – und es ist auch die Passage, in der Schmitts theoretische Absicht am wenigsten chiffriert formuliert wird: er will das göttliche Moment in den Leviathan inkorporieren, den menschlichen Staat omnipotent und allmächtig machen, indem sich dieser in einer narzisstischen Größenphantasie in Einheit mit Gott phantasiert. Denn Hobbes Staatstheorie ist nicht nur modern in dem Sinn, dass sie säkular konzipiert ist, sie ist auch aufklärerisch, weil sie dem Menschen die christliche Phantasie versagt, selbst Gott sein zu können.[59] Schmitts politische Theologie ist sich dabei mit Hobbes in dieser Hinsicht nur darin einig, dass der dezisionistische Staat absolut konstituiert sein muss und darin für Schmitt die menschliche Allmachtphantasie scheinbar im Einklang mit Gott realisiert werden kann. Dass es in der dominanten jüdischen Interpretation Gott ist, der Leviathan und Behemoth tötet und somit als in seiner Macht unbegrenzt und zweifelsfrei über den Menschen stehend angesehen wird, versucht Schmitt symbolisch aufzulösen und die narzisstische Kränkung des Menschen, nicht Gott sein zu können, omnipotent zu verleugnen.

Der „rebellische Individualismus“, den der Mensch im Unterschied zum „Ameisen-, Termiten- und Bienenstaat“ (sic!) behalte, in denen die Sexualität der Tiere vernichtet sei, sei ein wesentliches Problem der menschlichen Staatsbildung, da diese „ohne organische Preisgabe der Individualität“ vollzogen werde,[60] also – so ließe sich Schmitt politisch-psychologisch interpretieren – der Trieb nicht durch Kastration eliminiert wird und insofern die Kastrationsangst für die Herrschenden bestehen bleiben muss, ihre omnipotente Phantasie nicht in einem transzendenten, geschlechtslosen Raum aufgehoben wird, in dem ihre Macht so groß geworden ist, dass weder andere Menschen, noch Gott sie in Frage stellen könnte/n.

Schmitt wirft Hobbes vor, dass sein Staat Stände aufhebend wirke,[61] im Sinne eines organischen Staatsdenkens nur Maschine und nicht Körper sei[62] und insofern die unterstellte natürliche Differenz in einer politischen Gleichheit aufhebt,

58 *Schmitt* 1938, S. 50f.
59 Vgl. *Grunberger/Dessuant* 1997, S. 262 u. 300.
60 Vgl. *Schmitt* 1938, S. 58.
61 Vgl. *Schmitt* 1938, S. 71.
62 Vgl. *Schmitt* 1938, S. 52f.

die Phantasie einer organischen Einheit auf das Moment eines funktionierenden Apparats reduziert, Identitätsvorstellungen durch Utilitarismusgedanken negiert. So sieht Schmitt in Hobbes, den er als den „großen Dezisionisten" verehrt,[63] auch gleichzeitig den verachteten Schöpfer der „vollendeten Sachlichkeit", dessen „Symbol" gescheitert sei:[64]

> Hobbes glaubte, sich dieses Bildes als eines eindrucksvollen Symbols zu seinem Zwecke zu bedienen und bemerkte nicht, daß er in Wirklichkeit die unsichtbaren Kräfte eines alten, vieldeutigen Mythos auf den Plan rief. Sein Werk wurde vom Leviathan überschattet, und alle seine noch so klaren gedanklichen Konstruktionen und Argumentationen gerieten in das Kraftfeld des heraufbeschworenen Symbols. Keine noch so klare Gedankenführung kommt gegen die Kraft echter, mythischer Bilder auf. Die Frage kann nur sein, ob ihr Weg im großen Gang des politischen Schicksals ins Gute oder Böse, ins Richtige oder Falsche verläuft. Wer solche Bilder benutzt, gerät daher leicht in die Rolle eines Magiers, der Gewalten herbeiruft, denen weder sein Arm, noch sein Auge, noch das sonstige Maß seiner menschlichen Kraft gewachsen ist. Er läuft dann Gefahr, statt eines Verbündeten einen herzlosen Dämon zu treffen, der ihn seinen Feinden in die Hände liefert.
>
> So ist es in der Tat dem von Hobbes beschworenen Leviathan ergangen. Das Bild war dem Gedankensystem, mit dem es verbunden wurde, in der geschichtlichen Wirklichkeit nicht adäquat und löste sich in einzelne Bedeutungsfolgen auf, die einzeln starben. Die überkommene jüdische Deutung schlug auf den Leviathan des Hobbes zurück. Alle untereinander sonst so feindlichen indirekten Gewalten waren sich plötzlich einig und verbündeten sich zum ‚Fang des großen Wals'. Sie haben ihn erlegt und ausgeweidet.[65]

Iring Fetscher hat zutreffend bemerkt, dass von einem „Scheitern" des Symbols Leviathan, wie Schmitt es unterstellte, nur dann gesprochen werden kann, wenn man Hobbes „als den Stammvater autoritärer und totalitärer Staaten des 20. Jahrhunderts" begreift.[66] Schmitt ist insofern konsequenterweise fasziniert von dem, wie Thomas Schneider es genannt hat, „dezisionistisch-diktatorischen Element" bei Hobbes,[67] von der „souveränen staatlichen Macht", die „allein bestimmt kraft ihrer Souveränität", bei der alles Befehl ist: „Autoritas, non Veritas."[68] In diese allmächtige Kompetenz fällt auch, zu entscheiden, an was die Untertanen zu glauben haben (oder auch nicht) und damit hat der „sterbliche Gott" in Schmitts Worten auch Macht „über Wunder und Bekenntnis", wobei Hobbes an dieser Stelle in seiner Staatstheorie eine entscheidende liberale Wendung integriert hat: die Trennung von öffentlicher und privater Vernunft, die Schmitt massiv ablehnt.[69] In der aufklärerischen Konzeption von Hobbes, dass private Bekenntnis frei zu stellen, sieht Schmitt das Einfallstor für die „Entseelung des Leviathan", die von dem „ersten liberalen Juden" vollzogen worden sei. Die „kaum sichtbare Bruchstelle"

63 Vgl. *Schmitt* 1938, S. 82.
64 Vgl. *Schmitt* 1938, S. 78.
65 *Schmitt* 1938, S. 123f.
66 Vgl. *Fetscher* 1966, S. XLII.
67 *Schneider* 1997, S. 122.
68 *Schmitt* 1938, S. 80ff.
69 Vgl. *Schmitt* 1938, S. 84f.

in Hobbes Werk zwischen Äußerlich und Innerlich, Öffentlich und Privat sei von Spinoza in dessen *Theologisch-Politischem Traktat* erkannt und „zur äußersten Entfaltung“ getrieben worden, womit der Leviathan „von Innen heraus entseelt“ worden sei:[70]

> Bei Hobbes standen der öffentliche Friede und das Recht auf souveräne Gewalt im Vordergrund; die individuelle Gedankenfreiheit blieb nur als letzter, hintergründiger Vorbehalt offen. Jetzt wird umgekehrt die individuelle Gedankenfreiheit der formgebende Grundsatz und die Notwendigkeiten des öffentlichen Friedens sowie das Recht der souveränen Staatsgewalt verwandeln sich in bloße Vorbehalte. Eine kleine, umschaltende Gedankenbewegung aus der jüdischen Existenz heraus, und in einfachster Folgerichtigkeit hat sich im Laufe von wenigen Jahren die entscheidende Wendung im Schicksal des Leviathan vollzogen.[71]

Wie bereits in der Analyse zu Hobbes gezeigt, irrt Schmitt hinsichtlich seiner Ungleichgewichtung von Souveränität und Freiheit in Hobbes Staatstheorie. Und folgt man den von Ferdinand Tönnies referierten Aussagen von Hobbes zu Spinoza, dann habe dieser – konsequenterweise – „wenn nicht seine ausgesprochene Lehre, so doch seine unzweifelhafte eigene Meinung“ in dessen Analysen wieder gefunden, wobei Hobbes es selbst nicht gewagt habe, so kühn zu schreiben, wie Spinoza.[72]

Schmitt verknüpft seinen Antiliberalismus neben dem antisemitischen auch mit dem völkischen Moment, wenn er betont, dass bereits durch die Anerkennung der Unterscheidung von Innen und Außen, von Öffentlich und Privat die Hegemonie des Innerlich-Privaten über die „öffentliche Macht“ entschiedene Sache sei, wobei sich die „Seele eines Volkes“ auf den Weg nach Innen mache, was in sehr verklausulierter Form einerseits auf den Glauben an eine kollektive emotionale Verknüpfung einer Nation verweist, die Schmitt überdies als Volk interpretiert und aufgrund dessen, dass diese „Seele eines Volkes“ ins Private abgedrängt werde, vorher logisch betrachtet ja öffentlich gewesen sein muss, also diesem Bild überdies eine Identitätsvorstellung zugrunde liegt, in der Volk und Staat in eins fallen und es keine Privatheit gibt, womit auch individuelle Freiheitsrechte *a priori* negiert werden. Die Anerkennung des Individuellen und Privaten führe dazu, dass die öffentliche Macht „von innen her bereits entseelt“ sei und „nur noch den Schein und die *simulacra* der Göttlichkeit“ auf ihrer Seite habe.[73] In diesem Prozess werde der Leviathan zu einer „unmenschlichen und untermenschlichen Angelegenheit“:[74]

70 *Schmitt* 1938, S. 86f.
71 *Schmitt* 1938, S. 88f.
72 Vgl. *Tönnies* 1925, S. 286, Fn. 60.
73 *Schmitt* 1938, S. 94.
74 *Schmitt* 1938, S. 97.

> Den Juden bestärkte das von Rabbinern und Kabbalisten seit Jahrhunderten angedeutete Bild des Leviathan in seinem Überlegenheitsgefühl gegenüber den Heidenvölkern und den viehischen Götzen ihres Willens zur Macht.[75]

Was Schmitt in seinen vielfältigen antisemitischen Tiraden verschweigt, ist, dass Hobbes im *Leviathan* selbst positiv auf das Judentum Bezug nimmt und angesichts des historischen und theologischen Kontextes in bemerkenswert hellsichtiger Weise die Parallelität von jüdischem Monotheismus und staatstheoretischer Souveränitätslehre erkennt. Denn Hobbes greift zur biblischen Legitimation seiner Souveränitätstheorie auf das Zweite Buch Moses zurück, konkret auf den Sinai-Kontrakt und die mit diesem vollzogene Etablierung Gottes im Judentum durch einen Vertragsschluss. Der „Bund", den Gott mit den Juden eingegangen ist, initiiert diese zum „auserwählten Volk" und versetzt den Rest der Welt in einen außervertraglichen Zustand.[76] Dass Hobbes sich auf diese Tradition bezieht, zeigt besonders deutlich seine Frontstellung gegen einseitige Vereinnahmungen, wie sie Schmitt vollzogen hat: denn das Judentum hat in diesem Bund mit der narzisstischen Allmachtphantasie gebrochen, Gott sein zu können, so dass Hobbes Vertrags- und Souveränitätstheorie in einer geistesgeschichtlichen Tradition zu lokalisieren ist, in der sie als Staatstheorie symbolisch eine Aussöhnung mit dem strengen väterlichen Gesetz vollzieht, wohingegen der von Schmitt eingeschlagene christliche Weg gegen die narzisstische Kränkung, nicht Gott sein zu können, rebelliert.

Während der alttestamentliche Gott über die Ungeheuer Leviathan und Behemoth siegt, gerade so, wie in Hobbes Staatstheorie symbolisch der Staat über den Unstaat siegt, steht die narzisstische Omnipotenzphantasie für einen Kampf der übermächtigen Gewalten, bei denen nicht das Recht, sondern die Macht die Oberhand behält – und steht damit mythologisch und psychologisch gesprochen für die infantile Hoffnung des Menschen auf Unsterblichkeit, für die narzisstische Allmachtphantasie, doch wie Gott und damit übermenschlich sein zu können. Die Verwendung des alttestamentlichen Mythos von Hobbes ist der Vorschlag zur symbolischen Aussöhnung von weltlichem und geistlichem Reich und für die Integration der Gegensätze,[77] die Lesart des Mythos von Schmitt hingegen die Destruktion der Ambivalenz und der Versuch zur Auflösung der Gegensätze in Machtpolitik und dezisionistische Willkür.

Dies ist auch der eigentliche Grund, weshalb in der Forschung über Schmitts *Der Leviathan in der Staatslehre des Thomas Hobbes* immer wieder darüber gestritten wurde, ob dieses Buch den NS-Staat affimiert oder, wie Schmitt es in der Nachkriegszeit nahe legen wollte, als Schrift seiner Differenz zum Nationalsozialismus gelesen werden muss,[78] denn beides ist richtig und falsch zugleich: richtig,

75 *Schmitt* 1938, S. 96.

76 Vgl. *Hobbes* 1966, S. 312ff. u. 535ff.

77 Siehe zu den Ambivalenzen der politischen Theologie von Hobbes: *Hofmann* 2005, S. 283ff.

78 Schmitt zitiert sich in *Ex Captivitate Salus* (1950, S. 21) mit einer Passage aus *Der Leviathan in der Staatslehre des Thomas Hobbes* (1938, S. 94) selbst, nennt sich allerdings nicht als Au-

weil Schmitt die antijüdische Dezision des Nationalsozialismus in dieser wie auch seinen anderen Schriften nachvollzogen hat und damit im ideologischen Kern mit dem NS-Regime übereinstimmte; falsch, weil Schmitt die ordnungspolitische Praxis des Nationalsozialismus aus einer Perspektive des politischen Katholizismus kritisiert hat, allerdings ohne freilich in irgendeiner Form prinzipiell mit dem Regime zu brechen, dessen rechtstheoretische Legitimation er vor allem vor seinem Hobbes-Buch federführend betrieben hat, so dass Günter Meuter vollkommen zuzustimmen ist, wenn er betont, dass Schmitt den „totalen Staat“ römisch-katholischer Herkunft im Blick hatte.[79]

LEVIATHAN UND BEHEMOTH: STAATSTHEORETISCHE PERSPEKTIVEN

Wie im Judentum auf religiöser Ebene geht es bei Hobbes auf der politischen Ebene um die menschliche Unterwerfung unter das strenge Gesetz, die Anerkennung, nicht Gott sein zu können und damit die Akzeptanz der eigenen menschlichen Limitierung. Die Unterwerfung bringt, hier wie da, die Freiheit, nur dass Hobbes das göttliche vom weltlichen Reich philosophisch-systematisch trennt. Da der absolute Souverän nicht durch göttlich oder selbstherrlich legitimierte Willkür zur Herrschaft gelangt ist, sondern durch den Vertragsschluss seiner Untertanen und damit einen (imaginierten) Prozess der Konsensstiftung, kann Hobbes auch idealtypisch die positive Ausformulierung des strengen Gesetzes als konsensual unterstellen. Dass der Vertragsschluss fiktiv und nicht kündbar ist, unterscheidet Hobbes dabei selbstredend fundamental von demokratischen Legitimationsvorstellungen.

Hobbes trifft sich in seiner Ambivalenz mit Franz L. Neumann, der den symbolischen Faden staatstheoretisch mit seiner Analyse *Behemoth. The Structure and Practice of National Socialism* (dt. *Behemoth. Struktur und Praxis des Nationalsozialismus*) wieder aufgegriffen und das ambivalente Moment – in kritischer Auseinandersetzung mit Schmitt – zu reintegrieren versucht hat. Im Mittelpunkt von Neumanns staatstheoretischer Analyse steht dabei der bürgerlich-liberale Verfassungsstaat, dessen Herrschaft eben auf dem Dualismus politischer Macht basiert: auf Gesetz und Gewalt, die beide gleichermaßen konstitutiv wie widersprüchlich sind. Der moderne Staat bedarf der gewaltförmigen Durchsetzung seiner Souveränität gegen lokale und partikulare Gewalten und der Einrichtung einer

tor und fälscht das Zitat auch sowohl nach Inhalt wie Kontext: in *Ex Captivitate Salus* liest sich die Passage über den „geheimnisvollen Weg, der nach Innen führt“ als ein Dokument des inneren, leisen Widerstandes gegen die „von der staatlichen Macht organisierte Öffentlichkeit“, während Schmitt in *Der Leviathan in der Staatslehre des Thomas Hobbes* ganz im Gegenteil in einem scharfen Angriff auf jede liberale Position meinte, dass die „öffentliche Macht“ bereits dann desavouiert sei, wenn sie „die Unterscheidung von Innen und Außen“ überhaupt anerkennt.

79 Vgl. *Meuter* 1995, S. 101.

einheitlichen Verwaltung und Rechtsprechung; zugleich gibt er aber vor, eine auf allgemeine (für alle gleiche) Gesetze gegründete Ordnung zu errichten, die politische Freiheit zur Sicherung der ökonomischen etabliert.[80]

Je nachdem, welcher Pol in der bürgerlichen Staatenpraxis und in der modernen Staatstheorie stärker ausschlägt – Recht oder Macht, Gesetz oder Gewalt, Souveränität oder Freiheit – wäre Neumann folgend dabei in ambivalenter Ungewissheit und auf „schwankendem Grund"[81] das stärker zu betonen und zu verteidigen, was in der empirischen Realität gefährdeter ist, also der Akzent so zu legen, „wie die Zeit es erforderte".[82] Hobbes Staatsbegriff ist Neumann zufolge insofern auch im Kern auf die „Erhaltung und Verteidigung des menschlichen Lebens" gerichtet und mit einem „freilich nur individuell gewährten Gehorsamsverweigerungsrecht" versehen, das allerdings einer prinzipiellen Gehorsamspflicht unterliegt:

> Die ambivalente Haltung des Hobbes wird hier deutlich. Der Akzent liegt, wie die Zeit es erforderte, auf der Souveränität, der gesetzlosen Gewalt, der Forderung nach einer von den kämpfenden Gruppen unabhängigen Staatsgewalt. Aber die Freiheit ist, wenn auch schwach, betont.[83]

Neumann lässt in seiner Analyse das Pendel genau in die andere Richtung stärker ausschlagen als Hobbes – und denkt damit die mythologische Dimension von Leviathan und Behemoth weiter, die Schmitt zu bekämpfen versucht hatte: Bei Neumann steht Freiheit vor Souveränität – allerdings im gleichermaßen wie bei Hobbes vorhandenen Bewusstsein, dass im modernen Staat das eine ohne das andere nicht zu haben ist, dass der moderne Staat immer ein ambivalenter Staat ist – oder er ist nicht, wie der nationalsozialistische Versuch zur völkischen Eliminierung moderner Staatlichkeit gezeigt hat:

> Da wir glauben, daß der Nationalsozialismus ein Unstaat ist oder sich dazu entwickelt, ein Chaos, eine Herrschaft der Gesetzlosigkeit und Anarchie, welche die Rechte wie die Würde des Menschen ‚verschlungen' hat und dabei ist, die Welt durch die Obergewalt über riesige Landmassen in ein Chaos zu verwandeln, scheint uns dies der richtige Name für das nationalsozialistische System: Der Behemoth.[84]

Durch Aufgreifen des alttestamentlichen Mythos und der darin inkorporierten Hoffnung auf das Ende der Schreckensherrschaft machte Neumann seine gleichsam bestehende Hoffnung auf die Niederschlagung des Nationalsozialismus deutlich, die aber eine negative Dialektik des Staates bleiben musste, da sie aufgrund des historischen Kontextes ebenso wenig konkret wie positiv gedacht werden konnte.

80 Vgl. *Salzborn* 2009.
81 *Söllner* 1982, S. 285.
82 *Neumann* 1937, S. 33.
83 *Neumann* 1937, S. 33.
84 *Neumann* 1977, S. 16.

In dem Versuch zur mythologischen und staatstheoretischen Reintegration von Leviathan und Behemoth liegt symbolisch auch die Perspektive für eine weitere Vertiefung des freiheitlichen Moments moderner Staatlichkeit, das aber ohne die Einheit mit der Souveränität unmöglich ist. Dass Schmitt mit seiner staatstheoretischen Interpretation von Leviathan und Behemoth die Grundlage für einen die Freiheit negierenden und die Souveränität potenzierenden Staat gelegt hat, eröffnet angesichts der gegenwärtig immer weiter fortschreitenden Aufhebung nationalstaatlicher Souveränität auch die Falltür für eine *tatsächliche* Entseelung des Leviathan: die Minimierung und letztendliche Aufhebung von Freiheit. Dies als Kern moderner Staatlichkeit zu begreifen und die Souveränität um der Freiheit willen mit Hobbes gegen unstaatliche und staatsfeindliche Interventionen neu zu justieren, wäre eine staatstheoretische Perspektive, in der Leviathan und Behemoth wieder als die dialektische Einheit gedacht werden könnten, die Schmitt dezisionistisch aufzuheben versucht hat.

LITERATUR

Adam, Armin, 2000: Allmacht, Nichtwissen und Ohnmacht. Thomas Hobbes' Politische Theologie, in: Rüdiger Voigt (Hg.): Der Leviathan, Baden-Baden, S. 167–187.

Althaus, Horst, 2007: „Heiden" – „Juden – „Christen". Positionen und Kontroversen von Hobbes bis Carl Schmitt, Würzburg.

Bookbinder, Paul, 1991: Carl Schmitt, *Der Leviathan*, and the Jews, in: International Social Science Review, Heft 3, S. 99–109.

Brandt, Reinhard, 1982: Das Titelblatt des *Leviathan* und Goyas *El Gigante*, in: Udo Bermbach/Klaus-M. Kodalle (Hg.): Furcht und Freiheit. Leviathan – Diskussion 300 Jahre nach Thomas Hobbes, Opladen, S. 202–231.

Bittner, Aicke/Thon, Johannes, 2006: Das Behemoth-Problem. Ein Beitrag zur Titelwahl des Leviathan von Thomas Hobbes, in: Rüdiger, Axel/Seng, Eva-Maria (Hg.): Dimensionen der Politik: Aufklärung – Utopie – Demokratie. Festschrift für Richard Saage zum 65. Geburtstag, Berlin, S. 37–59.

Bredekamp, Horst, 2006: Thomas Hobbes – Der Leviathan. Das Urbild des modernen Staates und seine Gegenbilder 1651–2001, 3. Aufl., Berlin.

Cassirer, Ernst, 1946: The Myth of the State, New Haven.

Erdheim, Mario, 1984: Phantasmen der Herrschaft, in: Ders.: Die gesellschaftliche Produktion von Unbewußtheit. Eine Einführung in den ethnopsychoanalytischen Prozeß, Frankfurt a.M., S. 371–386.

Fetscher, Iring, 1966: Einleitung, in: Hobbes 1966, S. IX–LXIV.

Freud, Sigmund, 1912/13: Totem und Tabu, in: Ders.: Gesammelte Werke, Bd. IX, Frankfurt a.M. 1999.

Freud, Sigmund, 1930: Das Unbehagen in der Kultur, in: Ders.: Gesammelte Werke, Bd. XIV, Frankfurt a.M. 1999 S. 419–506.

Freud, Sigmund, 1932: Zur Gewinnung des Feuers, in: Ders.: Gesammelte Werke, Bd. V, Frankfurt a.M. 1999, S. 3–9.

Galtung, Johan, 1975: Strukturelle Gewalt. Beiträge zur Friedens- und Konfliktforschung, Reinbek b. Hamburg.

Gross, Raphael, 2005: Carl Schmitt und die Juden. Eine deutsche Rechtslehre (zuerst: 2000), durchges. u. erw. Aufl., Frankfurt a.M.

Grunberger, Béla/Dessuant, Pierre, 1997: Narcissisme, Christianisme, Antisémitisme. Étude psychanalytique, Arles.

Hobbes, Thomas, 1926: Naturrecht und allgemeines Staatsrecht in den Anfangsgründen (zuerst: 1640). Mit einer Einführung von Ferdinand Tönnies, Berlin.

Hobbes, Thomas, 1959: Vom Menschen (zuerst: 1658) – Vom Bürger (zuerst: 1642). Eingeleitet und herausgegeben von Günter Gawlick, Hamburg.

Hobbes, Thomas, 1966: Leviathan oder Stoff, Form und Gewalt eines bürgerlichen und kirchlichen Staates (zuerst: 1651), hg. u. eingeleitet v. Iring Fetscher, Neuwied/Berlin.

Hobbes, Thomas, 1967: Vom Körper. Elemente der Philosophie I (zuerst: 1655), 2. Aufl., Hamburg

Hobbes, Thomas, 1991: Behemoth oder Das Lange Parlament (zuerst: 1682). Hg. u. mit einem Essay von Herfried Münkler, Frankfurt a.M.

Hofmann, Hasso, 2005: Zur politischen Theologie von Thomas Hobbes, in: Kiesow, Rainer Maria/Ogorek, Regina/Simitis, Spiros (Hg.): Summa. Dieter Simon zum 70. Geburtstag, Frankfurt a.M., S. 283–296.

Hirsch, Emil G./Kohler, Kaufmann/Schechter, Solomon/Broydé, Isaac 1904: Leviathan and Behemoth, in: Isidore Singer et al. (Hg.) 1904, The Jewish Encyclopedia, Bd. 8, New York, online verfügbar unter: http://www.jewishencyclopedia.com.

Kersting, Wolfgang, 1992: Thomas Hobbes zur Einführung, Hamburg.

Kersting, Wolfgang, 2000: Der künstliche Mensch. Vertrag und Souveränität in der Hobbesschen Staatsphilosophie, in: Rüdiger Voigt (Hg.): Der Leviathan, Baden-Baden, S. 67–95.

Lenk, Kurt, 1998: Hobbismus als politische Anthropologie, in: Greven, Michael Th./Münkler, Herfried/Schmalz-Bruns, Rainer (Hg.): Bürgersinn und Kritik. Festschrift für Udo Bermbach zum 60. Geburtstag, Baden-Baden, S. 71–84.

Lévi-Strauss, Claude, 1958: Anthropologie Structurale, Paris.

Lipowatz, Thanos, 1998: Politik der Psyche. Eine Einführung in die Psychopathologie des Politischen, Wien.

Lyons, Eric, 2001: Behemoth and Leviathan – Creatures of Controversy, in: Reason & Revelation, H. 1, S. 1–7.

MacPherson, Crawford B., 1962: The Political Theory of Possessive Individualism. Hobbes to Locke, London.

Meuter, Günter, 1995: Die zwei Gesichter des Leviathan. Zu Carl Schmitts abgründiger Wissenschaft vom „Leviathan", in: Göbel, Andreas/Laak, Dirk van/Villinger, Ingeborg (Hg.): Metamorphosen des Politischen. Grundfragen politischer Einheitsbildung seit den 20er Jahren, Berlin, S. 95–116.

Münkler, Herfried, 1991: Thomas Hobbes' Analytik des Bürgerkriegs, in: Hobbes 1991, S. 215–238.

Münkler, Herfried, 1993: Thomas Hobbes, Frankfurt a.M./New York.

Neumann, Franz L., 1937: Der Funktionswandel des Gesetzes im Recht der bürgerlichen Gesellschaft, in: Ders.: Demokratischer und autoritärer Staat. Studien zur politischen Theorie. Herausgegeben und mit einem Vorwort von Herbert Marcuse. Eingeleitet von Helge Pross, Frankfurt a.M./Wien 1967, S. 31–81.

Neumann, Franz L., 1942: Behemoth. The Structure and Practice of National Socialism, Toronto/New York/London

Neumann, Franz L., 1977: Behemoth. Struktur und Praxis des Nationalsozialismus 1933–1944. Herausgegeben und mit einem Nachwort „Franz Neumanns Behemoth und die heutige Faschismusdiskussion" von Gert Schäfer, Köln/Frankfurt a.M.

Oberhänsli-Widmer, Gabrielle, 2003: Hiob in jüdischer Antike und Moderne. Die Wirkungsgeschichte Hiobs in der jüdischen Literatur, Neukirchen-Vluyn.

Pelinka, Anton, 2004: Grundzüge der Politikwissenschaft, Wien/Köln/Weimar.

Perels, Joachim, 2000: Wider die Herrschaft der Gesetzlosigkeit – Franz L. Neumann, in: Buckmiller, Michael/Heimann. Dietrich/Perels, Joachim (Hg.): Judentum und politische Existenz. Siebzehn Porträts deutsch-jüdischer Intellektueller, Hannover, S. 361–382.

Rottleuthner, Hubert, 1983: Leviathan oder Behemoth? Zur Hobbes-Rezeption im Nationalsozialismus – und ihrer Neuauflage, in: Ders. (Hg.): Recht, Rechtsphilosophie und Nationalsozialismus, ARSP-Beiheft Nr. 18, Wiesbaden, S. 247–265.

Rumpf, Helmut, 1972: Carl Schmitt und Thomas Hobbes. Ideelle Beziehungen und aktuelle Bedeutung mit einer Abhandlung über: Die Frühschriften Carl Schmitts, Berlin.

Salzborn, Samuel (Hg.), 2009: Kritische Theorie des Staates. Staat und Recht bei Franz L. Neumann, Baden-Baden.

Scheit, Gerhard, 2004: Suicide Attack. Zur Kritik der politischen Gewalt, Freiburg/Br.

Schelsky, Helmut, 1981: Thomas Hobbes. Eine politische Lehre, Berlin.

Schmitt, Carl, 1922: Politische Theologie. Vier Kapitel zur Lehre von der Souveränität, München/Leipzig.

Schmitt, Carl, 1937: Der Staat als Mechanismus bei Hobbes und Descartes, in: Archiv für Rechts- und Sozialphilosophie, Bd. XXX, S. 622–632.

Schmitt, Carl, 1938: Der Leviathan in der Staatslehre des Thomas Hobbes. Sinn und Fehlschlag eines politischen Symbols, Hamburg.

Schmitt, Carl, 1942: Land und Meer. Eine weltgeschichtliche Betrachtung, Leipzig.

Schmitt, Carl, 1950: Ex Captivitate Salus. Erfahrungen der Zeit 1945/47, Köln.

Schmitt, Carl, 1963: Der Begriff des Politischen. Text von 1932 mit einem Vorwort und drei Corollarien, Berlin.

Schneider, Thomas, 1997: Zwischen Leviathan und Behemoth. Zur Auseinandersetzung mit der politischen Theologie Thomas Hobbes', in: Faber, Richard (Hg.): Politische Religion – religiöse Politik, Würzburg, S. 119–140.

Söllner, Alfons, 1982: Politische Dialektik der Aufklärung. Zum Spätwerk von Franz Neumann und Otto Kirchheimer (1950–1965), in: Bonß, Wolfgang/Honneth, Axel (Hg.): Sozialforschung als Kritik. Zum sozialwissenschaftlichen Potential der Kritischen Theorie, Frankfurt a.M., S. 281–326.

Spinoza, Baruch de, 1976: Theologisch-Politischer Traktat (zuerst: 1670). Auf der Grundlage der Übersetzung von Carl Gebhardt neu bearb., eingel. u. hg. v. Günter Gawlick (= Sämtliche Werke in sieben Bänden, Bd. 3), Hamburg.

Taubes, Jacob, 1983: Leviathan als sterblicher Gott. Zur Aktualität von Thomas Hobbes, in: Ders. (Hg.): Religionstheorie und Politische Theologie. Band 1: Der Fürst dieser Welt. Carl Schmitt und die Folgen, 2. Aufl., München/Paderborn, S. 9–15.

Tönnies, Ferdinand, 1925: Thomas Hobbes – Leben und Lehre (zuerst: 1896), 3. Aufl., Stuttgart.

Voigt, Rüdiger, 2000a: Der Leviathan. Zur Aktualität einer Staatskonzeption, in: Ders. (Hg.): Der Leviathan, Baden-Baden, S. 13–23.

Voigt, Rüdiger, 2000b: Zwischen Despotismus und Friedensstaatlichkeit. Zur Staatskonzeption von Thomas Hobbes, in: Ders. (Hg.): Der Leviathan, Baden-Baden, S. 41–63.

Weber, Max, 1980: Wirtschaft und Gesellschaft. Grundriss der verstehenden Soziologie, 5. rev. Auflage bes. v. Johannes Winckelmann (zuerst: 1921), Tübingen.

3. TEIL

ORDNUNGS- UND ENTSCHEIDUNGSDENKEN

LEHRMEISTER THOMAS HOBBES

Carl Schmitt, Talcott Parsons und Hobbes' Argument der Ordnung

Andreas Anter

Von allen politischen Denkern der Moderne wirft Thomas Hobbes den längsten Schatten. Es gibt kaum eine neuere politische Theorie, die sich nicht in irgendeiner Weise auf ihn beziehen würde, sei es kritisch oder affirmativ. So zögerlich diese Rezeption auch zunächst begann, so nachhaltig wirkt sie auf die Literatur der Moderne. Dem Philosophen aus Malmesbury wird zudem in regelmäßigen Abständen eine besondere Aktualität bescheinigt.[1] Dabei spielt, in unterschiedlichen Zusammenhängen, das Motiv der Ordnung eine Rolle. Hobbes wird vor allem in Zeiten der Krise aktuell. Er antwortete auf die Bürgerkriegslagen seiner Zeit mit einer Theorie, die im Kern eine Sicherheits- und Ordnungskonstruktion ist. So avancierte der Leviathan im modernen politischen Denken zu *der* Ordnungsmetapher schlechthin. Wer das Ordnungsproblem ins Zentrum seiner Aufmerksamkeit stellt, sei es in der Staatsrechtslehre oder Soziologie, Philosophie oder Politikwissenschaft, der setzt bis heute vorzugsweise auf Thomas Hobbes. Selbst Innenminister berufen sich auf ihn, wenn sie ihr Handeln legitimieren.[2]

Allerdings stößt Hobbes' Argument nicht auf ungeteilte Zustimmung. Da die Ordnung nicht nur das Objekt der Ordnungsliebe, sondern auch der Ordnungsphobien ist, gerät Hobbes oft in eine diffuse Gemengelage. Man hat ihm vorgeworfen, ein „Ideologe der Ordnung" zu sein.[3] Aber ist das zutreffend? Und gilt dies auch für diejenigen, welche an Hobbes anknüpfen? Welche Rolle spielt hier der Staat? Diese Fragen werden auf den folgenden Seiten zu klären sein. Hierzu werde ich zunächst beim Ordnungsmotiv bei Hobbes ansetzen und anschließend jene beiden Linien der Hobbes-Rezeption verfolgen, die – in ganz unterschiedlicher Weise – auf das Argument der Ordnung gerichtet sind: die Linie Carl Schmitts und die Linie Talcott Parsons'.

I. DAS ORDNUNGSMOTIV BEI HOBBES

Hobbes ist ein Ordnungsdenker *par excellence*. Würde man die politischen Theoretiker der Neuzeit in zwei Gruppen teilen, in diejenigen, die sich an Freiheit oder Gerechtigkeit orientieren, und diejenigen, die auf Ordnung und Autorität setzen,

1 Vgl. *Böckenförde* 2004, S. 27; *Münkler* 1993, S. 29f.; *Nonnenmacher* 1989, S. 13f.; *Rumpf* 1972, S. 109ff.; *Koselleck/Schnur* 1969, S. 5.

2 Vgl. *Schäuble* 2007.

3 Vgl. *King* 1974, S. 252ff.

so würde Hobbes zweifellos zu den letzteren gehören. In seinem politischen Denken rangiert der Wert der Ordnung weit oben. Dies wird in der Hobbesliteratur auch entsprechend hervorgehoben.[4] Das Ordnungsmotiv, das sein Werk leitmotivisch durchzieht, tritt bereits in seinen sprachphilosophischen Präludien hervor, wo die Erfindung der Sprache als ein ursprünglicher Akt der Ordnungsstiftung beschrieben wird. Erst durch die Sprache sei der Mensch in der Lage, Sinneseindrücke zu ordnen und sich überhaupt in der Welt zu orientieren, wie Hobbes sagt:

> Mit ihr verzeichnen die Menschen ihre Gedanken, rufen sie zurück, wenn sie vergangen sind und teilen sie einander zum gegenseitigen Nutzen und zur Unterhaltung mit. Ohne sie hätte es unter den Menschen weder Staat noch Gesellschaft, Vertrag und Frieden gegeben.[5]

Was Hobbes hier skizziert, ist einer der elementaren Prozesse der Ordnungsbildung, wobei epistemologische, soziale und politische Aspekte direkt ineinandergreifen. Denn das Ordnungssystem der Sprache ist die *conditio sine qua non* der Gemeinschaftsbildung, da Menschen „dieselben Wörter gebrauchen, gegenseitig durch Verbindung und Ordnung der Wörter zu verstehen geben, was sie sich unter jeder Sache vorstellen".[6] Dazu kommt in anderem Zusammenhang noch ein Aspekt, der diese Ordnung herrschaftlich grundiert, wenn Hobbes es als „die größte Wohltat der Sprache" sieht, „daß wir befehlen und Befehle verstehen können". Er glaubt, ohne eine solche herrschaftliche Struktur sei keine gemeinschaftliche Ordnung zwischen den Menschen möglich.[7]

Im Blick auf die Frage des Hobbes'schen Ordnungsdenkens finden wir hier bereits den ersten Anhaltspunkt. Ordnung ist für ihn stets herrschaftliche Ordnung. Hinzu kommt ein weiterer Punkt, der nicht weniger elementar ist, nämlich die Autonomie der Ordnungsbildung. Für Hobbes gibt es keine Präexistenz der epistemologischen wie auch der politischen und sozialen Ordnung. Sie wird erst vom Menschen geschaffen.[8] Dies ist ein Aspekt, der dem säkularisierten Denken seit je imponiert hat. Hans Blumenberg spricht im Bezug auf diesen demiurgischen Aspekt von der „Ordnungsschwäche der Welt".[9] Carl Schmitt hält es für entscheidend, dass Hobbes nicht „ein vorhandenes, von Gott geschaffenes Gemeinwesen und eine präexistente, natürliche Ordnung" im Blick hat, „sondern daß der Staat als Ordnung und Gemeinwesen das Ergebnis menschlichen Verstandes und menschlicher Schöpfungskraft ist".[10]

4 Vgl. *Tralau* 2009; *Blomeyer* 1996, S. 9f.; *Wrong* 1994, S. 14ff., 71ff.; *Münkler* 1993, S. 117f.; *Nonnenmacher* 1989, S. 19ff.; *Willms* 1979, S. 157ff.; *King* 1974, S. 161ff.; *Rumpf* 1972, S. 111f.; *Blumenberg* 1966, S. 189ff.; *Strauss* 1965, S. 104ff.; *Schnur* 1963, S. 56ff.; *Schmitt* 1938, S. 34ff.

5 *Hobbes* 1984, S. 24.

6 *Hobbes* 1984, S. 25.

7 *Hobbes* 1959, S. 17.

8 *Hobbes* 1984, S. 26f.

9 *Blumenberg* 1966, S. 193.

10 *Schmitt* 1938, S. 51. Vgl. den jetzt edierten Briefwechsel *Blumenberg/Schmitt* 2007.

In der Tat erscheint der Mensch bei Hobbes als ein ordnungschaffendes Wesen – ein Aspekt, der seiner ganzen politischen Wissenschaft zugrunde liegt. Leo Strauss benennt die entscheidende Zäsur, die das Hobbes'sche Ordnungsdenken markiert:

> Wenn die Ordnung der Menschenwelt nicht auf einer übermenschlichen Ordnung beruht, sondern allein im menschlichen Willen ihren Grund hat, so gibt es keine philosophische, bzw. theologische Verbürgung jener Ordnung. Der Mensch kann sich dann von seiner Fähigkeit, seine Welt zu ordnen, nur durch die Wirklichkeit seiner ordnenden Tätigkeit überzeugen.[11]

Diese Änderung der Blickrichtung bedeutet tatsächlich einen Paradigmenwechsel des Ordnungsdenkens. Die Ordnung verlagert sich von der Transzendenz in die Handlungssphäre, sie wird also zu etwas Verfügbaren, zu etwas Kontingentem. Sie wird bei Hobbes zum Artefakt einer autonom zwecksetzenden Vernunft, deren Ziel die Sicherheit und Selbsterhaltung ist.[12] Weil Ordnung nichts Vorgegebenes ist, sondern das Ergebnis menschlicher Setzung, rückt sie in den Mittelpunkt des politischen Denkens.[13] Man kann Hobbes' politische Wissenschaft mit Leo Strauss als den ersten modernen Versuch verstehen, „die Frage nach der richtigen Ordnung des menschlichen Zusammenlebens zusammenhängend und umfassend zu beantworten".[14]

Der Ordnungsaspekt spielt auch im Blick auf den historisch-politischen Kontext der Hobbes'schen Theorie eine konstitutive Rolle.[15] In der Zeit der konfessionellen Bürgerkriege wird das Verlangen nach Ordnung zum Signum der ganzen Epoche. Ordnung ist die Voraussetzung für Sicherheit und Sicherheit die Voraussetzung des Überlebens. Wie sehr dieses Moment das zeitgenössische politische Denken regiert, zeigt sich paradigmatisch bei Hobbes und Bodin.[16] Das moderne politische Denken wird in einer Bürgerkriegslage geboren und bleibt durch ein spezifisches Ordnungswollen geprägt. Da das Leben in der Bürgerkriegslage „einsam, armselig, ekelhaft, tierisch und kurz" ist,[17] richtet sich das Verlangen darauf, diesen Zustand zu überwinden. Hobbes hält dieses Verlangen für den einzigen Grund dafür, weshalb die Menschen sich einer zentralen Gewalt unterwerfen: nämlich um Sicherheit für Leib und Leben zu erlangen.[18] Der Sicherheitszweck bleibt immer die *raison d'être* des Staates:

11 *Strauss* 1965, S. 125: „So gewinnt der zunächst typisch gemeinte Naturstand doch wieder einen historischen Sinn – nicht etwa als Stand der absoluten Unordnung, wohl aber als Stand einer höchst mangelhaften Ordnung."

12 Vgl. *Böckenförde* 2004, S. 8.

13 Dazu *Anter* 2007, S. 31ff.; *Münkler* 1993, S. 117f.; *Nonnenmacher* 1989, S. 19ff.

14 *Strauss* 1956, S. 13.

15 Vgl. aus Cambridge-Perspektive *Skinner* 1996. Eine knappe Übersicht gibt *Böckenförde* 2004, S. 9ff.

16 Zu Bodin vgl. *Mayer-Tasch* 2000, S. 25ff.; *Spitz* 1998; *King* 1974, S. 73ff.; *Quaritsch* 1970, S. 243ff.; *Greenleaf* 1973.

17 *Hobbes* 1984, S. 96.

18 *Hobbes* 1959, S. 125 u. 133.

> Die *Aufgabe* des Souveräns [...] ergibt sich aus dem Zweck, zu dem er mit der souveränen Gewalt betraut wurde, nämlich der Sorge für die *Sicherheit des Volkes*.[19]

Der junge Reinhart Koselleck erblickt ganz hobbesianisch die primäre politische Funktion des Souveräns darin, „Ordnung zu stiften und Ordnung zu halten".[20] In der Metapher des Leviathan findet dieser Zusammenhang von Ordnung und Sicherheit einen besonders bildhaften Ausdruck. Für Carl Schmitt ist er das „Symbol friedensstiftender Ordnung" schlechthin.[21] Allerdings bleibt der Leviathan an seine Zweckhaftigkeit gebunden:

> Die Verpflichtung der Untertanen gegen den Souverän dauert nur so lange, wie er sie auf Grund seiner Macht schützen kann, und nicht länger.[22]

Die Unterwerfung steht also unter dem Vorbehalt, dass die staatliche Ordnungsleistung auch tatsächlich erbracht wird. Falls ein Staat nicht mehr für Sicherheit von Leib und Leben sorgt, kann man auch „nicht mehr von einem Staat sprechen", wie Hobbes sagt.[23] Damit wird die Sicherheits- und Ordnungsgarantie zur *conditio sine qua non*. Ein Staat, der diese Funktion nicht erfüllen kann, verliert seine Existenzgrundlage. Am deutlichsten hebt Carl Schmitt diesen Aspekt in seinem Hobbesbuch hervor: „Hört der Schutz auf, so hört auch der Staat selber auf".[24] In der Lage von 1938 hatte diese Erkenntnis eine spezifische Bedeutung, auf die noch zurückzukommen sein wird. In der Nachkriegszeit aber spitzt Schmitt die Hobbes'sche Pointe noch einmal zu:

> Wer nicht die Macht hat, einen zu schützen, hat auch nicht das Recht, Gehorsam von ihm zu verlangen.[25]

Dieser Satz hallt, insbesondere in der deutschen Staatsrechtslehre, bis heute nach, etwa bei Josef Isensee[26] und Ernst-Wolfgang Böckenförde.[27] Die unverminderte Popularität der Hobbes'schen Kündigungsklausel lässt darauf schließen, dass Hobbes hier ein Fundamentalprinzip staatlicher Existenz formuliert hat, das auch im demokratischen Verfassungsstaat seine Gültigkeit nicht verliert. Es ist kein Zufall, wenn die Erörterungen der Schutzpflichten des Staates im Allgemeinen und

19 *Hobbes* 1984, S. 255.
20 *Koselleck* 1959, S. 26.
21 *Schmitt* 1938, S. 34.
22 *Hobbes* 1984, S. 171.
23 *Hobbes* 1959, S. 152.
24 *Schmitt* 1938, S. 113.
25 *Schmitt* 1954, S. 14.
26 *Isensee* 1983, S. 3: „Der Staat, der nicht die Macht besitzt, zu schützen, besitzt auch nicht das Recht, Gehorsam zu verlangen."
27 *Böckenförde* 2004, S. 23:„Hat der Staat nicht mehr die Kraft zu schützen, verliert er den Anspruch auf Gehorsam gegen seine Gesetze und Befehle."

der Frage des „Grundrechts auf Sicherheit“[28] im Besonderen ihren Ausgangspunkt bei Hobbes nehmen. Es gibt kaum eine einschlägige Studie, die sich nicht an prominenter Stelle auf ihn beziehen würde.[29]

Niemand behauptet, die staatliche Schutzpflicht könne eine *absolute* Sicherheit der Bürger in allen Lebenslagen garantieren. Eine solche absolute Sicherheit kann keine Ordnung gewährleisten, auch und erst recht keine totale Ordnung. Diese Erkenntnis begründet jedoch keine relativistische Position, da der prinzipielle Unterschied von Ordnung und Chaos unbezweifelbar ist. Er wird besonders evident in Bürgerkriegslagen wie im Kosovo, in Somalia oder in Afghanistan, wo selbst ranghohe außenpolitische Beobachter in „schwarze Löcher der Ordnungslosigkeit“ blicken.[30] Der Monopolcharakter der Schutz- und Ordnungsgarantie des Staates beinhaltet jedoch zwangsläufig eine Ambivalenz, auf die Ernst-Wolfgang Böckenförde hinweist: „Wer genug Macht hat, alle zu schützen, hat auch genug Macht, alle zu unterdrücken.“[31] Während hier für Hobbes noch ein unvermeidliches Übel lag, hat der demokratische Verfassungsstaat dieses Problem zu lösen versucht, in Form von Gesetzesbindung, Grundrechten und Gewaltenteilung.

Die Metapher des Leviathan avancierte bereits im späten 19. Jahrhundert zu *der* Formel für den modernen Staat schlechthin. Dies gilt für die Politikwissenschaft, die Philosophie und Soziologie ebenso wie für die Staatslehre. Georg Jellinek kann schließlich nur resümieren, die Geschichte bestätige

> fortdauernd den Satz des Hobbes, dass der Staat der grosse Leviathan sei, der alles ursprüngliche Herrschaftsrecht der ihm Eingegliederten verschlungen habe.[32]

Auch im kanonistischen Werk Rudolph Sohms wird die Souveränität des Staates stets in Hobbes’scher Metaphorik illustriert: Der Staat sei „der Leviathan, welcher alle andere Gewalt verschlingt“.[33] Sohm, der sich intensiv mit staatstheoretischen Fragen beschäftigte,[34] bezog sich im Blick auf die Unterwerfung der einst selbständigen lokalen Gewalten vorzugsweise auf Hobbes: „Der Leviathan hat sie verschlungen.“[35]

28 *Isensee* 1983, S. 3: „Die verfassungsrechtlichen Prüfungsmaßstäbe bedürfen ihrerseits der Vorprüfung an ihren staatstheoretischen Voraussetzungen“, nämlich „den präpositiven Fundamenten, auf denen das positivrechtliche Normengebäude der Verfassung ruht.“

29 Vgl. *Gusy* 2004, S. 153; *Brugger* 2004a, S. 21ff.; *Brugger* 2004b, S. 111ff.; *Wurtzbacher* 2004, S. 15ff.; *Glaeßner* 2003, S. 8 u. 46f.; *Stoll* 2003, S. 5; *Calliess* 2002, S. 2; *Möstl* 2002, S. 7; *Robbers* 1987, S. 40ff.; *Isensee* 1983, S. 3ff.

30 So die prägnante Formulierung von *Joschka Fischer*, zit. n. *Frankenberger* 2001, S. 16.

31 *Böckenförde* 2004, S. 20.

32 *Jellinek* 1905, S. 285.

33 *Sohm* 1892, S. 574.

34 Vgl. seinen bemerkenswerten Aufsatz über *Die Entwicklungsgeschichte des modernen Staates* (*Sohm* 1897, S. 86)1. Zu seinem staatstheoretischen Werk siehe *Anter* 2003; *Pauly* 2000.

35 *Sohm* 1923, S. 27. Da Sohm stets mit dem Leviathan argumentiert, wenn er das Spezifikum des modernen Staates beschreibt, ist die These von Carl Schmitt und Ernst-Wolfgang Böckenförde, dass Sohm Hobbes gar nicht gekannt haben soll (*Schmitt* 1965, S. 59, *Böckenförde* 1961/1995, S. 194), unhaltbar.

Bei Jellinek, Sohm und ihren Zeitgenossen erscheint der Leviathan stets in Kombination mit der Metapher des „Verschlingens", die die gefräßige Natur jenes Wesens noch einmal unterstreicht. Dies gilt auch für Ernst Troeltsch, der über den modernen Staat sagt: „Er wird, wie Hobbes geweissagt hatte, zum Leviathan, der alles verschlingt."[36] Diese Bildlichkeit ist ein Ausdruck einer biologischen, personifizierenden Betrachtungsweise. In der zeitgenössischen Staatslehre gilt Hobbes als prominenter Vertreter der Vorstellung vom Staat als einer Kollektivperson, wie sie vor allem in der *Allgemeinen Staatslehre* Georg Jellineks transportiert wird.[37] Der Leviathan, die Gefräßigkeit, die Kollektivperson – bei all diesen Bildern handelt es sich um eine spezifisch organische Metaphorik. Dies wird bereits vor 100 Jahren in der Literatur thematisiert. Jellinek weist jedoch darauf hin, dass bei Hobbes zwar viele „organische Bilder vorkommen", aber diese letztlich nicht ausschlaggebend seien, denn bei Hobbes sei „in Wahrheit der Staat ein komplizierter Mechanismus menschlicher Erfindung".[38] Demnach ist die Ordnung also keine organische, sondern eine mechanische.

II. HOBBES' ARGUMENT BEI CARL SCHMITT

Diese Erkenntnis bereitet den Weg für Carl Schmitts Interpretation der Hobbes'schen Staatskonstruktion als einer große „Maschine". Er sieht sie als „das erste Produkt des technischen Zeitalters, als den ersten Mechanismus großen Stils".[39] Schmitt, der diesen Aspekt sogar für den Kern des Hobbes'schen Staatsdenkens hält,[40] verschweigt indes den Stichwortgeber seiner mechanistischen Interpretation – im Kern ist sie ja schon bei Jellinek angelegt. Für die Hobbesrezeption im 20. Jahrhundert spielt Schmitt indes eine zentrale Rolle. Der *Leviathan* begleitet ihn zeitlebens. Er bekennt mit Diderot: „c'est un livre à lire et à commenter tout sa vie."[41] Das ist tatsächlich der Fall. Schon in den frühen zwanziger Jahren, in seinem Diktaturbuch, heftet er sich an die Spuren seines erklärten Lieblingsautors, und seine Lektüre hat von Anfang an stark identifikatorischen Charakter. Schmitt, der in dieser Zeit seine dezisionistische Position entwickelt,[42] entwirft von Hobbes das Bild eines Dezisionisten, der den Wert des Staates vor allem darin erblickt,

36 *Troeltsch* 1909, S. 625.

37 *Jellinek* 1900, S. 146. Zu Jellineks Hobbesrezeption siehe auch ebd., S. 206ff., 326, 458f., 463ff.; *Jellinek* 1891.

38 *Jellinek* 1900, S. 149.

39 *Schmitt* 1938, S. 53. Vgl. auch *Schmitt* 1936/37.

40 *Schmitt* 1938, S. 53f.

41 *Schmitt* 1938, S. 5. – Zu den Hobbes-Bezügen seines Werks vgl. *Tralau* 2009; *Mehring* 2008; *Leicht* 2006; *Maschke* 2003; *Amendola* 1999, S. 112ff.; *Di Marco* 1999; *Groh* 1998, S. 25ff.; *Blomeyer* 1996; *Hofmann* 1995, S. 200ff.; *Meier* 1994, S. 157ff.; *Weiler* 1994; *Kremers* 1993; *Gottfried* 1990, S. 39ff.; *Rumpf* 1972; *Jänicke* 1969.

42 Vgl. *Schmitt* 1922. Dazu *Kelly* 2003, S. 184ff.; *Becker* 2002, S. 18ff.; *Di Marco* 1999; *Bolsinger* 1998; *Bielefeldt* 1994, S. 19ff.

dass „überhaupt eine *Entscheidung* getroffen wird“, weshalb „der Staat bei Hobbes seiner Konstitution nach“ eine Diktatur sei.[43]

Diese Interpretation erfährt 1938 eine Modifikation. Jetzt ist Hobbes für Schmitt zwar immer noch der „große Dezisionist“,[44] aber mit ungewöhnlichen, neuen Tönen hebt Schmitt nunmehr zugleich die schützende Seite des Leviathan hervor.[45] Hier handelt es sich einmal mehr um eine identifikatorische Lesart, denn Schmitt, Ende 1936 nach Angriffen aus der SS plötzlich in Ungnade gefallen und fast aller Ämter enthoben, fürchtete um seine Existenz, womöglich auch um seine physische. In dieser Lage wird Hobbes für ihn erneut zu einem existentiellen Autor. Auch wenn sein Buch in keiner Weise als eine Distanzierung vom Nationalsozialismus gelesen werden kann, sondern vielmehr unverändert völkisch grundiert ist, so tritt hier doch ein Aspekt hervor, der in den früheren Äußerungen über Hobbes fehlte. Wenn Schmitt jetzt darauf insistiert, dass der Leviathan sich dadurch auszeichne, Sicherheit für Leib und Leben *aller* Bürger zu garantieren,[46] dann wird, wie Oskar Negt und Alexander Kluge sagen, jeder „Satz zu einer Anspielung auf Verhältnisse des Dritten Reichs“.[47]

Daher kann man auch nicht behaupten, Schmitt habe Hobbes „in der Zeit des Dritten Reiches zum Theoretiker des Totalitarismus“ gemacht.[48] Genau dies ist er für ihn nicht. In der Literatur der dreißiger Jahre wird Hobbes oft mit dem Totalitarismus in Verbindung gebracht, in kritischer wie auch in affirmativer Absicht. Schmitt kann in seinem Buch bereits auf die französische Studie von Joseph Vialatoux[49] und deren kritische Rezeption bei René Capitant[50] und Helmut Schelsky[51] verweisen, will sich aber mit ihren Thesen zum „totalen Staat“ nicht näher auseinandersetzen, sondern verweist nur auf die „Vieldeutigkeit des hier nicht weiter zu erörternden Schlagwortes ‚total‘“.[52] Er weigert sich zwar, den Begriff näher zu erörtern,[53] umschreibt ihn aber anschließend dennoch – auf unerhört euphemisti-

43 *Schmitt* 1921, S. 22f.
44 *Schmitt* 1938, S. 82.
45 *Schmitt* 1938, S. 75.
46 *Schmitt* 1938, S. 69, 113.
47 *Negt/Kluge* 1981, S. 1025.
48 So jedoch *Plessner* 1962, S. 198.
49 Vgl. *Vialatoux* 1935. Er warnt vor Hobbes als einem Theoretiker des totalitären Staates.
50 Vgl. *Capitant* 1936, S. 46ff. Er nimmt in seinem Besprechungsaufsatz Hobbes vor dem Vorwurf in Schutz, ein totalitärer Denker zu sein.
51 Vgl. *Schelsky* 1937/38. Er rückt Hobbes wieder mehr auf die Seite des Totalen. – Schmitt verweist in seinem Hobbesbuch zudem mehrfach auf einen Titel von Paul Ritterbusch (Der totale Staat bei Thomas Hobbes, Kiel 1938), der jedoch monographisch nicht nachgewiesen ist. Es handelt sich wohl um die Ausarbeitung des Festvortrags, den Ritterbusch 1938 auf der Feier der deutschen Hobbes-Gesellschaft in Kiel hielt.
52 *Schmitt* 1938, S. 113.
53 Schließlich hatte er selbst diesen Begriff ursprünglich für den schwachen Weimarer Staat geprägt (vgl. *Schmitt* 1931, S. 79ff.), weshalb die nationalsozialistische Staatslehre dem Begriff reserviert gegenüberstand (vgl. nur *Koellreutter* 1938, S. 805f.). Ab 1933 stellt Schmitt daher eine zweite Bedeutung des Begriffs heraus: Der „totale Staat“ sei „ein besonders starker Staat“, der „in seinem Innern keinerlei staatsfeindliche, staatshemmende oder staatszerspal-

sche Weise. Er sagt, das Wort stehe für „manche, im Grunde nur relativen Änderungen der überkommenen Abgrenzungen des Spielraumes bürgerlicher Freiheit, Zentralisierungen, […] Aufhebungen früherer Trennungen und Unterscheidungen".[54] Als ob sich 1933 nur eine kleine Kurskorrektur abgespielt hätte!

Die Hobbesphilologie fand bei den zeitgenössischen Akteuren des totalen Staates jedoch keineswegs einhelligen Beifall. Im Gegenteil, die nationalsozialistische Staatslehre stand der so empfundenen „Hobbesrenaissance" ablehnend gegenüber, da sie Hobbes nicht als völkischen Autor empfand: Er entspreche „nicht dem politischen Denken unserer Tage" und habe „unserer Zeit nichts mehr zu sagen".[55] In der Tat ist Hobbes für völkisches Denken nicht zu vereinnahmen, schon allein, weil sein politisches Denken letztlich auf den (neutralen) Staat gerichtet ist, während die nationalsozialistische Lehre auf das „Volk" und die „Bewegung" fixiert war.[56] In dieser Gemengelage kommt Schmitt zu einer Hobbesianischen Erkenntnis: „Sicherheit gibt es nur im Staat. Extra civitatem nulla securitas."[57] Damit formuliert er eine Erfahrung, die sich im weiteren Verlauf des 20. Jahrhunderts vielfach bestätigt hat. Nicht irgendeine beliebige Ordnung, sondern nur die der Staatlichkeit vermag die begehrte Sicherheit *im Prinzip* zu garantieren.

Dennoch bleibt Schmitt ambivalent, da er eigentlich nicht mehr an die Zukunft des Staates glaubt. Schließlich hatte er diesem bereits im Jahr 1933 eine vernichtende Prognose gestellt.[58] Umso melancholischer fallen jetzt seine Rückblicke aus. Es ist kein Zufall, wenn jetzt das Hobbes'sche Ordnungsmotiv ins Zentrum seiner Aufmerksamkeit rückt. Er knüpft damit an ein Motiv an, das er *en passant* schon einige Jahre zuvor in einem historischen Rückblick gestreift hat, wenn er schildert, wie der Leviathan die vorstaatlichen Verhältnisse beseitigte und in einer „tabula rasa" aus „einem Nichts an Ordnung" den Staat errichtet habe:

> Aus dem Zusammenbruch der vielen mittelalterlichen Ordnungen und des ihnen zugehörigen Ordnungsdenkens erhob sich seit dem 16. Jahrhundert die staatliche Ordnung als *die eine*, alle die vielen anderen Ordnungen in sich absorbierende Ordnung.[59]

Man wird an dieser Stelle einwenden müssen, dass weder von einer „tabula rasa" noch von einem „Nichts an Ordnung" in vorstaatlicher Zeit gesprochen werden kann. Carl Schmitt liebt die Übertreibung. Seine drastischen Worte machen jedoch die epochale Zäsur deutlich, die die Entstehung des modernen Staates markiert. Zugleich wird klar, welche entscheidende Rolle dabei der Aspekt der Ord-

tende Kräfte aufkommen" lasse und „Freund und Feind unterscheiden" könne (*Schmitt* 1933a, S. 361).

54 *Schmitt* 1938, S. 112.

55 *Koellreutter* 1938, S. 805.

56 *Koellreutter* 1938, S. 806.

57 *Schmitt* 1938, S. 75.

58 Vgl. *Schmitt* 1933b, S. 190ff.; *Schmitt* 1934, S. 66

59 *Schmitt* 1934, S. 41. – Zu dem in dieser Schrift entworfenen „konkreten Ordnungsdenken" vgl. *Anter* 2007, S. 194ff.; *Meuter* 2001, S. 85ff.; *Amendola* 1999, S. 103ff; *Hofmann* 1995, S. 177ff.; *Lepsius* 1994, S. 205ff.; *Rüthers* 1994, S. 62ff.; *Kaiser* 1988; *Böckenförde* 1984

nung spielt. In ideengeschichtlicher Hinsicht knüpft Schmitt hier nicht nur an Hobbes an, sondern auch an Max Weber, der die Zäsur der Staatsbildung und der Monopolisierung ungleich stärker betont hatte.[60] So rückt die Kategorie der Ordnung immer weiter ins Zentrum des Schmittschen Denkens. Sie ist für ihn sowohl Ursprung als auch Telos der staatlichen Existenz: „Im Staatsbegriff liegt alle Ordnung",[61] sagt er in seinem Hobbesbuch. Der elegische Unterton dieser Feststellung macht – gewollt oder ungewollt – deutlich, wie weit seine Gegenwart von jenem Hobbes'schen Staatsbegriff entfernt ist. Dies zeigen – gewollt oder ungewollt – auch seine empirischen Konkretisierungen. Er wird nicht müde, auf historische Beispiele zu verweisen, wobei Preußen sein bevorzugtes Exempel ist. Der nationalsozialistische „Staat" hingegen kommt *expressis verbis* überhaupt nicht vor.

Carl Schmitt war für die Hobbesrezeption der Nachkriegszeit insofern bedeutsam, als er eine Reihe von Schülern und jüngeren Wissenschaftlern inspirierte, unter ihnen Roman Schnur,[62] Bernard Willms,[63] Reinhart Koselleck,[64] Martin Kriele[65] und Ernst-Wolfgang Böckenförde.[66] Sie alle begaben sich unter seinem Einfluss auf die Spur des Leviathan,[67] auch wenn sich manche von ihnen gelegentlich kritisch gegen ihren Mentor stellten. Die Tatsache, dass jeder von ihnen zu einer wichtigen Figur seiner jeweiligen Disziplin wurde, unterstreicht die Bedeutung dieser Rezeptionslinie, die sich in der deutschen Staatsrechtslehre, Politikwissenschaft, Soziologie und Geschichtswissenschaft über Jahrzehnte hinweg verfolgen lässt.[68] Die einzelnen Vertreter traten zwar nicht als eine geschlossene Schule auf, sondern verhielten sich gegeneinander manchmal durchaus polemisch,[69] aber sie fanden einen gemeinsamen Fixpunkt in der Maxime der Verhinderung des Bürgerkriegs wie auch auf den modernen Staat als Bedingung der

60 Vgl. *Colliot-Thélène* 2007; *Anter* 2001.

61 *Schmitt* 1938, S. 73.

62 *Schnur* 1963.

63 *Willms* 1970; *Willms* 1979; *Willms* 1987.

64 *Koselleck* 1959, S. 18ff.; vgl. *Koselleck/Schnur* 1969.

65 *Kriele* 1970.

66 Wenn auch in monographischer Form erst relativ spät: *Böckenförde* 2004.

67 Dazu jetzt *Mehring* 2008.

68 Dazu die grundlegende Studie von *Dirk van Laak* 2002. – Ein Sonderfall ist Helmut Schelsky, nicht nur weil seine Rezeption schon in der Vorkriegszeit einsetzt. Nachdem er sich von einem aktivistischen Standpunkt aus kritisch gegen Schmitts Hobbesaufsatz (*Schmitt* 1936/37) gestellt hatte (*Schelsky* 1937/38), parierte Schmitt diese Kritik mit ebenso eleganten wie ausweichenden Volten (*Schmitt* 1938, S. 22, 30 u. 43). Schelsky saß in jener Zeit an seiner Habilschrift über Hobbes, deren Entstehung er vier Jahrzehnte später auf Schmitts Einfluss zurückführte (*Schelsky* 1981, S. 3 und 13). Er sah sich jetzt sogar „in der geistigen Nachfolge Carl Schmitts" (*Schelsky* 1983, S. 331) und erklärte diesen zum „deutschen Hobbes des 20. Jahrhunderts" (*Schelsky* 1981, S. 5).

69 Vgl. nur die bissigen Bemerkungen von *Willms* (1979, S. 170) gegen die Hobbes-Studien von Martin Kriele.

Möglichkeit der Lösung des Problems. Bei den meisten von ihnen erscheint der Staat als der Inbegriff für Ordnung schlechthin.[70]

III. TALCOTT PARSONS UND DAS „HOBBESIAN PROBLEM OF ORDER"

Weitaus weniger staatsbezogen, aber in gleicher Intensität auf den Ordnungsaspekt gerichtet ist die Hobbesrezeption in der amerikanischen Soziologie. Dies gilt vor allem für Talcott Parsons, der sich besonders intensiv mit der Zerbrechlichkeit von Ordnungen beschäftigte. Er bezeichnete dieses Problem Mitte des 20. Jahrhunderts prägnant als das *Hobbesian problem of order*.[71] Genau wie Hobbes hielt er soziale oder politische Ordnung nicht für etwas Naturgegebenes, sondern für etwas Hergestelltes und zwangsläufig Fragiles,[72] und er machte den englischen Philosophen zum Kronzeugen seines Anliegens, weil er glaubte, dieser habe das Problem mit unerreichter Klarheit beschrieben:

> Hobbes saw the problem with a clarity which has never been surpassed, and his statement of it remains valid today.[73]

Parsons reklamierte die Formel vom *Hobbesian problem of order* mit einem solchen Selbstbewusstsein für sich, dass er unbestritten als derjenige gilt, der sie in die Soziologie eingeführt habe.[74] Nachdem er die Formel geprägt hatte, wurde sie mit großer Leidenschaft in den Sozialwissenschaften rezipiert, ja zu einer stehenden Wendung.[75] Bis heute knüpfen die meisten sozialwissenschaftlichen Studien zum Ordnungsproblem an Parsons an, sei es kritisch oder affirmativ.[76] Er stellte dieses Problem in das Zentrum seiner Handlungstheorie[77] und führte damit eine Tradition der soziologischen Theorie fort, die stets auf die zentrale Frage gerichtet war: „Wie ist soziale Ordnung möglich?"[78] Wer in dieser Tradition steht, zu der insbesondere Heinrich Popitz,[79] Peter L. Berger und Thomas Luckmann gehören,[80] der hält Ordnung für etwas prinzipiell Fragiles. Diese Annahme scheint insofern berechtigt, als die modernen Gesellschaften sich seit der Etablierung des Leviathan ja nicht in gewaltfreie Paradiese verwandelt haben.

70 Vgl. *Kriele* 2006, S. 82ff.; *Willms* 1987, S. 89ff.; *Willms* 1979, S. 154ff.; *Willms*. 1970, S. 64ff.; *Kriele* 1970, S. 26ff.; *Schnur* 1963, S. 76ff.; *Koselleck* 1959, S. 18ff.

71 *Parsons* 1951, S. 36.

72 *Parsons* 1975, S. 53 f.; *Parsons* 1968, S. 373ff.; *Parsons* 1937, S. 36ff.

73 *Parsons* 1937, S. 93.

74 *Wrong* 1994, S. 34.

75 Vgl. *Krieken* 2003; *Gerecke* 1998, S. 56ff.; *Wrong* 1994, S. 14ff., 71ff., 99ff.; *Willms* 1979, S. 154ff.; *Ellis* 1971, S. 692 (mit weiteren Nachweisen).

76 Vgl. *Krieken* 2003; *Münch* 1996, S. 127ff.; *Wrong* 1994, S. 37ff.; *Schwinn* 1993, S. 243ff.; *Wenzel* 1990.

77 *Parsons* 1937, S. 36ff.

78 *Luhmann* 1987, S. 165.

79 *Popitz* 1976, S. 35ff.

80 *Berger/Luckmann* 1994, S. 111ff.

Im Blick auf die soziologische Kernfrage hielt Parsons die Hobbes'sche Theorie allerdings für ergänzungsbedürftig. Er glaubte nicht, dass äußerer Zwang eine Ordnung dauerhaft garantieren könne, sondern vielmehr auf die Zustimmung der Beteiligten und einen entsprechenden normativen Konsens angewiesen sei. Damit erweiterte er das Hobbes'sche Argument gewissermaßen um die Webersche Legitimitätstheorie, nach der sich eine Ordnung nur dann behaupten kann, wenn sie auch als legitim empfunden wird.[81] Als entscheidende Voraussetzung für diesen Verständigungsprozess sah Parsons die Existenz eines ordnungsstiftenden kulturellen Systems, das normative Orientierung gibt und normative Integration leistet. Parsons hatte eine Mission. Ihm ging es darum, das Bewusstsein für die potentiellen Gefährdungen der Ordnungen wach zu halten. Er empfand sich jedoch als *missionary in a foreign field*,[82] denn er beobachtete, dass weite Teile der Sozialwissenschaften dem Ordnungsproblem ziemlich indifferent gegenüberstanden. Sein Befund lautete, dieses Problem werde in „den gegenwärtig gängigen Auffassungen von menschlicher Gesellschaft, gleich welcher politischen Farbe, nicht angemessen berücksichtigt".[83] Allzu selbstverständlich setze man die Existenz der Ordnung voraus. Parsons ging es darum, die Fragilität der Ordnung bewusst zu machen und dafür zu werben, sie nicht aus dem Blick zu verlieren. Das *Hobbesian problem of order* war für ihn also eine Frage der Nachhaltigkeit der Ordnung.

Seine Diagnose sollte sich rasch bewahrheiten, denn die Reaktionen auf seinen Sensibilitätsappell fielen kühl aus. Das von ihm hervorgehobene Hobbes'sche Argument der Ordnung wurde vielfach als restriktiv, autoritär oder monistisch zurückgewiesen.[84] Eine solche Sichtweise findet sich etwa in Preston Kings Studie *The Ideology of Order*,[85] in der die politischen Denker in zwei Gruppen eingeteilt werden: in die Vertreter der Ordnung, zu denen er Hobbes rechnet, und die Vertreter des Pluralismus, zu denen er etwa Tocqueville, Proudhon und William James zählt.[86] Diese Rubrizierung ist jedoch methodisch angreifbar. Zwar wird man weder Hobbes den Ordnungswert streitig machen noch Tocqueville die pluralistische Überzeugung, aber es ist die Frage zu stellen, ob Ordnung und Pluralismus überhaupt Begriffe sind, die auf derselben Ebene liegen. Kann man sie überhaupt gegeneinander stellen? Diese Frage ist zu verneinen, denn andernfalls wäre ja jede Ordnung *a priori* monistisch und jeder Pluralismus unordentlich.

Der Begriff der Ordnung ist in der Tat ideologisch aufgeladen, aber man muss vorschnellen Rubrizierungen entgegenhalten, dass er auf denkbar gegensätzliche Weise in Anspruch genommen wird.[87] Er dient als Kampfbegriff jeder politischen oder literarischen Couleur. Im konservativen Denken ist er seit jeher präsent, denn

81 Vgl. *Weber* 1985, S. 16 ff. u. 122 ff.

82 *Berryman/Buckland/Champion/Martin* 2008.

83 *Parsons* 1975, S. 54.

84 Dazu *Wrong* 1994, S. 59ff.

85 *King* 1974, S. 19ff.

86 *King* 1974, S. 20.

87 Dazu *Anter* 2007, S. 65ff.

die Ordnung gehört zu den Zentralwerten des Konservatismus – von Edmund Burke[88] bis hin zu den konservativen Autoren der Gegenwart.[89] Ein konservatives Staatsdenken, das sich an den Maximen der Ordnungs- und Sicherheitsgarantie orientiert, beruft sich schon fast traditionell auf Hobbes. Aber nicht nur der Konservatismus, sondern auch seine Feinde und Gegenspieler setzen auf dieselbe Losung. Dies gilt nicht nur für den Anarchismus und Frühsozialismus, sondern auch für die Praxis des Realexistierenden Sozialismus. So bekennt Proudhon sich als „Freund der Ordnung“,[90] der Anarchist Anselme Bellegarrigue propagiert die Losung „Anarchie ist Ordnung“,[91] und der Frühsozialist Moses Heß definiert „Ordnung“ als das eigentliche „Ziel der Geschichte“.[92] Geht man von diesem genealogischen Befund aus, dann war der Realexistierende Sozialismus, in welchem die „Ordnung“ als höchstes sozialistisches Staatsziel propagiert wurde,[93] in diesem Punkt kein pervertierter Irrläufer, sondern eine konsequente Umsetzung der Theorie. Wenn das Kriterium der Ordnung also in denkbar verschiedene politische Richtungen weist, kann man Hobbes aufgrund seiner Maxime nicht pauschal als „Ideologen“ bezeichnen. Bei ihm ist Ordnung „nur“ eine normative Kategorie, denn für ihn ist sie die Bedingung der Möglichkeit einer politischen Gemeinschaft.

Preston King glaubt, Hobbes’ Theorie lasse sich auf zwei Formeln bringen. Erstens stehe der Wert der Ordnung über allen anderen Werten. Zweitens: je mehr Ordnung, desto besser für alle. Das aber hält er für eine gefährliche Denkweise. Seine polemischen und gelegentlich abwegigen Ausführungen sind ein weiterer Beleg für den – diesmal *ex negativo* – ausgeprägt identifikatorischen Charakter der Hobbesinterpretation. Hobbes dient vielen Rezipienten als eine Folie, vor deren Hintergrund sie ihre eigenen Positionen entwickeln, einschließlich der dazu gehörenden Anthropologie. Wenn Preston King bei Hobbes „not only a narrow view of human nature but a narrow understanding of the range of institutional possibilities open to men“ moniert,[94] dann zeigt sich der unhistorische Charakter seiner Interpretation. Denn wer, wie Hobbes, seine ganze Energie auf die Verhinderung des Bürgerkriegs richtet, für den ist die Frage der institutionellen Ausgestaltung anschließender Reglements zweitrangig. Dass die verzerrte Wahrnehmung der Hobbes’schen Theorie gleichwohl weiter tradiert wird, zeigen heutige rechtspolitische Bekundungen, die eine „freiheitliche“ Tradition John Lockes und der „europäischen Aufklärung“ gegen die dunkle „leviathanische Ordnung im Sinne Thomas Hobbes’“ kontrastieren, wo „ein autoritärer, von den freiheitssichernden und machtbeschränkenden Regelungen der Verfassung enthemmter Staat über den

88 Vgl. *Burke* 1790, S. 333: „Ordnung ist das Fundament aller guten Dinge.“

89 Vgl. *Keynes/Schumacher* 1997, S. 7: Das konservative Ethos setzt „die Ordnung vor die Gerechtigkeit“.

90 *Proudhon* 1840, S. 219.

91 *Bellegarrigue* 1850, S. 76.

92 *Heß* 1837, S. 68.

93 Vgl. *Möbis* 1984, S. 21 u. 40.

94 *King* 1974, S. 252.

Ausnahmezustand entscheidet“.[95] Solche Zuschreibungen reproduzieren ein verzeichnetes Bild, ein Bild, in welchem der Staat meist als bedrohliches Monster auftritt.

IV. ABSCHLIESSENDE BEMERKUNG

In ordnungstheoretischer Hinsicht lassen sich zwei Linien der Hobbesrezeption unterscheiden. Während die durch Carl Schmitt inspirierte Linie letztlich primär auf den staatlichen Zwang und die institutionellen Garantien der Ordnung fixiert ist, konzentriert sich die durch Talcott Parsons repräsentierte Tradition auf die normativen Grundlagen der Existenz der Ordnung. Weit deutlicher als Parsons benennt Schmitt die entscheidende Bedeutung der Staatlichkeit für die Ordnungsgarantie, selbst wenn er an die Zukunft dieser Garantie nicht recht zu glauben vermag. Parsons indes zeigt ungleich klarer die normativen Voraussetzungen jeder Ordnungsbildung und setzt damit auf einer weit tieferen Erklärungsebene an. In zwei Punkten sind sich jedoch beide Richtungen einig: dass Ordnung erstens sehr voraussetzungsreich und zweitens latent gefährdet sei.

Aus diesem Grund bleibt *ex negativo* die Gefahr des Bürgerkriegs sowohl für Schmitt als auch für Parsons ein dauernder Fixpunkt des Denkens. Darin sind beide ihrem Lehrmeister Hobbes verpflichtet. Dessen ideengeschichtliche Leistung liegt vor allem darin, dass er „die Konsequenzen von Ordnungslosigkeit zum Ausgangspunkt des Denkens macht“.[96] Niemand hat eindringlicher als Hobbes die Konsequenzen der Ordnungslosigkeit und das Leben im Bürgerkrieg – „einsam, armselig, ekelhaft, tierisch und kurz“ – beschrieben. Er legitimiert die Ordnung letztlich funktional: „sie ist die conditio sine qua non des individuellen wie kollektiven Überlebens, der primäre Wert, dem alle anderen Ziele untergeordnet werden“.[97] Das Argument der Ordnung ist bei Hobbes also kein ideologisches, sondern ein funktionales. Es sei denn, man definiert auch Funktionalität als Ideologie.

95 *Leutheusser-Schnarrenberger* 2008, S. 70.
96 *Nonnenmacher* 1989, S. 5 f.
97 *Nonnenmacher* 1989, S. 6.

LITERATUR

Amendola, Adalgiso, 1999: Carl Schmitt tra decisione e ordinamento concreto, Napoli.
Anter, Andreas, 2001: Von der politischen Gemeinschaft zum Anstaltsstaat: Das Monopol der legitimen Gewaltsamkeit, in: Edith Hanke/Wolfgang J. Mommsen (Hg.), Max Webers Herrschaftssoziologie, Tübingen, S. 121–138.
Anter, Andreas, 2003: Charisma und Anstaltsordnung. Max Weber und das Staatskirchenrecht seiner Zeit, in: Hartmut Lehmann/Jean Martin Ouédraogo (Hg.): Max Webers Religionssoziologie in interkultureller Perspektive, Göttingen, S. 29–49
Anter, Andreas, 2007: Die Macht der Ordnung. Aspekte einer Grundkategorie des Politischen, 2. Aufl. Tübingen.
Becker, Hartmuth, 2002: Die Parlamentarismuskritik bei Carl Schmitt und Jürgen Habermas, 2. Aufl. Berlin.
Bellegarrigue, Anselme, 1850: Anarchie ist Ordnung, in: Erwin Oberländer (Hg.), Der Anarchismus, Olten/Freiburg 1972, S. 74–99.
Bendersky, Joseph, 1996: Schmitt and Hobbes, in: Telos 109, S. 122-129.
Berger, Peter L./Thomas Luckmann, 1994: Die gesellschaftliche Konstruktion der Wirklichkeit, Frankfurt a.M.
Bielefeldt, Heiner, 1994: Kampf und Entscheidung. Politischer Existentialismus bei Carl Schmitt, Helmuth Plessner und Karl Jaspers, Würzburg.
Blomeyer, Peter, 1996: Thomas Hobbes und Carl Schmitt, in: Ernst Otto Bräunche/Hermann Hiery (Hg.), Geschichte als Verantwortung. FS für Hans Fenske zum 60. Geburtstag, Karlsruhe, S. 1–10.
Blumenberg, Hans, 1966: Die Legitimität der Neuzeit, Frankfurt a.M.
Blumenberg, Hans/Schmitt, Carl, 2007: Briefwechsel 1971–1978, hg. v. Alexander Schmitz und Marcel Lepper, Frankfurt a.M.
Böckenförde, Ernst-Wolfgang, 1984: Art. Konkretes Ordnungsdenken, in: Historisches Wörterbuch der Philosophie, hg. v. Joachim Ritter u. Karlfried Gründer, Bd. 6, Basel / Stuttgart, Sp. 1312–1315.
Böckenförde, Ernst-Wolfgang, 1995: Die deutsche verfassungsgeschichtliche Forschung im 19. Jahrhundert. Zeitgebundene Fragestellungen und Leitbilder (1961), 2. Aufl. Berlin.
Böckenförde, Ernst-Wolfgang, 2004: Sicherheit und Selbsterhaltung vor Gerechtigkeit. Der Paradigmenwechsel und Übergang von einer naturrechtlichen zur positiv-rechtlichen Grundlegung des Rechtssystems bei Thomas Hobbes, Basel.
Brugger, Winfried, 2004a: Freiheit und Sicherheit. Eine staatstheoretische Skizze mit praktischen Beispielen, Opladen.
Brugger, Winfried, 2004b: Gewährleistung von Freiheit und Sicherheit im Lichte unterschiedlicher Staats- und Verfassungsverständnisse, in: Veröffentlichungen der Vereinigung der Deutschen Staatsrechtslehrer 63, S. 101–150.
Burke, Edmund, 1790: Betrachtungen über die französische Revolution, übertr. v. Friedrich Gentz, Frankfurt a.M. 1967.
Calliess, Christian, 2002: Sicherheit im freiheitlichen Rechtsstaat, in: Zeitschrift für Rechtspolitik 35, S. 1–7.
Capitant, René, 1936: Hobbes et l'État totalitaire. A propos d'un livre récent, in: Archives de Philosophie du Droit et de Sociologie Juridique 6, S. 46–75.
Colliot-Thélène, Catherine, 2007: Das Monopol der legitimen Gewalt, in: Andreas Anter/Stefan Breuer (Hg.), Max Webers Staatssoziologie, Baden-Baden, S. 39–56.
Di Marco, Giuseppe Antonio, 1999: Thomas Hobbes nel decisionismo di Carl Schmitt, Napoli.
Ellis, Desmond P., 1971: The Hobbesian Problem of Order. A Critical Appraisal of the Normative Solution, in: American Sociological Review 36, S. 692–703.
Frankenberger, Klaus-Dieter, 2001: „Schwarze Löcher" der Weltpolitik, in: FAZ vom 2. Oktober 2001, S. 16.

Gerecke, Uwe, 1998: Soziale Ordnung in der modernen Gesellschaft. Ökonomik – Systemtheorie – Ethik, Tübingen.

Glaeßner, Gert-Joachim: 2003: Sicherheit in Freiheit. Die Schutzfunktion des demokratischen Staates und die Freiheit der Bürger, Opladen.

Gottfried, Paul Edward, 1990: Carl Schmitt. Politics and Theory, New York.

Greenleaf, William H., 1973: Bodin and the Idea of Order, in: Horst Denzer (Hg.), Jean Bodin, München, S. 23–38.

Groh, Ruth, 1998: Arbeit an der Heillosigkeit der Welt. Zur politisch-theologischen Mythologie und Anthropologie Carl Schmitts, Frankfurt a.M.

Gusy, Christoph, 2004: Gewährleistung von Freiheit und Sicherheit im Lichte unterschiedlicher Staats- und Verfassungsverständnisse, in: Veröffentlichungen der Vereinigung der Deutschen Staatsrechtslehrer 63, S. 151–190.

Heß, Moses, 1837: Die heilige Geschichte der Menschheit. Von einem Jünger Spinoza's, in: ders., Philosophische und sozialistische Schriften 1837–1850, hg. v. Wolfgang Mönke, 2. Aufl. Berlin 1980, S. 1–74.

Hobbes, Thomas, 1959: Vom Menschen/Vom Bürger, hg. v. Günter Gawlick, Hamburg.

Hobbes, Thomas, 1984: Leviathan, hg. v. Iring Fetscher, Frankfurt a.M.

Hofmann, Hasso, 1995: Legitimität gegen Legalität. Der Weg der politischen Philosophie Carl Schmitts, 3. Aufl. Berlin.

Hofmann, Hasso, 2005: Souverän ist, wer über den Ausnahmezustand entscheidet, in: Der Staat 44, S. 171–186.

Isensee, Josef, 1983: Das Grundrecht auf Sicherheit. Zu den Schutzpflichten des freiheitlichen Verfassungsstaates, Berlin/New York.

Jänicke, Martin, 1969: Die „Abgründige Wissenschaft" vom Leviathan. Zur Hobbes-Deutung Carl Schmitts im Dritten Reich, in: Zeitschrift für Politik 16, S. 401–415.

Jellinek, Georg, 1891: Die Politik des Absolutismus und die des Radikalismus (Hobbes und Rousseau), in: ders., Ausgewählte Schriften und Reden, Bd. 2, Berlin 1911, S. 3–22.

Jellinek, Georg, 1900: Allgemeine Staatslehre, 3. Aufl. Berlin 1922.

Jellinek, Georg, 1905: System der subjektiven öffentlichen Rechte (1892), 2. Aufl. Tübingen.

Kaiser, Joseph H., 1988: Konkretes Ordnungsdenken, in: Helmut Quaritsch (Hg.), Complexio Oppositorum. Über Carl Schmitt, Berlin, S. 319–331.

Kelly, Duncan, 2003: The State of the Political. Conceptions of Politics and the State in the Thought of Max Weber, Carl Schmitt and Franz Neumann, Oxford.

Keynes, Edward/Ulrike Schumacher, 1997: Denken in Ordnungen in der Politik, in: dies. (Hg.), Denken in Ordnungen in der Politik. Herausforderungen an eine anwendungsbezogene politische Wissenschaft, Frankfurt a.M., S. 7–10.

King, Preston, 1974: The Ideology of Order. A Comparative Analysis of Jean Bodin and Thomas Hobbes, London.

Koellreutter, Otto, 1938: Leviathan und totaler Staat, in: Reichsverwaltungsblatt 59, S. 803–807.

Koselleck, Reinhart, 1959: Kritik und Krise. Eine Studie zur Pathogenese der bürgerlichen Welt, 7. Aufl. Frankfurt a.M. 1992.

Koselleck, Reinhart/Roman Schnur (Hg.), 1969: Hobbes-Forschungen, Berlin.

Kremers, Helmut, 1993: Der Leviathan will nicht sterben. Der totale Staat bei Thomas Hobbes und Carl Schmitt, in: Lutherische Monatshefte 32, S. 12–15.

Krieken, Robert van, 2003: Beyond the ‚Parsonian Problem of Order'. Elias, Habit and Contemporary Sociology or Hobbes was right. Paper, Department of Sociology, Macquarie University, 30. Juni 2003.

Kriele, Martin, 1970: Die Herausforderung des Verfassungsstaates. Hobbes und englische Juristen, Neuwied und Berlin.

Kriele, Martin, 2006: Einführung in die Staatslehre. Die geschichtlichen Legitimitätsgrundlagen des demokratischen Verfassungsstaates, 6. Aufl. Stuttgart.

Laak, Dirk van, 2002: Gespräche in der Sicherheit des Schweigens. Carl Schmitt in der politischen Geistesgeschichte der frühen Bundesrepublik, 2. Aufl. Berlin.

Leicht, Robert, 2006: Thomas Hobbes und Carl Schmitt, in: Otfried Höffe (Hg.), Vernunft oder Macht? Zum Verhältnis von Philosophie und Politik, Tübingen, S. 75–82.

Lepsius, Oliver, 1994: Die gegensatzaufhebende Begriffsbildung. Methodenentwicklungen in der Weimarer Republik und ihr Verhältnis zur Ideologisierung der Rechtswissenschaft im Nationalsozialismus, München.

Leutheusser-Schnarrenberger, Sabine, 2008: Auf dem Weg in den autoritären Staat, in: Blätter für deutsche und internationale Politik 1/2008, S. 61–70.

Luhmann, Niklas, 1987: Soziale Systeme, Frankfurt a.M.

Maschke, Günter, 2003: Zum „Leviathan" von Carl Schmitt, in: Carl Schmitt, Der Leviathan in der Staatslehre des Thomas Hobbes, 3. Aufl. Stuttgart, S. 179–244.

Mayer-Tasch, Peter Cornelius, 2000: Jean Bodin, Düsseldorf.

Mehring, Reinhard, 2008: Thomas Hobbes im konfessionellen Bürgerkrieg. Carl Schmitts Hobbes-Bild und seine Wirkung im Kreis der alten Bundesrepublik, in: Leviathan 36, S. 518–542.

Meier, Heinrich, 1994: Die Lehre Carl Schmitts. Vier Kapitel zur Unterscheidung Politischer Theologie und Politischer Philosophie, Stuttgart/Weimar.

Meier, Heinrich, 1998: Carl Schmitt, Leo Strauss und „Der Begriff des Politischen". UU einem Dialog unter Abwesenden, 2. Aufl. Stuttgart/Weimar.

Meuter, Günter, 2001: Gerechtigkeitsstaat contra Rechtsstaat, in: Rüdiger Voigt (Hg.), Mythos Staat. Carl Schmitts Staatsverständnis, Baden-Baden, S. 83–116.

Möbis, Harry, 1984: Ordnung ist das halbe Leben, Berlin (DDR).

Möstl, Markus, 2002: Die staatliche Garantie für die öffentliche Sicherheit und Ordnung, Tübingen.

Münch, Richard, 1996: Das Problem der Ordnungen, in: Berliner Journal für Soziologie 6, S. 127–133.

Münkler, Herfried, 1993: Thomas Hobbes, Frankfurt/New York.

Negt, Oskar/Kluge, Alexander, 1981: Geschichte und Eigensinn, Frankfurt a.M.

Nonnenmacher, Günther, 1989: Die Ordnung der Gesellschaft. Mangel und Herrschaft in der politischen Philosophie der Neuzeit: Hobbes, Locke, Adam Smith, Rousseau, Weinheim.

Parsons, Talcott, 1937: The Structure of Social Action, New York 1968.

Parsons, Talcott, 1951: The Social System, New York 1964.

Parsons, Talcott, 1968: Order as a Sociological Problem, in: Paul G. Kuntz (Hg.), The Concept of Order, Seattle/London, S. 373–384.

Parsons, Talcott, 1975: Die Entstehung der Theorie des sozialen Systems: Ein Bericht zur Person, in: Parsons, Talcott/Shils, Edward/Lazarsfeld, Paul F., Soziologie – autobiographisch. Drei kritische Berichte zur Entwicklung einer Wissenschaft, Stuttgart, S. 1–68.

Parsons, Talcott / Edward A. Shils, 2001: Toward a General Theory of Action. Theoretical Foundations for the Social Sciences (1951), New Brunswick.

Pauly, Walter, 2000: Geist und Form. Recht, Staat und Kirche bei Rudolph Sohm, in: Rechtstheorie 31, S. 253–268.

Plessner, Helmuth, 1962: Die Emanzipation der Macht, in: ders., Diesseits der Utopie, Frankfurt a.M. 1974, S. 190–209.

Popitz, Heinrich, 1976: Prozesse der Machtbildung, 3. Aufl. Tübingen.

Proudhon, Pierre-Joseph, 1840: Was ist das Eigentum? Erste Denkschrift. Untersuchungen über den Ursprung und die Grundlagen des Rechts und der Herrschaft, Wien 1992.

Quaritsch, Helmut, 1970: Staat und Souveränität, Bd. 1, Frankfurt a.M.

Robbers, Gerhard, 1987: Sicherheit als Menschenrecht. Aspekte der Geschichte, Begründung und Wirkung einer Grundrechtsfunktion, Baden-Baden.

Rumpf, Helmut, 1972: Carl Schmitt und Thomas Hobbes. Ideelle Beziehungen und aktuelle Bedeutung, Berlin.

Schäuble, Wolfgang, 2007: Von der Schutzpflicht des Staates. Deutschland im Visier des Terrorismus, in: Der Tagesspiegel vom 5. Jan. 2007.

Schelsky, Helmut, 1937/38: Die Totalität des Staates bei Hobbes, in: Archiv für Rechts- und Sozialphilosophie 31, S. 176–193.

Schelsky, Helmut, 1981: Thomas Hobbes. Eine politische Lehre (1941), Berlin.

Schelsky, Helmut, 1983: Der „Begriff des Politischen" und die politische Erfahrung der Gegenwart. Überlegungen zur Aktualität von Carl Schmitt, in: Der Staat 22, S. 321–345.

Schmitt, Carl, 1921: Die Diktatur. Von den Anfängen des modernen Souveränitätsgedankens bis zum proletarischen Klassenkampf, 3. Aufl. Berlin 1964.

Schmitt, Carl, 1922: Politische Theologie. Vier Kapitel zur Lehre von der Souveränität, München/Leipzig.

Schmitt, Carl, 1931: Der Hüter der Verfassung, 3. Aufl. Berlin 1985.

Schmitt, Carl, 1933a: Weiterentwicklung des totalen Staats in Deutschland, in: ders., Verfassungsrechtliche Aufsätze aus den Jahren 1924–1954, Berlin 1958, S. 359–366.

Schmitt, Carl, 1933b: Reich – Staat – Bund (1933), in: ders., Positionen und Begriffe im Kampf mit Weimar – Genf – Versailles, Hamburg 1940, S. 217–226.

Schmitt, Carl, 1934: Über die drei Arten des rechtswissenschaftlichen Denkens, Hamburg.

Schmitt, Carl, 1936/37: Der Staat als Mechanismus bei Hobbes und Descartes, in: Archiv für Rechts- und Sozialphilosophie 30, S. 622–632.

Schmitt, Carl, 1938: Der Leviathan in der Staatslehre des Thomas Hobbes. Sinn und Fehlschlag eines politischen Symbols, Hamburg.

Schmitt, Carl, 1954: Gespräch über die Macht und den Zugang zum Machthaber, ND Berlin 1994.

Schmitt, Carl, 1965: Die vollendete Reformation. Bemerkungen und Hinweise zu neuen Leviathan-Interpretationen, in: Der Staat 4, S. 51–69

Schnur, Roman, 1963: Individualismus und Absolutismus. Zur politischen Theorie vor Thomas Hobbes (1600–1640), Berlin.

Schwinn, Thomas, 1993: Jenseits von Subjektivismus und Objektivismus. Max Weber, Alfred Schütz und Talcott Parsons, Berlin.

Skinner, Quentin, 1996: Reason and Rhetoric in the Philosophy of Hobbes, Cambridge.

Sohm, Rudolph, 1892: Kirchenrecht, Bd. 1: Die geschichtlichen Grundlagen, München/Leipzig.

Sohm, Rudolph, 1897: Die Entwicklungsgeschichte des modernen Staates, in: Cosmopolis 5, S. 853–872.

Sohm, Rudolph, 1823: Kirchenrecht, Bd. 2: Katholisches Kirchenrecht, München/Leipzig.

Spitz, Jean-Fabien, 1998: Bodin et la souveraineté, Paris.

Stankiewicz, Wladyslaw J., 1976: Sovereignty as Political Theory, in: Political Studies 24, S. 141–157.

Stoll, Peter-Tobias, 2003: Sicherheit als Aufgabe von Staat und Gesellschaft, Tübingen.

Strauss, Leo, 1965: Hobbes' politische Wissenschaft in ihrer Genesis, in: ders., Gesammelte Schriften. Bd. 3: Hobbes' politische Wissenschaft und zugehörige Schriften – Briefe, hg. v. Heinrich und Wiebke Meier, Stuttgart/Weimar 2001, S. 3–192.

Tralau, Johan, 2009: Thomas Hobbes and Carl Schmitt. Order, Myth, and the Politics of Concealment, London/New York (im Erscheinen).

Troeltsch, Ernst, 1909: Protestantisches Christentum und Kirche in der Neuzeit, in: Die Kultur der Gegenwart. Teil I. Abt. IV.1: Geschichte der christlichen Religion, hg. v. Paul Hinneberg, 2. Aufl. Berlin/Leipzig, S. 431–792.

Vialatoux, Joseph, 1935: La Cité de Hobbes. Théorie de l'Etat totalitaire, Paris 1935.

Voigt, Rüdiger (Hg.), 2001: Mythos Staat. Carl Schmitts Staatsverständnis, Baden-Baden.

Weber, Max, 1985: Wirtschaft und Gesellschaft. Grundriß der verstehenden Soziologie, hg. v. Johannes Winckelmann, 5. Aufl. Tübingen.

Weiler, Gershon, 1994: From Absolutism to Totalitarianism. Carl Schmitt on Thomas Hobbes, Durango.

Wenzel, Harald, 1990: Die Ordnung des Handelns. Talcott Parsons' Theorie des allgemeinen Handlungssystems, Frankfurt a.M.

Willms, Bernard, 1970: Die Antwort des Leviathan. Thomas Hobbes' politische Theorie, Neuwied und Berlin.

Willms, Bernard, 1979: Der Weg des Leviathan. Die Hobbes-Forschung von 1968–1978, Berlin.

Willms, Bernard, 1987: Thomas Hobbes. Das Reich des Leviathan, München.

Wrong, Dennis H., 1994: The Problem of Order. What Unites and Divides Society, New York.

Wurtzbacher, Jens, 2004: Sicherheit durch Gemeinschaft? Bürgerschaftliches Engagement für öffentliche Sicherheit, Opladen.

DER DEZISIONISTISCHE FREUND UND DER DEZIDIERTE SCHUTZENGEL

Carl Schmitt zwischen Thomas Hobbes und Juan Donoso Cortés

Günter Maschke

1.

Carl Schmitt sah in Thomas Hobbes seinen ‚Freund' und nannte Juan Donoso Cortés seinen ‚Schutzengel'.[1] Tatsächlich hat niemand einen auch nur annähernd so großen und intensiven Einfluss auf sein Werk ausgeübt wie der englische Etatist und Anti-Katholik einerseits, der spanische Katholik und Anti-Etatist andererseits. Die aufreizend offenkundige Gegensätzlichkeit der beiden Denker wurde aber nicht zum Anlass, ein hier leicht einzurichtendes Eldorado für Schmittologen zu schaffen. Während Hobbes in der Schmitt-Literatur stets in extenso erörtert wird und kein Autor es wagt, dabei ohne Kenntnisse vor den Leser zu treten, begnügt man sich bei Donoso mit der Wiedergabe einiger weniger Sätze Schmitts oder zitiert vertrauensvoll dessen Kritiker. Sogar Interpreten, die sich auf Schmitts Politische Theologie kaprizieren, weil sie in ihr das Zentrum seines Werkes vermuten, verzichten hier scheu auf Wissenserwerb.[2] Das alte Wort ‚Catholica non leguntur' scheint Urständ zu feiern, und es kennzeichnet die Lage, wenn ein so bedeutender Schmitt-Kenner wie Hasso Hofmann en passant dekretiert: „Schmitts Beziehung zu Donoso Cortés ist eine äußerliche".[3] In vielen Gesamtdarstellungen Schmitts wird Donoso nicht behandelt, ja, kaum auch nur erwähnt[4] und dies, obwohl seine Wirkung auf Schmitt bereits für 1917 nachweisbar ist[5] und Schmitt mit seinen Madrider Vorträgen über Donoso im Oktober 1929 zu dessen Wiederentdecker *in* Spanien wurde, das seinen Landsmann schon gänzlich vergessen hatte.[6]

1 *Schmitt* 1950, S. 67; *Schmitt* 1991, S. 21 (29.9.1947).

2 Vgl. *Groh* 1998. – Die Autorin erwähnt Donoso zwar stolze 18 mal, zitiert jedoch nie aus dessen Schriften, sondern begnügt sich mit Hinweisen auf dessen Nennung in Schmitts „Politische Theologie" und „Glossarium". Sie behauptet sogar, bei Donoso fände sich eine „Option für die absolute Macht" (S. 216), – obgleich dieser ein rastloser Kritiker jedweder unbeschränkten Macht und auch gegenüber dem Absolutismus scharf kritisch eingestellt war.

3 *Hofmann* 1964, S. 110, FN 135.

4 Vgl. etwa frühe Standardwerke wie: *Schneider* 1957; *Krockow* 1958 (eine unbedeutende Erwähnung S. 66); *Fijalkowski* 1958; *Laufer* 1961 (zwei bloße Namensnennungen, S. 68 und 287); *Schmitz* 1965. Wirklich gebessert hat sich die Situation bis heute nicht.

5 Vgl. *Schmitt* 1917, S. 71–80.

6 *Schmitt* 1930 – Die 16seitige Broschüre enthält in spanischer Sprache die Aufsätze *Donoso Cortés in Berlin (1849)* und *Der unbekannte Donoso Cortés*; Schmitt trug beide Texte auf Spanisch am 23.10.1929 in Madrid im „Centro de Intercambio intelectual germano-español" vor.

Das orientierende Schlagwort, das nur den desorientiert, der ihm allzu lange folgt, weiß es: Schmitt war, was des Öfteren auch akzeptiert wird, der *Thomas Hobbes of the twentieth century*,[7] aber man kann auch Donoso als seinen *precursor* ansehen[8] oder Schmitt selbst als den *Donosos del siglo veinte*.[9]

Nun besitzen Klassiker selten das Talent oder auch nur den Willen zu einer akademischen Standards genügenden monographischen Genauigkeit; ihnen geht es nicht um die möglichst getreue Rekonstruktion der Werke vergangener Epochen, sondern um deren Nutzung als Steinbruch für eigene Zwecke, wobei es den betroffenen Denkern geschehen mag, dass sie zu Vorläufern ernannt werden. Dass Schmitt die Theorien und Gedankengänge Hobbes' und Donosos recht eigenwillig und höchst selektiv rezipierte, dass er seine Meisterdenker verzeichnete, stilisierte, gar verfälschte, ist eigentlich nur von Bedeutung, wenn wir von hier aus zur Betrachtung seiner aktualisierend-identifizierenden Handhabungen kommen, wenn wir aufgrund von solchen Feststellungen seinen geistesgeschichtlichen Rekurs als ein Vehikel *seiner* aktuellen Argumentation verstehen[10] und eingedenk bleiben, dass *er* es ist, der durch den Mund Hobbes' oder Donosos (oder auch Bodins) spricht.[11]

Das Zurechtschneiden divergierender Materialien soll deren Zusammengehörigkeit beweisen, ja, deren Einheit fingieren, sodass die nicht behebbare Widersprüchlichkeit und innere Spannung der eigenen Position überspielt und verdeckt wird, mindestens jedoch die Suggestion entsteht, dass die unterschiedlichen, eigentlich inkompatiblen Ausgangspunkte einander ergänzen.

2.

In einem Falle werden Hobbes und Donoso zum gleichen Thema von Schmitt angehört, sind jedoch durch viele Buchseiten voneinander getrennt[12], – ansonsten aber haben sie Schmitts Aufmerksamkeit zu ganz verschiedenen Lebenszeiten gefunden.[13] Lediglich zweimal wurden sie von Schmitt gemeinsam vorgestellt, ein-

7 So George Schwab in seiner Einleitung zu *Schmitt* 1985, S. XXVI.

8 Vgl. *Tello* 1986, S. 55–67.

9 *Maschke* 1988, S. 193–221 [199] – vgl. auch *Díaz* 1936.

10 So *Jänicke* 1969, S. 401–415 [401f.].

11 So *Heydte* 1951, S. 288–294. Dort: „Eine solche Rechtswissenschaft [wie sie von der Heydte verficht] wird sich freilich nicht an Jean Bodin und Thomas Hobbes orientieren können, die Carl Schmitt 1946 im Internierungslager als ‚Brüder im Geiste' in seiner nächsten Nähe zu sehen glaubte – ohne gewahr zu werden, dass die Phantome, die er um sich wähnte, gar nicht der echte, geschichtliche Bodin und Hobbes waren, sondern nur wiederum er selbst in der Maske jener beiden" (S. 294). Es ist nicht zwingend, das kritisch zu sehen…

12 Vgl. *Schmitt* 1921, dort auf S. 9, 11, 22f., 30ff., 118f. zu Hobbes; auf S. 139, 147, 195 zu Donoso.

13 Sieht man von *Politische Theologie* und von *Der Begriff des Politischen* ab, interessiert sich Schmitt für seine wohl meistgeschätzten Autoren zu verschiedenen Lebenszeiten. Die Aufsätze zu Donoso erscheinen (mit der Ausnahme des entsprechenden Textes in *Politische Theo-*

mal in einem außerordentlich engen, ein anderes Mal in einem eher lockeren Zusammenhang und auf eine ‚vor-theoretische' Weise, – in der Schrift *Politische Theologie* (1922) und in dem Aufsatz Der *Begriff des Politischen* (1927, 1932 zum Buch erweitert). Nachdem er ausführlicher auf die katholischen Gegenrevolutionäre Louis de Bonald, Joseph de Maistre und Donoso Cortés einging, erklärt Schmitt in der erstgenannten Schrift es für einen

> Vorgang von unermeßlicher Bedeutung, dass einer der größten Repräsentanten dezisionistischen Denkens und ein katholischer Staatsphilosoph, der sich mit großartigem Radikalismus des metaphysischen Kernes aller Politik bewußt war, Donoso Cortés, im Anblick der Revolution von 1848 zu der Erkenntnis kam, dass die Epoche des Royalismus zu Ende ist. Es gibt keinen Royalismus mehr, weil es keine Könige mehr gibt.[14] Es gibt daher auch keine Legitimität im überlieferten Sinne. Demnach bleibt für ihn nur ein Resultat: die Diktatur. Es ist das Resultat, zu dem auch Hobbes gekommen ist, aus derselben [!!], wenn auch mit einem mathematischen Relativismus vermischten Konsequenz dezisionistischen Denkens.[15]

Damit wird im Grunde die wohlfeile Alltagsbehauptung repetiert: dass ‚Diktatur' eben ‚Diktatur' sei und eine ‚Entscheidung' eine ‚Entscheidung', mindestens jedoch, dass Hobbes' und Donosos Diktatur die gleiche Struktur aufweisen und dass sie, ungeachtet des sie trennenden zeitlichen Abstandes und der unterschiedlichen Situationen in England und Spanien letztlich ‚dasselbe' seien, sodass bei Donoso die Intention und die Programmatik Hobbes' nur wiederkehren, – da beide sich einem Bürgerkrieg konfrontieren. Die Differenz ihrer Konzepte scheint sich im Atmosphärischen zu erschöpfen und in dem anders gearteten intellektuellen und emotionalen Naturell der beiden Protagonisten. Dass ihre Begriffe von ‚Diktatur' unvereinbar sind, weil ihre Vorstellungen von Souveränität einander entgegengesetzt sind, wird in diesem m.W. einzigen Text Schmitts, in dem beide Denker in einem Atemzug genannt werden, nicht deutlich und ist nicht einmal zu ahnen.

logie) 1927 und 1929, der vierte, *Donoso Cortés in gesamteuropäischer Interpretation* beruht auf einem Vortrag in Madrid am 31.5.1944 und erscheint 1950 im mit dem gleichen Titel versehenen Sammelband. Zumindest überwiegend befasst sich Schmitt mit dem Spanier zu einer Zeit, da er im Kampf mit dem ‚Liberalismus' von Weimar-Genf-Versailles steht, und so kann es auch nicht verwundern, dass die Texte von 1927 und 1929 in *Positionen und Begriffe*, (*Schmitt* 1940) neu vorgestellt werden. Der Schwerpunkt der Beschäftigung mit Hobbes liegt dagegen in den Jahren 1937/38, also zu einer Zeit, in der Schmitt das Scheitern des Staates feststellt, – nach der Zerstörung eines entscheidungsunfähigen Pseudostaates wie Weimar und nach dem Aufbau eines ‚Behemoth'. Donoso also zur Zeit eines noch nicht gänzlich hoffnungslosen Kampfes, Hobbes zur Zeit eines resignierenden Rückblicks? Während Schmitts Artikel *Dreihundert Jahre Leviathan* (zuerst in: Der Staat, 1/1965, S. 51–69) mit größerer Nachdrücklichkeit als schon früher, Hobbes als Christen zu verstehen; ein Versuch, der wohl bezweifelnswert ist.

14 Das bezieht sich auf Donosos Satz in der Rede *Über die Diktatur* vom 4.1.1849: „Was sind diese Regierungen mit ihren legitimen Mehrheiten, immer besiegt von den stürmischen Minderheiten, mit ihren verantwortlichen Ministern, die nichts verantworten, mit ihren unverletzlichen Königen, die immer verletzt werden?" (*Donoso Cortés* 1904, S. 131).

15 *Schmitt* 1922, S. 46; 2. Aufl., ebd. 1934, S. 66.

Fünf Jahre später, in *Der Begriff des Politischen*, folgt Schmitt seiner im Gespräch gern geäußerten Devise „Ich habe nichts gegen Einfachheit – im Gegenteil!“ Im siebten Abschnitt der Schrift, dem ‚anthropologischen Glaubensbekenntnis‘, in der Buchfassung 1933 mit ‚Anthropologischer Ansatz politischer Theorien‘ betitelt, präsentiert Schmitt seine der gängigen Lebensweisheit entnommene Überzeugung, dass

> alle echten politischen Theorien den Menschen als ‚böse‘ voraussetzen, d.h. negativ bewerten. Es genügt, die Namen Macchiavelli, Hobbes, Bossuet, Fichte (sobald er seinen humanitären Idealismus vergisst), de Maistre, F.J. Stahl, Donoso Cortés zu nennen – Hegel zeigt auch hier sein Doppelantlitz. So verschieden diese Denker nach Art, Rang und geschichtlicher Bedeutung sein mögen, in der negativen Bewertung der menschlichen Natur stimmen sie in demselben Maße überein, in dem sie sich als spezifisch politische Denker zeigen.[16]

Betrachten wir zunächst den zweiten, späteren Fall.

3.

In der recht vagen und seltsam tastenden Rede Schmitts vom ‚bösen‘ Menschen zeigt sich die gewöhnlich übersehene Schwäche seines anthropologischen Glaubensbekenntnisses. Er nennt hier vier Christen (die Katholiken Bossuet, de Maistre, Donoso Cortés und den Protestanten Friedrich Julius Stahl[17]) und vier Autoren, deren Christentum höchst bezweifelnswert ist und für ihre Theoriebildung (nicht für ihre Thematik) keine oder nur geringe Bedeutung besitzt: Machiavelli, Hobbes, Fichte, Hegel. Zwar sprechen Machiavelli und die meisten Vertreter der Staatsraison umgangssprachlich vom ‚bösen‘ Menschen, meinen jedoch den ‚gefährlichen‘. Beides deckt sich nicht, da das Böse, auf der Sünde beruhend, auch unangebrachte Friedfertigkeit, „Toleranz“, Indifferenz und Herzensträgheit, Hingabe an die ‚Frau Welt‘, Unterwerfung unter eine anti-religiöse Staatsmacht, Liebe zum Menschen ohne Liebe zu Gott u.a.m. sein kann und der den Menschen gewogene Anti-Christ gerne deren Bauch kitzelt.

Es ist wohl nicht überzubewerten, scheint aber erwähnenswürdig, dass Schmitt in der ersten Fassung seiner Schrift darauf hinweist, dass die Bosheit „als Korruption, Schwäche, Feigheit, Dummheit usw.“[18] erscheinen kann, in der Buchfassung 1932 aber noch „Rohheit, Triebhaftigkeit, Vitalität, Irrationalität usw.“[19] hinzufügt. Durch die ihm erst jetzt mögliche Bezugnahme auf Helmuth Plessners Buch *Macht und menschliche Natur* (zuerst 1931) und dessen Darstellung des Menschen als eines offenen, Abstand nehmenden, unbestimmt-unergründlichen

16 *Schmitt* 1927, S. 1–33 [23].

17 Die doch wohl anerkennende Nennung Stahls sticht ab von den später stark negativen Bezugnahmen, vgl. u.a.: *Schmitt* 1940, S. 277, 293.

18 *Schmitt* 1927, S. 22.

19 *Schmitt* 1932, S. 46; in der Ausgabe 1963 auf S. 59.

Wesens[20] verlässt Schmitt auch, obgleich nur ansatzweise, die einigermaßen naiv anmutende Rede vom ‚bösen' Menschen.

Das Böse freilich ist nicht von seinem religiös-theologischen Wurzelgrund und damit von der Überzeugung, es resultiere aus der Sünde, wirklich ablösbar, – was in vielen Fällen das gute Gewissen bei der Verfolgung des und der Bösen stärkt. Doch was ‚böse' ist, ist spätestens seit den Religionskriegen arbiträr, sodass der den Bürgerkrieg beendende Staat die hier entstehenden Fragen zurückdrängen und sich dem Kampf gegen das ‚Gefährliche' zu widmen hat, das weitaus bestimmbarer ist. Der Kampf gegen das Gefährliche hat große Chancen, nicht böse zu sein, während der Kampf gegen das Böse gefährlich werden kann und deshalb unterdrückt werden muss. Doch versteht sich, dass eine Identität oder ein Ineinander von Bosheit und Gefährlichkeit möglich sind, sodass die theologisch-moralische Rede, auf den Sündenfall und seine dauernden Folgen verweisend, sich mit dem anthropologischen-politischem Realismus berührt bzw. in eins fällt, – auch wenn die beliebte Meinung irrig ist, dass sich aus der theologisch behaupteten Bosheit und der anthropologisch festgestellten Gefährlichkeit die gleichen staatstheoretisch-politischen Folgerungen zwingend ziehen lassen.

Aber unstreitig ist, dass es hier zu gleichen Folgerungen kommen *kann*, dass die Verfechter des christlichen und des anthropologischen ‚Pessimismus' sich politisch einigen können. Zu vermuten steht, dass es Schmitt um eine Art antiliberaler Einheitsfront (die man wohl ‚anti-demokratisch' genannt hätte[21]) ging, dass ihn hier nicht die beträchtlich unterschiedlichen Details beider Haltungen interessierten, – was auch die Simplizität seiner Rede erklären hilft –, sondern die politische Mobilisierung eines beiden Parteiungen eignenden Vorrats an Überzeugungen und Einsichten. Das Suchen und Finden solcher politisch relevant werden könnender Gemeinsamkeiten würde die einst so heftigen Konflikte innerhalb dieses über zwei Pole verfügenden Lagers obsolet machen, – man denke nur an den Kampf der Kirche mit dem Machiavellismus und den Theorien der Staatsraison oder an die geradezu wutschäumenden Attacken Donosos auf Hobbes, von denen Schmitt nirgendwo berichtet.

Das ‚anthropologische Glaubensbekenntnis' ist also der Text eines politischen Denkers, der den Weg in den säkularisierten Staat gefunden hat und bejaht und der sich zugleich seiner christlichen Prägung und Herkunft bewusst bleibt. Deut-

20 *Plessner* 1931; später u.a. in: *Plessner* 1953, S. 241–317 und in: *Plessner* 1980, S. 135–234; vgl. *Kramme* 1989.

21 Vgl. *Fraenkel* 1932, S. 275–280; auch in: *Sinzheimer/Fraenkel* 1968, S. 348–354 und in: *Fraenkel* 1999, S. 564–570. Der letzte Satz des Artikels, in dem zuvor kurz auf die Buchausgabe von *Der Begriff des Politischen* hingewiesen wurde, lautete: „Demokratisches Staatsdenken geht von der Annahme aus, dass der Mensch seinem Wesen nach ‚gut' sei; wenn Schmitt darauf hinweist, dass alle Staatsdenker die böse Natur des Menschen vorausgesetzt haben, hätte er vielleicht prüfen müssen, ob die Staatsdenker, die er als die ‚großen' anspricht, nicht die Theoretiker der herrschenden Klasse gewesen sind, die aus der Annahme, dass der Mensch seinem Wesen nach böse sei, ihren Anspruch auf Unterwerfung und Zähmung dieser bösen Masse ableiteten."

lich wird aber auch, dass im Konfliktfalle, auf den „es einzig ankommt", die Lage vom säkularisierten Staat definiert werden muss, – wie es um den 1927/32 stand, ist ein ander Ding.

In *Der Begriff des Politischen* treffen sich Hobbes und Donoso darin, dass beide fähig sind, „Freund und Feind zu unterscheiden" und beiden der „unterschiedslose Optimismus des Menschenbegriffes unmöglich" ist. Doch solche im Allgemein-Grundsätzlichen verharrende Gemeinsamkeit muss nicht zu einer Allianz führen, die Schmitt hier für plausibel zu halten und sogar nahezulegen scheint. Die *guerre à outrance* findet häufig zwischen Kämpfern statt, deren Differenzen, selbst aus geringer Distanz betrachtet, oft recht belanglos anmuten. Wie steht es damit bei Hobbes und Donoso, deren Positionen doch zu ein und derselben Zeit und innerhalb des gleichen politischen Systems eingenommen werden können und wurden und die laut Schmitt zum gleichen ‚Resultat' kamen, der Diktatur, – die doch beide laut Schmitt dezisionistische Denker waren? Wohnten hier, ach zwei Seelen in einer Brust, die untrennbar, nein, ununterscheidbar zusammenfinden sollten?

4.

Wir stoßen hier auf eine Schmitts gesamtes Werk durchwaltende Ambivalenz – besser vielleicht: innere Widersprüchlichkeit –, weil es um zwei einander konträre, politisch, geschichtlich und metaphysisch inkompatible Dezisionen geht. Gewis, sowohl im England des 17. Jahrhunderts als auch auf dem Kontinent seit dem ‚terror del 1848' (Donoso) verlangte die Zeit eine Entscheidung. Dieser unstrittige, doch wegen seines generellen Charakters eher magere Sachverhalt ist es, der die Illusion einer engen Verwandtschaft beider Denker erzeugt. Die dennoch rasch auffälligen Unterschiede zwischen einem kaltblütig erbauten, monolithischen System und einem Notschrei aus fiebriger Erregung, zwischen dem kompromisslosen Willen, die Religion dem absoluten Primat der Politik zu unterwerfen und die um ihre Vergeblichkeit wissende Forderung nach einer die religiösen Gebote exekutierenden Politik, – diese Unterschiede verbergen beinahe den Gegensatz zwischen den von Hobbes und Donoso verfochtenen, einander ausschließenden Konzeptionen von Souveränität, sind aber wegen ihres Umfanges und ihrer Intensität von Interesse.

Ist bei Hobbes die Entscheidung indifferent gegenüber der ‚Wahrheit' bzw. beruht auf deren Definition und Interpretation durch den Souverän, setzt der Staat den inneren Frieden gegen die religiöse(n) Wahrheit(en) durch und bestimmt für alle Bürger verbindlich den Kultus und sogar die Theologie, so steht für Donoso die Wahrheit als in der Katholischen Kirche inkarnierte fest. Alles andere ist ihm zu bekämpfende Häresie. Für Hobbes hingegen ist jede vom Souverän aus Gründen politischer Stabilität verbotene religiöse Strömung Häresie;

> Ketzer sind nichts anderes als Privatleute, die eigensinnig eine von ihren gesetzlichen Souveränen verbotene Lehre verteidigen [...], ich kann niemanden, dessen Lehre die öffentliche Lehre ist, einen Ketzer nennen.[22]

Diese öffentliche Lehre könnte sogar die katholische sein, wenn sie die bereits eingeführte wäre und am besten dem Interesse des betreffenden Staates nützte; der heftige Anti-Katholizismus Hobbes' erklärt sich vor allem durch die damalige Lage Englands und ist keineswegs ein notwendiger Bestandteil seines Systems.[23] Man könnte sich also eine auf Hobbes' basierende Art von ‚Gallikanismus' vorstellen. Freilich ist Hobbes' *cuius jurisdictio – eius religio* so konzessionslos, seine Reduktion des Christentums auf dessen angeblich einzig sicheren Satz ‚Jesus is the Christ' so bestimmt, sein Insistieren auf staatlicher Kontrolle des Kultus und seine Forderung nach einer dem staatlichen Interesse dienlichen Vereinfachung der Theologie derart drängend, dass, bedenkt man die Wichtigkeit der Institution Kirche für den Katholizismus, solche mit Hobbes' Theorie durchaus zu vereinbarenden Gedankengänge zur Spielerei werden. Hobbes will

> die Wirkung Christi im sozialen und politischen Bereich unschädlich machen; das Christentum ent-anarchisieren, ihm aber im Hintergrunde eine gewisse legitimisierende Wirkung [...] belassen und jedenfalls nicht darauf [...] verzichten. Ein kluger Taktiker verzichtet auf nichts, es sei denn [es wäre] restlos unverwertbar.[24]

Diese Bemerkungen Schmitts treffen die Sache weit eher, als seine Versuche, Hobbes zum Christen zu erklären, – einen Christen, dessen gesamter und einzig unbezweifelbarer Glaubensinhalt das ‚Jesus is the Christ' ist, während ihm alles Andere seine einzige, nämlich die weltliche Obrigkeit en detail verbindlich vorschreiben kann. Im Übrigen wird ein wirklicher Katholik nicht das Diktum Kardinal Newmans ignorieren: No medium exists between catholicity and atheism, sodass der Staat, der ein religiös-theologisches Monopol fern dieses Satzes beansprucht, via Protestantismus, Theismus, Deismus etc. nur als ein Agent des Atheismus gelten kann und entsprechend bekämpft werden muss. Der Staat, der Ordnung und Sicherheit schaffen will durch die vollständige Kontrolle der religiösen Sphäre muss demnach zum Wegbereiter des Chaos, der Dekadenz, vor allem des Bürgerkrieges werden: die Krankheit des Leviathan zu seinem Tode hin liegt schon in dessen Machtanspruch beschlossen.[25]

22 *Hobbes* 1966, 42. Kap., S. 442, 443 („For heretics are none but private men, that stubbornly defend some doctrine, prohibited by their lawful sovereigns [...], I cannot call any one whose doctrine is the public doctrine, an heretic", so in: Leviathan, English Works, S. 579, 581).

23 Vgl. dazu außerordentlich genau und klärend: *Großheim* 1996, S. 283–316 [300].

24 *Schmitt* 1949, S. 243 (23.5.1949).

25 Eugenio Vegas, der Carl Schmitt „kategorische Verfälschung" von Donosos Denken vorwirft, weist mit vollem Recht daraufhin, dass einer von dessen Schlüsselsätzen laute, dass „eine unbegrenzte Macht eine essentiell antichristliche Macht" sei und deshalb scheitern müsse; vgl. *Vegas* 1953, S. 53–57 [55].

Donoso hingegen fordert die „gran contienda“, die bei ihm apokalyptisch überhöhte Entscheidungsschlacht zwischen einem ultramontanen Katholizismus und dem Sozialismus als der politischen Form des Atheismus:

> Die liberale Schule, gleichzeitig Feindin der Finsternis und des Lichts, unfähig zum Guten wie zum Bösen und weder über eine göttliche noch eine satanische Theologie verfügend, wird dann verschwinden: Niemand wird sagen können, wo der Liberalismus geblieben ist an dem furchtbaren Tage der Schlacht, wenn das ganze Schlachtfeld erfüllt ist von den katholischen Phalangen und von den sozialistischen Phalangen.[26]

Verglichen mit solchem brio waren die tatsächlichen politischen Optionen Donosos, eines *cálido retórico*, aber *frío político*,[27] die Unterstützung der kommissarischen Diktatur des Generals Narváez in Spanien[28] und des Staatsstreichs von Louis Napoléon bescheiden-realistisch. Es ging Donoso, der ein vorzüglicher Diplomat und ein scharfsichtiger Analytiker der realen Politik war, aber nicht so sehr um eine Art expressionistischer Überhöhung der Politik, als darum, dass sich in dieser furchtbare Kämpfe abbildeten. Und die Diktatur von oben, die Diktatur des Säbels (Narváez') sollte die Diktatur von unten, die des Dolches, verhindern,[29] – aber wohl auch, um zu einer „religiösen Reaktion“ zu gelangen:

> Die Menschen hegen vor zweierlei Ehrfurcht; vor dem, was heilig ist und vor dem, was stark ist. Das heilige Element existiert in diesem Jahrhundert nicht mehr; das Element der Stärke gehört allen Jahrhunderten an, und dieses allein kann das andere wiederherstellen.[30]

Donoso forderte in seiner berühmten Rede am 4.1.1849 zwar ‚nur‘ die Errichtung einer kommissarischen Diktatur, doch die damit verknüpften Hoffnungen gingen über diese hinaus. Doch während Hobbes gegen Rom kämpfte, weil dort die gefährlichste aller indirekten Gewalten saß, welche die Einheit des politischen Körpers der Nation(en) bedrohte, hoffte Donoso einen kurzen Augenblick lang, zur Wiederherstellung der einzig sinnvollen Einheit, der des christlichen – mithin ka-

26 *Donoso Cortés* 1989, S. 115.

27 Diese so berühmt gewordene wie treffende Einschätzung Donosos – „feuriger Theoretiker, kühler Politiker“ – stammt von dem katalanischen Philosphen Eugenio d'Ors (1881–1954), der wie sein Sohn, der Romanist Álvaro d'Ors (1915–2004), lebenslang eng mit Carl Schmitt befreundet war.

28 Vgl. *Maschke* 1997, S. 53–70.

29 *Donoso Cortés* 1996, S. 27–51 [51]: „[...] es handelt sich darum, zwischen der Diktatur des Aufstandes und der Diktatur der Regierung zu wählen. In diesem Falle erwähle ich die Diktatur der Regierung als die weniger drückende und die weniger beleidigende. – Es handelt sich um die Wahl zwischen der Diktatur von unten und der Diktatur von oben; ich erwähle die Diktatur von oben, weil sie aus reinlicheren und ausgeglicheneren Regionen kommt. Es handelt sich schließlich darum, zu wählen zwischen der Diktatur des Dolches und der Diktatur des Säbels (entre la dictadura del puñal y la dictatdura del sable). Ich erwähle die Diktatur des Säbels weil sie die vornehmere ist.“

30 So *Romieu* 1993, S. 117. Auguste Romieu, 1800–1855, ein Chefideologe Louis Napoléons und Schöpfer der modernen Theorie des ‚Cäsarismus‘, pflegte enge Kontakte zu Donoso. Sein Buch erschien zuerst 1850 in Brüssel unter dem Titel *L'Ère des Césars*.

tholischen! – Europa beitragen zu können,[31] eine Einheit, welche die Reformation, „ese gran escándolo político y social, como religioso", zerstört und so den Weg in den Säkularismus, Aufklärung, Deismus, Liberalismus, Sozialismus, Atheismus etc. geebnet hatte. Donoso zufolge geschah hier nichts Anderes, als dass ein Abgrund einen jeweils größeren, als dass eine Negation eine jeweils radikalere hervorrief. In diesem Prozess kam dem neuzeitlichen Staat, zentralisierend, im doppelten Sinne säkularisierend, neutralisierend, die Stände auflösend und die Kirche argwöhnisch kontrollierend, die wohl unheilvollste Bedeutung zu, – und Thomas Hobbes war der vielleicht bedeutendste ‚Ideologie' dieses Ungeheuers. Donoso, der den möglichen Weiterungen eines Gedanken(systems) meist größere Aufmerksamkeit schenkte als diesem selbst und der dazu neigte, diese Weiterungen dann mit dem ursprünglichen Gedanken in eins zu setzen, zielte stets auf die „Metaphysik des Gegners" (Schmitt). So erkannte er früh *den* Feind seines Denkens: Hobbes, – wobei sein unverhohlener Hass sich mit beträchtlichem Respekt mischte. In seinem Hauptwerk von 1851 bemerkt er:

> Falls die Geschichte irgendeinem philosophischen System als Stütze dient, dann stützt sie gewiß nicht jenes, das die Solidarität, die Freiheit, die Gleichheit und die Brüderlichkeit der menschlichen Gattung proklamiert, sondern eher jenes, das auf männliche Weise von Hobbes ausgesprochen wurde und gemäß dem der allgemeine, nie endende und gleichzeitige Krieg der natürliche und ursprüngliche Zustand des Menschen ist.[32]

Ganz anders heißt es im ersten Vortrag des jungen Philosophielehrers im Colegio von Cáceres 1829:

> Seit Geburt dieser Philosophie [= der der englischen und französischen Aufklärung] ist alles Gärung, alles Kampf und Streit im Schoße Europas. Hobbes, mit dem konsequentesten und monströsesten aller Systeme, war der erste, der, während er fortgesetzt aus der heiligen Schrift zitierte, die Existenz Gottes leugnete, und der einzige, der so unvorsichtig war, sich zu erkühnen, seinem Glauben den Namen der Gottlosigkeit zu geben, sich so als würdiger Meister Spinozas erweisend.[33]

Der siebenundzwanzigjährige Dozent für Staatsrecht am Madrider Ateneo, durchaus noch als (wenn auch konservativer) Liberaler einzustufen, erklärt 1836:

> Als die Welt der Zukunft hinstrebte, als die Vorsehung auf der Waage der Menschheit das Geschick der Völker erschwerte [...], da gab es einen finsteren, sinistren Mann, antipathisch und düster, der, getrennt von den Völkern durch den Haß, von den Königen durch Indifferenz

31 In diesem Zusammenhang ist eine Bemerkung Bismarcks interessant, der die Hoffnungen der römischen Kurie auf einen französischen Sieg über Deutschland 1870/71 als eine Fortsetzung von Gedanken Donosos versteht: „Es würden sich die gesta Dei per Francos vielleicht um einige neue Fortschritte der päpstlichen Macht bereichert haben, und die Entscheidung der confessionellen Kämpfe, welche nach der Meinung katholischer Schriftsteller (Donoso Cortés de Valdegamas) würde durch eine übermächtige Stellung Frankreichs in Deutschland nach verschiedenen Richtungen hin gefördert worden sein" (*Bismarck* 2001, S. 421).

32 *Donoso Cortés* 1989, S. 170.

33 *Donoso Cortés* 1970, p. 182–205 [199].

> und von Gott durch die Verachtung, das Reich des Bösen verkündete und, nicht wissend, was mit den Menschen anzufangen sei, sie wie eine Jagdbeute den Tyrannen zum Fraße vorwarf [...]. Dieser Mann war Thomas Hobbes, Philosoph von Malmesbury, enzyklopädischer und tiefgründiger Genius, fast alle Bereiche der Wissenschaft erfassend [...]. Gemäß ihm ist die Bestimmung des Menschen Sklaverei oder Krieg, sein einziges Gesetz Egoismus; im Naturzustand besteht ein Krieg aller gegen alle. Der Mensch verläßt den Stand der Natur und tritt ein in den gesellschaftlichen Stand, um den Krieg gegen die Sklaverei einzutauschen, weil es den Frieden, gemäß Hobbes, nur zu diesem Preis gibt. Originell dabei ist, dass die Sklaverei einem Vertrage entwächst, durch den die sich zusammenschließenden Individuen ohne Vorbehalt all ihre Rechte dem Fürsten übereignen, der sie absorbiert. Es ist evident [...], dass die Theorie eines Sozialvertrags damals alle Intelligenzen faszinierte. Die Souveränität nach göttlichem Recht anerkennt einige Beschränkungen, weil Gott die Könige zu richten hat; doch die Souveränität des Hobbes verweigert sich jeglicher Schranke, da für sie Gott nicht existiert und das Volk, in dem Augenblick, wo es seine Rechte aufgibt, sich zum Sklaven macht. Unbeugsam logisch verweigerte Hobbes dem Volke das Recht auf Widerstand gegen die Unterdrückung, und sei es die delirierendste und absurdeste; desgleichen behandelte er die Frage, was, so der Fürst die christliche Religion beseitigen wolle, seine Vasallen tun dürfen. Hobbes sagte, sie müssten, auf das sie weder fehlten in ihren Pflichten gegenüber Gott noch dem Fürsten gegenüber ungehorsam wären, als Märtyrer und ohne Widerstand sterben, um zu leben in Jesus Christus.[34] Dies, meine Herren heißt, das Opfer mit dämonischem Gelächter zu beleidigen; Hobbes, der den Menschen verurteilte zur Sklaverei, der dessen Stirne bekränzte mit einem Totenschleier, der gesagt hat: Empfangen wirst du das Brot aus der Hand deines Herrn gleich einem unreinen Tier, und dies Brot wird geknetet sein aus Bitternis und aus Tränen; Hobbes, der den Menschen verfolgte bis an den Sarg mit seinen furchtbaren Sarkasmen, Hobbes, ich protestiere hier gegen dein Gewissen im Namen des Gewissens des Menschengeschlechts![35]

Wenig später, am 2. Juli 1837, beschimpft Donoso Hobbes als „perfide, unmoralisch und käuflich", behauptet, dieser hätte gegen seine Überzeugung die Tyrannei verteidigt, sähe in der Welt nur Throne und Sklaven, wäre ein „Feind des Menschengeschlechts" (enemigo del género humano), usw.:

> Wenn der Autor des Leviathan dies alles so gesehen hätte, wenn seine Predigt nur die seiner Irrtümer gewesen wäre, so würden wir dies respektieren ... doch wer, den Atheismus bekennende, die Theokratie errichten will, wer die Moral zerstört, aber das Evangelium predigt, wer auf unverschämte Weise die Freiheit für sich verlangt und für die anderen die Sklaverei, – können wir dem Weihrauch streuen und mit Milde beurteilen?[36]

34 Bezieht sich wohl auf: Hobbes, De Cive, S. 430, wo Hobbes auf die Frage, was man tun darf, wenn man dem nicht.christlichen Herrscher nicht mehr zu gehorchen vermag, antwortet: "Eundum ad Christum per martyrium." Alles andere würde ja gegen den Staatsvertrag verstoßen. Donoso übersieht Hobbes' Ansicht über die Verweigerung solchen Märtyrertums durch Widerstand: „Quod si cui dictu durum videatur, certissimum est eum non credere ex toto corde JESUM ESSE CHRISTUM *filium Dei viventis*; cuperet enim dissolvi, et esse cum Christo; sed velle simulata fide Christiana pactam civitati obedientam eludere."

35 *Donoso Cortés* 1984, S. 20f.

36 *Donoso Cortés* 1992, S. 338–340.

5.

Nun, ‚bekannt' hat Hobbes den ihm zugeschriebenen Atheismus ja gerade nicht, Donoso wird hier von seinen ihn sehend machenden Haß unverzüglich mit Blindheit geschlagen. Doch dass das Problem, um das es Hobbes politisch ging, „nicht das der Verkehrung der christlichen Wahrheit in die Lüge klerikaler Herrschsucht unter der Maske der christlichen Lüge"[37] war, ist alles andere als unplausibel. Auf jeden Fall „zersetzt" (Großheim) der säkulare Gesamtzweck das Christentum, und wer kann als dessen gläubiger Anhänger angesehen werden, der es als eine Funktion des Politischen betrachtet? Man kann bei Hobbes nicht einmal von einer authentischen Einheit von Religion und Politik sprechen, sondern nur von der Unterwerfung Ersterer unter Letztere.

> Der Arm, der den Bischofsstab hält, ist an-und-für-sich staatlich, es ist der Arm des Souveräns, der souverän allein deshalb ist, weil er das Schwert hat. Die Religion dient bei Hobbes nicht zur Agglutination und zur Lebenserhaltung des politischen Körpers, sondern ist ein Faktor der Dispersion […]".[38]

Die Ent-Anarchisierung des Christentums mag, wer will, für ein löbliches Unternehmen betrachten, aber ihr liegt keine christliche Intention zugrunde.

Gefährdet bei Hobbes der fatalerweise jedem mögliche Rekurs auf ‚Wahrheit' den Frieden und die staatliche Stabilität, so sind für Donoso Friede und Stabilität nur möglich, wenn sie auf Wahrheit gegründet sind; im Übrigen ist ihm der irdische Friede, den Hobbes so hoch schätzt, weniger wichtig und der Bürgerkrieg, den Hobbes so tief verabscheut, ein zeitweise unvermeidliches Ergebnis unserer Sündhaftigkeit, der jedoch als göttliche Prüfung sein Gutes hat und durchzufechten ist.[39] Vor allem aber ist für Donoso der gewaltsame Tod nicht das größte aller Übel. Hobbes hätte kaum gezögert, Donoso, in dessen Werk die *dos banderas* des Ignatius von Loyola wiederkehren, zu einem Bürgerkriegsideologen zu stempeln, während für Donoso jeder Versuch, den Staat auf die Vernunft der Individuen zu gründen, eitel und vergeblich war, – besaßen diese armseligen Atome überhaupt eine, wenn ihre Vernunft nicht der Reflex der absoluten Vernunft war, wenn sie

37 *Braun* 1963, S. 23 – Das Buch des Schweizer Theologen, eines Schülers von Karl Barth, der scharf-polemisch wie kaum ein anderer Autor der letzten Jahrzehnte Hobbes vorwarf, „religiös Maskerade" zu betreiben, um seinem Staat „zur Verwirklichung in der Geschichte zu verhelfen", wurde von Schmitt, aber auch von renommierten Hobbes-Forschern wie Bernard Willms und Klaus-Michael Kodalle heftig abgelehnt, – ich behaupte, dass er von diesen vier Interpreten gelegentlich der spitzfindigste, gewiss aber der scharfsinnigste ist.

38 *Cruz Prados* 1986, S. 350.

39 Einer der zeitlebens engsten Freunde Carl Schmitts, Günther Krauss, bemerkte: „Das normative Nichts, aus dem die Entscheidung hervorgeht, kann nicht das absolute Nichts sein. Mit dem Dezisionismus von Hobbes kommt man aber wieder zum Nichts, vom normativen Nichts zum dezisionistischen Nichts. Hobbes flüchtet vor dem Bürgerkrieg ins Nichts. Den Bürgerkrieg verabscheut Donoso nicht minder, zieht ihn dem Nichts aber vor" (*Krauss* 1990, S. 84).

mit ihrer Vernunft die Wahrheit nicht entdecken konnten, wenn ihre Vernunft nicht fähig war, die Offenbarung zu verstehen?

6.

Die Koexistenz von Hobbes und Donoso bei Carl Schmitt ist das sichtbare Zeichen eines sein Werk durchziehenden, nur selten offen zutage tretenden Dualismus, einer meist verborgen bleibenden inneren Spannung: Der Staat soll seine Einheit (wieder-) gewinnen, indem er den Bürgerkrieg beendet, – oder kann diese Einheit erst geschaffen werden durch eine siegende Bürgerkriegspartei? Kann die Einheit auf Neutralisierung beruhen, oder bedarf es einer das Volk erfassenden Ideologie? Der Legalität, die nicht, wie Schmitt 1932 in *Legalität und Legitimität* und auf andere Weise 1928 in seinem Hobbes-Buch konstatierte, den Frieden erhalten konnte und das hieß auch den „Staat als einen konkreten, an eine geschichtliche Epoche gebundenen Begriff",[40] stand die Legitimität gegenüber, die keine allgemeinverbindliche Gestalt gewann und im Pluralismus der Legitimitäten zu Schanden ging, – antwortete hier nicht eine sich als trügerisch erweisende Hoffnung auf eine, die sich bereits als trügerische erwiesen hatte? Der normlosen Dezision begegnete die normerhaltende und die normschaffende, dem Defensor pacis als Creator pacis, der Bändigung des Politischen dessen Entfesselung,[41] der Hegung der Feindschaft deren Intensivierung, der politisch motivierten Entpolitisierung das Verlangen nach Politisierung, der kommissarischen Diktatur die souveräne Diktatur, die Schmitt 1921 in *Die Diktatur* noch penibel auseinanderhielt,[42] worauf er bereits 1922 in *Politische Theologie* verzichtete. Doch wollte Donoso, als er am 4. Januar 1849 die „Diktatur des Säbels" von oben gegen die drohende „Diktatur des Dolches" von unten forderte, nicht doch mehr, als dass nur die Regel durch die Ausnahme befestigt werde? Als Schmitt 1932 vorschlug, die Verfassung als „Ganzes" zu retten, indem man sie in wesentlichen Punkten veränderte, ging es da darum, die Regel wiederzugewinnen? Wäre nicht ein neues System entstanden? Wäre die dann verwirklichte, tatsächliche Verfassung nicht etwas Anderes gewesen als die mittels einer kommissarischen Diktatur verteidigte, – jedoch auch etwas Anderes als eine souveräne Diktatur?

7.

Gewiss, die aufgeführten Gegensätze, deren Zahl sich vermehren ließe, finden sich nicht immer auf ein und demselben Terrain, stellen sich auch nicht in den gleichen Situationen ein, und niemand, der die Subtilitäten wie auch die Inkonse-

40 Vgl. *Schmitt* 1958, S. 375–385.

41 Vgl. *Preuß* 2001, S. 141–167 – Der Titel des Aufsatzes, mit deren Argumentation ich nicht einig bin, trifft ein generelles Problem der Schmitt-Interpretation.

42 *Schmitt* 1921, S. 146.

quenzen und Asymmetrien von Theorien zu schätzen und zu suchen weiß, mag derlei Plakataktionen. Doch das Offensichtlichste wird seltener bemerkt und verstanden als das Schwierige, anstatt dass man es zum Einstieg in das Schwierige nutzt. Man wird bei Schmitt selbst dann auf seinen ‚Freund' und auf seinen ‚Schutzengel' treffen, wenn er sie nicht nennt. Betrachtet man freilich Schmitts vollständiges Desinteresse an Fragen streng-wissenschaftlicher Methodik (vergleicht man ihn mit Hobbes), bedenkt man Hobbes' für sein Denken so wichtige Kritik an der Rhetorik[43] und vergegenwärtigt sich dann Schmitts Stil, der so viel dem größten Redner Spaniens verdankt und der als Schriftsteller vor allem Essayist war, so scheint er Donoso fast näher als dem englischen Systematiker. Doch Schmitt plädierte für den Staat, er schwankte zwischen der Hoffnung, dass der Staat wieder ‚werde', in dem er das Monopol des Politischen zurückgewinnt und der Intention, soviel wie möglich von ihm zu retten. Die Feststellung *L'Ètat est mort* zum einen, zum anderen das Wissen um die Aussichtslosigkeit einer geschichtlich dahingegangenen Position, über das schon Donoso verfügte, grundierte die Schmitts Werk so eigene Melancholie: „Die geschichtlichen Parallelen vergehen, und uns erprobt jetzt der präsente Gott".[44]

Die erwähnten Differenzen und Gegensätze zwischen Hobbes und Donoso wurzeln schließlich im Gegensatz der von Donoso verfochtenen „traditionellen" und der von Hobbes vertretenen „neuzeitlichen" Auffassung von Souveränität.[45] Damit verbunden ist der von Schmitt 1921 in *Die Diktatur* aufgezeigte Unterschied von einem „Gerechtigkeits-Naturrecht" und einem „naturwissenschaftlich-exakten Naturrecht".[46] Dabei handelt es sich um

> zwei völlig verschiedene Systeme [...] das eine System geht aus von dem Interesse an gewissen Gerechtigkeitsvorstellungen und infolgedessen von einem *Inhalt* der Entscheidung [...], während bei dem andern ein Interesse nur daran besteht, dass überhaupt eine *Entscheidung* getroffen wird.[47]

Verzichten wir auf die Erörterung des wohl bekannten Unterschiedes zwischen dem „Gerechtigkeits-Naturrecht" wie Schmitt etwas eigenwillig das hergebrachte christliche Naturrecht nennt und dem „naturwissenschaftlich-exakten Naturrecht" des Hobbes, gemeinhin als „rationales Naturrecht" bezeichnet.[48] Zwei von Donoso immer wieder bekräftigte Sätze lauten: „Wenn die Souveränität nicht durch die Gerechtigkeit begrenzt wird, ist sie nichts als brutale Gewalt" und „Jede unbeschränkte Macht ist eine essentiell antichristliche Macht". Und tatsächlich ist der Mann für den es, wie zahllose seiner Texte bezeugen, ein Widerstandsrecht gab sowie ein außer- und vor-staatliches Recht, das dem staatlichen zur Orientierung

43 Vgl. *Hobbes* Behemoth, S. 419–518.
44 *Schmitt* 1950, S. 114.
45 Dazu *Kondylis* 1986, bes. S. 72ff., 226ff.
46 *Schmitt* 1921, S. 22.
47 *Schmitt* 1921, S. 22.
48 Vgl. *Ilting* 1978, IV, S. 245–313, bes. 278–292 (über Hobbes und Pufendorf).

zu dienen hatte; der die absolute Monarchie und ihren Rationalismus mit größter Skepsis bedachte; der Gott und nicht das menschliche ‚Machen' als die ursächliche, bewegende Kraft des Rechtes ansah, gerade *kein* Dezisionist im Sinne Schmitts gewesen. Denn es ging ihm nicht darum, dass entschieden wird, – was Hobbes ja nur zu bejahen wusste, weil sein Staat kein Unrecht tun konnte, weil es Recht und Unrecht nur im Staate gab, weil jeder staatliche Gesetzesbefehl, ungeachtet seines Inhalts, Recht war –, sondern dass die Entscheidung eine für einen gerechten Inhalt war und von der legitimen Macht gefällt wurde. Die Diktatur, die Donoso am 4. Januar 1849 forderte, sollte die legitime konstitutionelle Monarchie Spaniens schützen und festigen. Es ging Donoso (wie auch seinem Vorgänger Joseph de Maistre) durchaus um Legitimität. Doch diese war jetzt noch heftiger bedroht, war noch zerbrechlicher geworden, sodass die Frage der Legitimität noch quälender geworden war.[49] Weil dem aber so war, bevorzugte Donoso in seiner von Schmitt bewunderten Rede[50] so pathetisch-heftige Worte, die jedoch nie die viel größere Radikalität des so ruhig wie verdeckt argumentierenden Hobbes erreichten: fortiter in modo und (verglichen mit Hobbes) suaviter in re. Als aber die von ihm durch seine Rede in den Sattel gehobene Diktatur des Generals Narváez seine politischen, religiösen und moralischen Hoffnungen enttäuschte, als auch sie zunehmend zum Willkürregime degenerierte, zögerte er knapp zwei Jahre später, am 30. Dezember 1850 nicht, sie mittels seiner „Rede über die Lage Spaniens" zu stürzen.[51] Donoso war und blieb dezidiert, doch kein Dezisionist.

8.

Für Donoso war der moderne Staat, als dessen Propheten er Hobbes ansah, durch seinen Willen zur Zentralisierung und Nivellierung der Zerstörer aller moderierenden Gegenkräfte; er schuf eine Masse gleich rechtsmittelbarer und isolierter Individuen, die er aus ihren ‚natürlichen' Ordnungen riss und dann, wegen ihrer Entwurzelung und Entfremdung, umso leichter versklaven konnte. Da aber dieser „Individualismus" mit der Verheißung von Freiheit und Gleichheit verbunden war, musste er in der Anarchie enden, in einem wahren bellum omnium contra omnes, im „Caínismo" [von Kain]. Der Ex-Liberale Donoso verstand wohl, dass Hobbes mit seinem System den von ihm mitbegründeten Liberalismus gegen sei-

49 Vgl. dazu das Vorwort von Angel López Amo, dem Herausgeber der spanischen Ausgabe von Schmitts Donoso-Buch von 1950 (*López Amo* 1963, S. 13–26). Die meisten spanischen Kritiker der Donoso-Interpretation Schmitts insistieren auf diesem Punkt und weisen überdies dessen Ablehnung des Naturrechts zurück; vgl. u.a. *González Cuevas* 2002, S. 179–268.

50 So schrieb Carl Schmitt am 13.11.1947 an Ernst Jünger: „Ich scheue mich nicht, heute, als 60jähriger Mann, nach allen Erfahrungen mit Menschen, Büchern, Reden und Situationen in aller Ruhe zu behaupten, dass die große Rede Donsosos über die Diktatur im Congresso vom 4. Januar 1849 die großartigste Rede der Weltliteratur ist, wobei ich weder Perikles und Demosthenes noch Cicero oder Mirabeau oder Burke ausnehme" (*Kiesel* (Hg.) 1999, S. 214; vgl. a. *Schmitt* Glossarium, S. 40).

51 *Schmitt* 1921, S. 77–107.

ne Folgen panzern wollte, aber da er von der anarchisch-destruktiven Kraft der menschlichen Freiheit überzeugt war, hielt er ein solches Unternehmen für eitel und vergeblich. Je mehr sich der Glaube und die erst durch ihn mögliche Moral aufgrund der propagierten Autoemanzipation und des Eritis-sicut-Deus zersetzen würden, desto despotischer müsste der Staatsmoloch werden, – ohne dass er sich gegenüber der letztlich von ihm selbst ausgelösten Entropie durchsetzen würde. Der moderne Staat, für Donoso ein Produkt der Reformation, des Absolutismus und des Säkularismus, erschien ihm als ein Kentaur aus totalitärem Apparat und grausigem Tier aus der Tiefe, – also so, wie viele bis heute den Leviathan Hobbes' sehen. Die von der modernen Theorie und Praxis geforderte Macht des Souveräns über Kirche und Kultus (bei Hobbes sogar über die Theologie!) musste in der Entchristlichung des Staates enden, – und von da zur Verfolgung der Religion und zum Atheismus führen. Die der neuzeitlichen Souveränität zugrundeliegende Machbarkeit von Verfassungen und Gesetzen aber würde in der endenden Reform oder der permanenten Revolution kulminieren und alle soziale Erwartungssicherheit auflösen. Gerade was Hobbes dem früheren Göttlichen Recht, ewig, nicht ‚gemacht', nicht wirklich veränderbar, sondern nur auszulegen, attestierte, nämlich beliebig deutbar und so eine stete Ursache von Zwietracht und Bürgerkrieg zu sein, das warf nun Donoso dem neuzeitlichen Souveränitätsdenken vor. Ging das Recht vom arbitrairen Willen des Souveräns aus, so war es auch unbegrenzt änderungsfähig.

> Ces deux systèmes sur la souveraineté dans la société correspondent parfaitement á deux systèmes sur la souveraineté de l'homme sur lui-même ou sur sa raison: les uns ne donnent d'autre règle à sa raison ques a raison même; les autres lui donnent, dans un loi divine, une régle supérieure à sa raison.[52]

Schmitt überging den Unterschied der „deux systèmes" und schrieb Hobbes und Donoso (wie auch de Maistre) eine im Grunde gleiche Auffassung von Staat und Recht zu, wohl kaum aus Unkenntnis, wie ein kluger Beobachter meinte,[53] sondern um sich alle Optionen offen zu halten, – die für die kommissarische wie die für die souveräne Diktatur. Er ähnelte seine beiden Gewährsmänner einander an, – etwa so wie jemand zwei Menschen mit den unterschiedlichsten Charakteren als seine engsten Freunde ansieht und dann zwischen diesen engsten Freunden Freundschaft stiften will, weil diese die Teile seines eigenen, gespaltenen Selbst repräsentieren; riskieren wir einmal dieses vielen Lesern fragwürdige, weil zu psychologisierende Beispiel.

Es wurde schließlich beinahe zwingend, die theologische (also jenseits des Themas der Kirchenpolitik) liegende Problematik des Hobbes über Gebühr hochzuspielen. 1938 hieß es im Hobbes-Buch einigermaßen kryptisch, das Hobbes sich „in einen grundsätzlichen Agnostizismus zurückzog" und dass dies

52 *Bonald*, 1845, S. 31.
53 So *Kondylis* 1986, Anm. 45, S. 230, FN 110.

der Abgrund" (war), aus dem seine Frömmigkeit entsprang, denn ich glaube, dass es bei Hobbes echte Frömmigkeit gewesen ist. Aber sein Denken war nicht mehr gläubig, und so konnte jeder Schreier ihn als einen „Atheisten" entlarven ...".[54]

Nun, ein Agnostiker ist noch kein Atheist, aber ihm fehlt mit größter Sicherheit jede „echte Frömmigkeit", und es gibt keinerlei Interpretationskunst, die ihn in einen Christen verwandeln könnte. 1965 erklärte Schmitt Hobbes zum Vertreter der „vollendetenReformation"[55] und 1969 behauptete er, Hobbes' Werk sei „durchaus noch *inner-christlich*".[56] Man muss kein traditionalistischer Katholik (wie Donoso) sein, um solche Deutung halsbrecherisch zu finden. Immerhin wurde so der ‚Christ' Hobbes, den Donoso nicht akzeptiert hätte, dem Spanier zaghaft etwas angenähert, – während der Christ Donoso, gemeinsam mit de Maistre, bereits 1922 in *Politische Theologie* „hobbeisiert" wurde. Die „Hobbeisierung" Donosos und die „Christianisierung" Hobbes' waren ein Ergebnis der Verzweiflung Schmitts, die Problematik von Autorität, Wahrheit und Staat zu lösen.[57] Es war eine Verzweiflung der jene vorausgegangen war, die Schmitt befiel, als er glaubte, Hobbes' Satz *Auctoritas non veritas facit legem* akzeptieren zu müssen.[58] Vereint wirkt also dieses Paar,/was keinem einzeln möglich war?

54 *Schmitt* 1938, S. 126 (gleiche Paginierung im Nachdruck, Köln-Lövenich 1982).

55 *Schmitt* 1965, S. 51–69, auch im Anhang des Nachdrucks des Leviathan-Buches 1982, dort S. 137–178.

56 Aus einem Brief Schmitts an Ernst Feil vom 7.1.1969, in: *Mußgnug/Mußgnug/Reinthal* (Hg.) 2007, S. 496.

57 Vgl. *Hernández Arias* 1998, S. 150 – ein außergewöhnlich sorgfältiges und kenntnisreiches Buch.

58 *Krauss*, 1986, S. 127–130 [129].

LITERATUR

Bismarck, Fürst Otto von, 2001: Erinnerung und Gedanke, in: Werke in Auswahl, Bd. 8a, Darmstadt.

Bonald, Louis de, 1845: De la souveraineté, in: Œuvres, I, Bruxelles.

Braun, Dietrich, 1963: Der sterbliche Gott oder Leviathan oder Behemoth, Teil 1, Zürich.

Cruz Prados, Alfredo, 1986: La sociedad como artificio – El pensiamento politico de Hobbes, Pamplona.

Díaz, García, 1936: Carl Schmitt, universalidor de Donoso Cortés, in: El Sol (Madrid), 9.1.1936.

Donoso Cortés, Juan Maria, 1970: Discurso de aperture en Cáceres, in: Obras completas, I, Madrid.

Donoso Cortés, Juan Maria, 1984: Lecciones de Derecho Político (1836/37), hg. v. José Alvarez Junco, Madrid.

Donoso Cortés, Juan Maria, 1989: Essay über den Katholizismus, den Liberalismus und den Sozialismus (zuerst spanisch 1851), übers. v. Günter Maschke, Weinheim.

Donoso Cortés, Juan Maria, 1992: El progreso, in: El Porvenir, 2.7.1837, nachgedruckt in: Ders., Articulos políticos en „El Porvenir", hg. v. Federico Suárez, Pamplona 1992, S. 338–340.

Donoso Cortés, Juan Maria, 1996: Rede über die Diktatur (4.1.1849), in: Ders., Über die Diktatur. Drei Reden aus den Jahren 1849/50, übers. v. Günter Maschke, Wien 1996, S. 27–51.

Fijalkowski, Jürgen, 1958: Die Wendung zum Führerstaat. Ideologische Komponenten in der politischen Philosophie Carl Schmitts, Köln/Opladen.

Fraenkel, Ernst, 1932: Chronik (Februar/März 1932), in: Die Justiz, Februar/März 1932, S. 275–280.

Fraenkel, Ernst: 1999: Gesammelte Schriften, I, Baden-Baden.

González Cuevas, Pedro C., 2002: La tradición bloqueada – Tres ideas políticas en España: el primer Ramiro de Maeztu, Charles Maurras y Carl Schmitt, Madrid.

Groh, Ruth, 1998: Arbeit an der Heillosigkeit der Welt. Zur politisch-theologischen Mythologie und Anthropologie Carl Schmitts, Frankfurt a.M.

Großheim, Michael, 1996: Religion und Politik. Die Teile III und IV des Leviathan, in: Wolfgang Kersting (Hg.), Thomas Hobbes – Leviathan, Berlin 1996, S. 283–316.

Hernández Arias, José Rafael, 1998: Donoso Cortés und Carl Schmitt, Paderborn.

Heydte, Friedrich August von der, 1951: Heil aus der Gefangenschaft? Carl Schmitt und die Lage der europäischen Rechtswissenschaft, in: Hochland, Februar 1951, S. 288–294.

Hobbes, Thomas, 1997: Behemoth, in: English Works, VI, hg. v. William Molesworth (Reprint der Ausgabe von 1840), Whitefish/MT, S. 161–418.

Hobbes, Thomas, 1966: Leviathan, deutsche Ausgabe Fetscher/Euchner, Neuwied.

Hofmann, Hasso, 1964: Legitimität gegen Legalität. Der Weg der politischen Philosophie Carl Schmitts, Neuwied.

Ilting, Karl-Heinz, 1978: Naturrecht, in: Otto Brunner u.a. (Hg.), Geschichtliche Grundbegriffe, Stuttgart.

Jänicke, Martin, 1969: Die ‚abgründige Wissenschaft' vom Leviathan. Zur Hobbes-Deutung Carl Schmitts im Dritten Reich, in: Zeitschrift für Politik, 16, S. 401–415.

Kiesel, Helmuth (Hg.), 1999: Ernst Jünger – Carl Schmitt, Briefe 1930–1983, Stuttgart.

Kondylis, Panajotis, 1986: Konservativismus – Geschichtlicher Gehalt und Untergang, Stuttgart.

Kramme, Rüdiger, 1989: Helmuth Plessner und Carl Schmitt, Berlin.

Krauss, Günther, 1986: Erinnerungen an Carl Schmitt, Teil 1: 1929–1931, in: Criticón, 95, Mai/Juni 1986, S. 127–130.

Krauss, Günther, 1990: Erinnerungen an Carl Schmitt, Teil 4, in: Piet Tommissen (Hg.), Schmittiana II, Brüssel.

Krockow, Christian Graf von, 1958: Die Entscheidung. Eine Untersuchung über Ernst Jünger, Carl Schmitt, Martin Heidegger, Stuttgart.

Laufer, Heinz, 1961: Das Kriterium politischen Handelns, Diss. Würzburg.

López Amo, Angel, 1963: Interpretación europea de Donoso Cortés, segunda edición, Madrid.
Maschke, Günter, 1988: Die Zweideutigkeit der „Entscheidung". Thomas Hobbes und Juan Donoso Cortés im Werk Carl Schmitts, in: Helmut Quaritsch (Hg.), Complexio Oppositorum. Über Carl Schmitt, Berlin 1988, S. 193–221.
Maschke, Günter, 1997: General Narváez' „legale Diktatur" und Donoso Cortés – Eine Skizze, in: Rudolf Morsey u.a. (Hg.), Staat, Politik, Verwaltung in Europa. Gedächtnisschrift für Roman Schnur, Berlin 1997, S. 53–70.
Mußgnug, Dorothee/Mußgnug, Reinhard/Reinthal, Angela, 2007: Briefwechsel Ernst Forsthoff Carl Schmitt (1926–1974), Berlin.
Plessner, Helmuth, 1931: Macht und menschliche Natur. Ein Versuch zur Anthropologie der geschichtlichen Weltansicht, Berlin.
Plessner, Helmuth, 1953: Zwischen Philosophie und Gesellschaft, Bern.
Plessner, Helmuth, 1980: Gesammelte Schriften, V, Frankfurt a.M. 1980.
Preuß, Ulrich K., 2001: Carl Schmitt – Die Bändigung oder die Entfesselung des Politischen?, in: Rüdiger Voigt (Hg.), Mythos Staat – Carl Schmitts Staatsverständnis, Baden-Baden 2001, S. 141–167.
Romieu, Auguste, 1993: Der Cäsarismus/Das rote Gespenst, hg. v. Günter Maschke, Wien.
Schmitt, Carl, 1917: Die Sichtbarkeit der Kirche. Eine scholastische Erwägung, in: Summa, zweites Viertel 1917, S. 71–80.
Schmitt (-Dorotić), Carl, 1921: Die Diktatur, München/Leipzig.
Schmitt, Carl, 1922: Politische Theologie, München/Leipzig.
Schmitt, Carl, 1927: Der Begriff des Politischen, in: Archiv für Sozialwissenschaft und Sozialpolitik, LVIII, 1.9.1927, S. 1–33.
Schmitt, Carl, 1930: Donoso Cortés, su posición en la historia de la filosofía del Estado europeo [auf dem Umschlag fälschlicherweise: europe*a*], Madrid.
Schmitt, Carl, 1932: Der Begriff des Politischen, München/Leipzig.
Schmitt, *Carl*, 1938: Der Leviathan in der Staatslehre des Thomas Hobbes, Hamburg.
Schmitt, Carl, 1940: Neutralität und Neutralisierungen (1939), in: Ders., Positionen und Begriffe im Kampf mit Weimar-Genf-Versailles, Hamburg 1940, S. 277ff.
Schmitt, *Carl*, 1950: Donoso Cortés in gesamteuropäischer Interpretation, Köln.
Schmitt, Carl, 1950a: Ex captivitate salus, Köln.
Schmitt, Carl, 1958: Verfassungsrechtliche Aufsätze, Berlin.
Schmitt, Carl, 1965: Die vollendete Reformation. Zu neuen Leviathan-Interpretationen, in: Der Staat, 1/1965, S. 51–69.
Schmitt, Carl, 1985: Schmitt, Political Theology (hg. u. übers. v. George Schwab, Cambridge/Mass.
Schmitt, *Carl*, 1991: Glossarium, Berlin.
Schmitz, Mathias, 1965: Die Freund-Feind-Theorie Carl Schmitts. Entwurf und Entfaltung, Köln/Opladen.
Schneider, Peter, 1957: Ausnahmezustand und Norm. Eine Studie zur Rechtslehre von Carl Schmitt, Stuttgart.
Sinzheimer, Hugo/Fraenkel, Ernst: 1968: Die Justiz in der Weimarer Republik. Eine Chronik. Neuwied.
Tello, Belisario, 1986: La concepción teológico-política de Carl Schmitt y de su gran precursor Donoso Cortés, in: Ethos (Argentinien), 14/15–1986, S. 55–67.
Vegas, Eugenio, 1953: Autoridad y libertad, según Donoso Cortés, in: Arbor, 24, S. 53–57.

AUTOREN

Andreas Anter (geb. 1960 in Detmold), Dr. phil. (Hamburg 1994), Professor für Politikwissenschaft an der Universität Leipzig; aktuelle Buchveröffentlichungen: Die Macht der Ordnung. Aspekte einer Grundkategorie des Politischen, 2. Aufl. Tübingen 2007; Max Webers Staatssoziologie. Positionen und Perspektiven (Hg. mit Stefan Breuer), Baden-Baden 2007.

Wolfgang Kersting (geb. 1946 in Osnabück), Dr. phil., Professor für Philosophie an der Christian-Albrechts-Universität zu Kiel; Leiter des Kieler Forums für Wirtschaftsethik und politische Philosophie; aktuelle Buchveröffentlichungen: Kritik der Gerechtigkeit, Weilerswist 2005; Gerechtigkeit und öffentliche Vernunft. Über John Rawls' politischen Liberalismus, Paderborn 2006; Moral und Kapital. Grundfragen der Wirtschafts- und Unternehmensethik (Hg.), Paderborn 2008; Verteidigung des Liberalismus, Hamburg 2009.

Günter Maschke (geb. 1943 in Erfurt); aktuelle Buchveröffentlichungen: Der Tod des Carl Schmitt – Apologie und Polemik, Wien 1987; Carl Schmitt, Staat – Großraum – Nomos. Arbeiten aus den Jahren 1916–1969 (Hg.), Berlin 1995; Das bewaffnete Wort – Aufsätze aus den Jahren 1973–1993, Wien 1997; Carl Schmitt, Frieden oder Pazifismus? Arbeiten zum Völkerrecht und zur internationalen Politik 1924–1978 (Hg.), Berlin 2005; Juan Donoso Cortés, Essay über den Katholizismus, den Liberalismus und den Sozialismus (Hg. und Übers.), 3. Aufl. Wien 2007.

Peter Nitschke (geb. 1961 in Hilden), Dr. phil. (Münster 1989), Professor für Wissenschaft von der Politik an der Universität Vechta, Direktor des Instituts für Sozialwissenschaften und Philosophie; aktuelle Buchveröffentlichungen: Globaler Terrorismus und Europa. Stellungnahmen zur Internationalisierung des Terrors (Hg.), Wiesbaden 2008; Politeia. Staatliche Verfasstheit bei Platon (Hg.), Baden-Baden 2008; Imperium et Comitatus. Das Reich und die Region (Hg. mit M. Feuerle), Frankfurt a.M. u.a. 2009.

Samuel Salzborn (geb. 1977 in Hannover), Dr. (Köln 2004), Vertretungsprofessor für Demokratie- und Demokratisierungsforschung an der Universität Gießen; aktuelle Buchveröffentlichungen: Ethnisierung der Politik. Theorie und Geschichte des Volksgruppenrechts in Europa, Frankfurt a.M./New York 2005; Kritische Theorie des Staates. Staat und Recht bei Franz L. Neumann (Hg.), Baden-Baden 2009; Politische Kultur – Forschungsstand und Forschungsperspektiven (Hg.), Frankfurt a.M. 2009.

Hans-Martin Schönherr-Mann (geb. 1952 in Esslingen/Neckar), Dr. phil., Essayist, Professor für politische Philosophie an der Ludwig-Maximilian-Universität München und für Wissenschaftstheorie an der Leopold-Franzens-Universität Innsbruck; aktuelle Buchveröffentlichungen: Sartre – Philosophie als Lebensform, München 2005; Hannah Arendt – Wahrheit, Macht, Moral, München 2006; Simone de Beauvoir und das andere Geschlecht, München 2007; Miteinander leben lernen – Die Philosophie und der Konflikt der Kulturen, München 2008; Friedrich Nietzsche, Paderborn 2008; Der Übermensch als Lebenskünstlerin – Nietzsche, Foucault und die Ethik, Berlin 2009.

Rüdiger Voigt (geb. 1941 in Flensburg), Dr. jur (Kiel 1973), em. Professor für Verwaltungswissenschaft an der Universität der Bundeswehr; aktuelle Buchveröffentlichungen: Den Staat denken. Der Leviathan im Zeichen der Krise, Baden-Baden 2007 (2. Aufl. 2009); Krieg ohne Raum. Asymmetrische Konflikte in einer entgrenzten Welt, Stuttgart 2008; Der Staat in der Postdemokratie. Politik, Demokratie und Recht im neueren französischen Denken (Hg. mit Michael Hirsch), Stuttgart 2009; Der Januskopf des Staates. Warum wir auf den Staat nicht verzichten können, Stuttgart 2009.